Friedrich Wolf

Märchen und Tiergeschichten für große und kleine Kinder

FRIEDRICH WOLF

Märchen und Tiergeschichten für große und kleine Kinder

AUFBAU-VERLAG
BERLIN UND WEIMAR

Illustrationen
von Johannes Karl G. Niedlich

MÄRCHEN

für die Möwe Leila

DAS OSTERHASENFELL

Der Frühling war über die Erde gekommen, ein leuchtender, sonniger, bunter Frühling. Die Kinder erwarteten das Osterfest. Für die Osterhasen begannen harte Arbeitstage. Man mußte Ostereier sammeln, sie färben und in den Büschen für die Kinder verstecken.

In der Familie des Osterhasen Weißfell herrschte große Aufregung. Ein Teil der Familie war während des Aprilregens am Schnupfen erkrankt. Der alte Vater Weißfell litt an Rheuma, und das ist für einen Hasen eine besonders peinliche Sache. Mutter Weißfell mußte dem Alten mit Huflattichblättern Kompressen machen. So blieb die ganze Arbeit, die Ostereier zu beschaffen, an dem Jüngsten der Familie Weißfell hängen, an dem Häschen Purzel.

Die Mutter Weißfell war anfangs dagegen, daß Purzel allein die Sache ausführen sollte; denn das Ganze war nicht ungefährlich. Man mußte sich nachts in den Hof des Großbauern Schluckebier schleichen, dort trotz des Hundes die Eier aus dem Nest der Hennen nehmen, sie zum Hasenbau zurückbringen, färben und dann wieder als Ostereier ganz früh am Ostermorgen für die Kinder in einem Garten verstecken.

Der alte Weißfell krümmte sich auf seinem Lager und stöhnte, daß es einen Stein erweichen konnte. Die jungen Hasen husteten, krächzten und niesten, daß abends die Sterne am Himmel zu wackeln begannen. Auch dem Häschen Purzel kratzte es furchtbar im Halse. Aber es haßte die Krankheit. Es wollte einfach nicht krank sein. Und gerade weil die Sache schwierig war, wollte es sie machen ... auch ganz allein. Es wollte ins Freie, unter den Sternenhimmel, in die Sonne, zu den Blumen, zu den Farben. Das gefiel ihm sehr. Und was ihm so sehr gefiel, das wollte es auch tun. Das war doch ganz einfach.

So hopste denn das Häschen Purzel zwei Nächte vor Ostern zu dem Hof des Großbauern Schluckebier. Vor dem Stall lag an einer langen Eisenkette der Wolfshund Lux. Kaum war Purzel im Hof, so fing Lux furchtbar an zu knurren. In diesem Moment trat gerade der Mond aus den Wolken hervor. Purzel stand vor dem riesigen Wolfshund. »Solch eine Frechheit habe ich in meinem langen, zehnjährigen Leben noch nicht gesehen!« knurrte Lux grimmig. »Da rollt so ein winziges weißes Fellknäuel nachts in meinen Hof! Hoho, auf dich habe ich grade gewartet als Dessert zu meinem Abendessen! Für dich ist grade noch Platz in meinem rechten hohlen Backenzahn!« Dabei drehte der mächtige Wolfshund seine Augen im Kreise herum wie zwei Mühlräder und sperrte sein Maul auf wie ein Scheunentor, in dem die Zähne wie scharfe Sensen blitzten. »Sprich schnell dein letztes Gebet, und dann laß dich fressen!«

»Darf ich wenigstens vorher Ihren werten Namen erfahren, mein Herr?« sagte Purzel, um Zeit zu gewinnen, während sein Herzchen zum Zerspringen schlug. »Ich stamme nämlich aus guter Familie und möchte doch wissen, von wem ich die Ehre habe, gefressen zu werden.«

»Mein Name ist Lux, von Beruf Kettenhund! Und nun genug!«

»Mein Name ist Weißfell, Purzel Weißfell. Mein Beruf besteht in meinen Fähigkeiten: Ich kann hopsen, einen Haken schlagen, Männchen machen, im Mondschein tanzen, Klee fressen, von den Blumen farbigen Tau trinken und vor allem in der Sonne liegen.«

»Hohoho! Hauhauhau!« heulte der alte Wolfshund da auf. »Hohoho, in der Sonne liegen und farbigen Tau trinken, tanzen und Männchen machen, das ist wohl auch ein Beruf! Wo hast du denn das gelernt?«

»Gelernt?« fragte Purzel erstaunt. »Gelernt? Ich kann es einfach.«

»Kannst du auch knurren und bellen?«

»Vielleicht. Aber ich will es nicht. Wenn ich es wollte, würde ich es auch können.«

»Hohoho! Hauhauhau!« krümmte sich da Lux vor Vergnügen. »Du kleiner Gernegroß, du weißer Schneeball, du Tröpfchen Mondspucke willst bellen können?!«

»Sie bedienen sich unfeiner Worte, Herr Lux«, tadelte Purzel den großen Wolfshund. »Solche Worte bin ich von zu Hause nicht gewohnt! Zudem, wie sitzen Sie denn da? Die Zunge herausgehängt wie ein wildes Untier, die Pfoten vorgestreckt, als gäbe es nur Sie allein auf der Welt, und den Rükken gekrümmt, als seien Sie ein uralter Hund von zwanzig Jahren!«

Kaum hatte Lux die letzten Worte gehört, so schloß er sein Maul, zog seine mächtigen Pfoten an seinen Leib und legte sich kerzengerade hin; denn uralt wollte er keinesfalls erscheinen.

»Sie lagen die ganzen letzten Jahre an der Kette«, fuhr Purzel jetzt fort. »Man merkt es an Ihren Manieren! Sie kennen nur Ihren Hof und Ihren Wachtdienst! Aber Sie wissen nicht, was das Leben und die Welt bedeuten, wie man sich außer-

halb der Mauern Ihres Hofes gut und leicht bewegen kann. Wollen Sie bitte einen Augenblick herschauen, Herr Lux!«

Und Purzel, das Häschen, hatte schon während der letzten Worte begonnen, sich in den zierlichsten Sprüngen zu bewegen, es hopste in schwungvollen Bögen nach rechts und nach links, es machte die komischsten »Männchen« auf seinen Hinterpfoten, dann sprang es plötzlich hoch in die Luft und schoß einen Freudensprung, einen Salto mortale, einen »Purzelbaum« – wobei es exakt wieder auf sein Stummelschwänzchen zu sitzen kam –, einen ganz wunderbaren Purzelbaum! Denn gerade wegen dieser Fähigkeit hieß es ja »Purzel«. Das Ganze sah aus wie ein wilder und doch spielend leichter akrobatischer Tanz, so als wäre eine Silberkugel rasend geworden und tollte da im Mondlicht umher.

Lux, der Wolfshund, war von diesem tollen Spiel und Tanz völlig berauscht. Er schloß ein paarmal die Augen, als traue er sich nicht länger hinzusehen; dabei brummte er leise: »Aber jetzt mußt du hier vom Hofe weggehen, sonst ...«

»Ich muß gar nichts, Herr Lux«, flüsterte Purzel in sein Ohr. »Ich tue stets das, was mir gefällt und was mir und vielleicht auch den andern Freude macht! Das ist das heilige Gesetz des Osterhasen, verstehst du mich?«

Aber der riesige Wolfshund verstand schon gar nichts mehr. Er antwortete nicht, er hatte den Kopf auf seine Pfoten gelegt und schnarchte leise. Seine Oberlippe war hochgezogen, so daß man seine mächtigen weißen Fänge im Maul blinken sah: dennoch schien das nicht schrecklich, vielmehr als ob er im Traum lächle.

Purzel hatte in seinem Säckchen fünfzehn blendendweiße Eier nach Hause gebracht. Der alte Weißfell und die ganze Familie besahen voller Bewunderung die Beute. Doch noch war eine große Arbeit zu tun. Die Eier mußten gefärbt und für die Kinder am Ostermorgen versteckt werden. Auch das

hatte Purzel allein auszuführen. Die andern fürchteten nämlich, daß der Großbauer Schluckebier und der Wolfshund sich bald auf die Suche nach den geraubten Eiern machen würden. Deshalb drängten sie Purzel, daß es sich schleunigst mit den Eiern aus dem Bau entferne.

Purzel nahm sein Säckchen mit den Eiern auf den Rücken und zog wieder allein seines Wegs. Es schlug jetzt eine dem Hof des Großbauern entgegengesetzte Richtung ein. Es stieg den Berg hinan zum Holzfäller Feuerriegel, der fünf kleine Kinder, aber wenig Geld und Nahrung besaß. Die Familie Feuerriegel wohnte hoch oben am Rande einer Schlucht, am »Höllsteig«. Dort standen dunkelgrüne Tannen, dort wuchsen Wacholdersträucher und Heidekrautbüsche. Dort wollte Purzel die Eier für die Kinder des Holzfällers verstecken.

Zuvor aber mußten sie gefärbt werden. Woher nur die Farbe nehmen? Denn das stand für Purzel fest: toll bunt mußten die Eier werden — blau, rot, gelb und grün, richtige Ostereier! So wollte es Purzel. Und was Purzel wollte, das mußte geschehen! Das war sein Osterhasengesetz!

Purzel hopste über die Wiesen. Es war noch früh am Morgen. Das Osterhäschen setzte sich auf sein Stummelschwänzchen und dachte nach.

»Was hast du, Purzel?« fragte vor ihm eine große blaue Glockenblume. »Bist du traurig?«

»Ich brauche für meine Ostereier solch blaue Farbe wie das Blau deiner Blüten«, antwortete Purzel.

»Weil du's bist, Purzel«, nickte die Glockenblume. »Trinke meinen Tau, aber küsse mich dabei recht fest, so wirst du im Tau die Farbe meiner Blüte haben.«

Purzel nahm die Glockenblume recht zart zwischen seine Pfötchen und küßte sie lange. Da ward der Tau in dem Blütenkelch der Glocke tiefblau, und Purzel bemalte mit ihm drei seiner Ostereier.

»Dank dir, liebe Glockenblume!« sagte Purzel. »Aber woher nehme ich jetzt die rote Farbe?«

»Komm zu mir! Komm zu mir!« rief es von einem Feld

her. Da stand in der Sonne ein erster junger Mohn. »Schau mich mit deinen Augen an, recht fest und recht lange! In deinen Augen strahlt die Sonne doppelt stark wider, und ich liebe so die Sonne!«

Purzel richtete seine Augen auf den jungen Mohn, ganz nahe senkte es seine Augen auf ihn. Da begann es aus dem Mohn wie rotes Blut zu tropfen. Und Purzel färbte fünf seiner Ostereier blutrot.

Am Bachrand standen die goldgelben, fetten Dotterblumen. Sie quollen über vor Saft. Purzel brauchte sie bloß an sich zu drücken, und sie ließen so viel goldgelbe Farbe, daß es noch fünf Ostereier in Goldgelb tauchen konnte. Die letzten zwei Eier aber färbte Purzel grün, indem es Huflattichblätter kaute und sie mit seiner grünen Zunge beleckte.

Nun war aber unbemerkt folgendes geschehen: Das Häschen Purzel hatte jedesmal, wenn es mit roter, blauer oder gelber Farbe die Eier bestrich, sich die farbigen Pfötchen an seinem Fell abgewischt und zuletzt — als es das Unheil bemerkte — versucht, mit der Zunge die Farben von seinem Fell abzulecken. Aber da seine Zunge von dem Huflattichkauen noch ganz grün war, so kamen zu den roten, blauen und gelben Flecken nun auch noch grüne Placken auf das ehedem so blendendweiße Fell. Das Häschen Purzel sah jetzt selbst wie ein großes, bunt bemaltes Osterei aus.

Einen Augenblick lang war Purzel, als es sich im spiegelnden Bachwasser anschaute, sehr bestürzt über sein *Osterhasenfell*. Doch was war zu tun? Man mußte schnell die farbigen Ostereier zu der Feuerriegelfamilie hoch oben an die Schlucht bringen und sie für morgen verstecken.

Purzel machte sich auf den Weg. Wieder ging es durch blumige Wiesen. Sie standen voller blauer Glockenblumen, auch

der rote Mohn war dazwischengesprenkelt, die weißen Margeriten strahlten aus den grünen Wiesen, die gelben Dotterblumen, die violetten Krokusse und das rosa Wiesenschaumkraut mischten sich darein. Bunt stand die Wiese, bunt war die Welt, und das Häschen Purzel mit seinem Osterhasenfell und dem Sack mit den Ostereiern auf dem Rücken hopste durch diesen bunten Frühlingstag.

Hoch oben an dem »Höllsteig« bei dem Feuerriegelhaus schlich Purzel vorsichtig zwischen den Wacholdersträuchern einher und begann die bunten Ostereier zu verstecken: drei unter den Heidekrautbüschen, eines in das blecherne Maul der Regentraufe, zwei bei den Bienenstöcken, eines in einen Puppenkinderwagen, den die kleine Liesel an der Tür hatte stehenlassen, zwei legte es leise auf das Fensterbrett, indem es sich auf den Hackklotz stellte, für drei andere scharrte es eine niedliche »Burg« aus dem Sand und legte sie hinein, nachdem es ringsherum aus abgebissenen Blumen sichtbare »Fähnchen« gesteckt hatte, damit auch die kleinsten Geschwister sie fänden. Die letzten bunten Eier aber klemmte es zwischen die mächtigen, bemoosten Wurzeln der riesigen Tannen.

Purzel hatte so angestrengt gearbeitet, daß es die wütenden Rufe des Großbauern Schluckebier und das Gebell des Wolfshundes Lux erst hörte, als diese schon fast auf der Höhe des »Höllsteigs« waren. Purzel sprang dem Abgrund zu; aber die Schlucht war zu breit, und drunten gähnte die schwarze, furchtbare Tiefe. Purzel rannte den Rand der Schlucht entlang, ob sie nicht doch irgendwie schmäler wurde. Jetzt hatten Schluckebier und Lux das Häschen bemerkt. Eine wilde Jagd begann.

Der große Wolfshund konnte Purzel nicht fassen, weil das Häschen im letzten Moment stets einen »Haken« schlug, so daß Lux viele Meter an ihm vorbeischoß, während Purzel bereits in entgegengesetzter Richtung lief. Dabei verfolgte es die Taktik, immer mehr rückwärts nach dem Wiesengelände und

dem Bach zu gelangen. Nach einer halben Stunde wilden Jagens und Fliehens hatte Purzel sein Ziel erreicht, sprang über den kleinen Bach in großem Bogen hinüber, stieg gleich am andern Ufer in das flache Wasser und lief — unter den breiten

Huflattichblättern geduckt — im Wasser weiter, einige hundert Meter weiter, bis es das Wiesengelände mit dem hohen Gras und den vielen bunten Blumen erreichte. Dort hopste es ein Stück weit quer hinein in die Wiesen und legte sich mitten unter die blauen Glockenblumen, den roten Mohn und die goldgelben Dotterblumen. Fern klang das zornige Gebell des Wolfshundes Lux, der vergeblich die Spur von Purzel suchte, die sich im Wasser des Baches verloren hatte. Bald hörte man auch das wütende Schimpfen des Großbauern Schluckebier; und nun begann der Wolfshund kläglich zu heulen, offenbar weil sein Herr ihn furchtbar prügelte wegen seiner Unfähigkeit, den kleinen Osterhasen Purzel zu fangen.

Purzel richtete sich vorsichtig zwischen den Blumen und dem Gras auf. Es konnte bemerken, wie der Großbauer mit einem langen Fernglas die Wiesen und Felder absuchte.

Schnell duckte sich Purzel. Aber dann richtete es sich wieder hoch, nachdem es einen Blick auf sein Fell und die blumigen Wiesen geworfen hatte. Sein buntes Osterhasenfell sah ja genau aus wie ein Teil der Wiese selbst. Auch mit dem schärfsten Fernglas konnte man das bunte Fell des Häschens Purzel nicht von der farbigen Frühlingswiese unterscheiden. Purzel knabberte ein bißchen an dem saftigen Gras, dann legte es sich zwischen die bunten Blumen nieder. Und immer wieder hörte es das klägliche Heulen des Wolfshundes Lux, den sein Herr prügelte, weil er das Häschen nicht hatte packen können.

Purzel spürte einen Augenblick das Heulen des Lux in seinem Herzen, so, als sausten die Schläge auf sein eigenes buntes Fell nieder. Der Wolfshund hatte vor zwei Tagen in der schönen Mondnacht doch seinen Sprüngen, Künsten und Tänzen *so* nett zugeschaut; er hatte es sich gefallen lassen, daß Purzel ihm seine Osterhasenweisheit ins Ohr flüsterte, er war darüber eingeschlafen, hatte sogar im Schlaf gelächelt und es — Purzel — in den Hühnerstall zu den Eiern gelassen, ohne sich groß als Wachhund aufzuspielen. Offenbar hatte Lux inzwischen alles wieder vergessen, die schöne Mondnacht, die Tänze von Purzel und seine doch so nette Osterhasenweisheit. Sonst hätte er sich nicht von dem rohen Großbauern Schluckebier auf das kleine Häschen Purzel hetzen lassen, um es zu packen, damit Schluckebier es totschlüge. Nein, Lux war und ist ein Kettenhund! Nun muß er die Folgen tragen und sich von seinem Herrn prügeln lassen! Und doch ist Lux — der riesige Wolfshund — eigentlich viel stärker als sein Herr. Er konnte Schluckebier mit einem Sprung niederwerfen und in Stücke reißen! Und dann frei sein! Und dann würde Purzel ihm öfters vortanzen und seine netten Geschichten und Weisheiten aus der Osterhasenwelt erzählen, aus der Welt, die voll ist von Blumen und Farben, von Sonne und Sprüngen in die freie Landschaft, in Wiesen, in stille Wälder mit Sauerklee und Anemonen, in endlose, dunkelblaue Sternennächte, wo man durch das schweigende Land streifen kann nach Herzenslust.

Immer noch heult der geprügelte Wolfshund. Laß ihn heulen! Das Häschen Purzel streckt sich lang und schläft ein, während die warme Sonne über sein buntes Osterhasenfell streicht und die Blumen sich leise diese neueste Geschichte aus ihrem riesigen, bunten und freien Erdreich zuflüstern … aus jenem Reich, das hundert Schluckebiere, und würden sie mit hundert Wolfshunden jagen, niemals erobern können.

PURZEL UND DRAX

Es waren die letzten warmen Herbsttage. Die Sonne schien wie durch einen silbernen Schleier auf die Erde. Die wenigen gelben und blutroten Blätter, die noch an den Zweigen hingen, flatterten wie müde Schmetterlinge hierhin und dorthin auf den Waldboden und über die kahlen Felder. Auf den Wiesen standen nur noch die grauen Wuschelköpfe der Disteln; ihre Tausende grau befiederten Samen schwebten wie kleine Flugzeuge im leichten Wind der Dämmerung.

Ja, die Tage wurden fühlbar kürzer. Schneller kroch der Nebel vom Bachrand herauf.

»Vorwärts, Kinder«, mahnte Vater Weißfell, der Hase, »wir müssen unseren Bau für den Winter herrichten! Frisches Moos und Heu als Matratzen hinein! Kohlblätter und Mohrrüben in die Vorratskammern! Und vor allem Notausgänge nach allen Seiten graben, falls der Schnee uns verschüttet! Das ist deine Aufgabe, Purzel!« befahl er.

Das Häschen Purzel begann mit seinen Geschwistern die Mulde für den Winteraufenthalt der Familie Weißfell am Rande einer Kiesgrube auszuwühlen. Aber bald schmerzten ihm seine Pfötchen. Zudem schien grade die letzte Herbstsonne. Immer wieder löste sich ein Blatt vom Wipfel der hohen Buche und tanzte im Winde weiter über die braunschwarze Erde. Und auch das Häschen Purzel spürte in sich eine unbezähmbare Lust, bevor es Winter wurde, noch einmal zu tanzen und seine berühmten Purzelbäume zu schlagen.

»Laß das, Purzel!« sagte sein älterer Bruder Pepo. »Genug gesprungen und getanzt! Jetzt heißt es arbeiten, so wie der Vater es befohlen hat!«

Purzel grub weiter mit seinen Pfötchen an dem Notausgang aus der Mulde. Seine Pfötchen schmerzten mehr und mehr; es arbeitete mit der Schnauze; auch das war kein Vergnügen. Aber Purzel konnte nur das mit Erfolg tun, was ihm Vergnügen machte; das war für es genauso ein Gesetz wie für den Kettenhund Lux das Knurren und wie für den Specht Pit Pikus das Klopfen an den Bäumen.

»Ich werde die Erde, die ihr herausgewühlt habt, forttragen«, sagte Purzel zu Pepo, »dann habt ihr hier mehr Luft und Platz!«

Gesagt, getan.

Purzel schleppte in seiner aus Kohlblättern verfertigten Tasche die ausgewühlte Erde über das Feld weg zum Waldesrand. Und jedesmal, wenn es die Erde weggeschüttet hatte, schaute es sich um, ob die Geschwister es nicht sahen; und dann begann es zu tanzen und Purzelbäume zu schlagen nach Herzenslust. Denn ohne Purzelbäume war für Purzel das Leben einfach kein Leben. Das sagte doch schon sein Name!

Wie nun Purzel – am Waldrand kroch schon der Herbstnebel über den Boden – wieder einmal die Erde weggeschüttet hatte und an seinen Tänzen und Purzelbäumen sich erfreute, da plötzlich verlor es den Boden unter sich, aus einem Purzelbaum wurden zwei, es rutschte wie von selbst in ein tiefes Loch oder in einen halbdunklen Gang. Und da saß ein unheimliches Wesen mit braunschwarzem Gesicht und einem Bart.

»Ha, du tollgewordener Schneeball!« sagte das schwarzbraune, bärtige Wesen. »Was tust du hier in meiner Höhle und zerstörst den Eingang zu meinem Winterbau, du wirbliger Eisklumpen?!«

»Ich bin kein Schneeball und kein Eisklumpen!« entgegnete Purzel. »Ich bin Purzel Weißfell!«

»Das kann jeder sagen!« erwiderte das braunschwarze, bärtige Wesen. »Ich jedenfalls bin *Dagobert*, der Dachs, der Herr dieser Höhle! Aber was hast du für Beweise?«

»Beweise?« fragte Purzel erstaunt.

»Nun, daß du Purzel Weißfell bist!«

»Da brauchst du doch bloß mein Fell zu berühren; so ein Fell gibt es auf der Welt nur einmal.«

»Schnickschnack!« sagte der alte Dachs Dagobert verächtlich; aber als er Purzels Fell dann berührte, da fing er seltsam an zu brummen, und sein Bart kräuselte sich vor Vergnügen. »Bei meinem Bart und meinen edlen Ahnen«, brummte er, »das ist schon ein Fell! Du wirst den Winter bei mir in der Höhle bleiben und mir den Rücken wärmen! Denn ich leide sehr am Rheuma-Zipperlein!«

Gesagt, getan.

Das Häschen Purzel war der Gefangene des ehrwürdigen, bärtigen Dachses Dagobert und seiner Familie. Denn in der Winterhöhle lebte auch die große Familie Dagoberts. Da war zuerst Dascha, Dagoberts Frau, eine dicke rundliche Dächsin, die kaum durch die engen Gänge des Baus hindurchging. Da waren die drei jungen Söhne Dagoberts mit Namen Drox, Drix und Drax.

Dascha, die Hausfrau, schien zuerst gar nicht erfreut über den Gast und neuen Fresser; denn der Wintervorrat war von ihr für jedes Familienmitglied genauestens eingeteilt. Um so froher aber waren Drix und Drax. Denn Purzel — das bedeutete eine Abwechslung vor dem langen, langweiligen Winterschlaf.

Drax, der jüngste Sohn, war sehr energisch und tatendurstig. Er hoffte mit oder für Purzel irgendeine ruhmvolle Tat zu tun; er hatte von seiner verstorbenen Großmutter Dragozennaja eine Geschichte von silbernen Prinzessinnen gehört, die man durch Heldentaten befreien mußte. Drix, sein Bruder, war nicht so ernst veranlagt. Er war mehr lustig und leichten Sinnes; er hatte sich Nüsse und Äpfel gesammelt und spielte damit den ganzen Tag in den Gängen der Dachshöhle Kegel; er war leidenschaftlicher Spieler, und Purzel sollte mit ihm Kegel schieben. Anders der älteste Sohn Drox; er war mürrisch und faul; seine Gedanken waren: fressen und schlafen, was eigentlich sein einziger Gedanke war. Er sah scheel auf das Häschen Purzel, das mit am Tische saß.

Die Hausfrau Dascha wollte nun Purzel als Magd zum Reinemachen des großen Dachsbaus erziehen. Dagobert aber, der Vater, hatte — wie schon erwähnt — die Absicht, das Häschen als Wärmflasche für sein Rheuma zu benutzen.

»Wo ist Purzel?« hieß es immerzu.

»Purzel, hier nimm den Besen und fege die Gänge!« befahl die Hausfrau.

»Purzelchen, wir wollen spielen!« rief Drix.

»Schneeball, komm mich wärmen!« brummte Vater Dagobert streng.

»Wie kann ein Schneeball dich wärmen?« meinte Dascha beleidigt zu ihrem Gatten.

»Es gibt auch warme Schneebälle!« erklärte Dagobert gebieterisch.

»Oho, bin ich nicht fetter und wärmer als dieser dünne, weiße Wurm?« zürnte Dascha und wiegte sich stürmisch in ihren mächtigen Hüften, daß die Erde von den Wänden bröckelte und der ganze Bau zu wackeln begann.

»Schon gut!« beschwichtigte sie Dagobert, der für seine Winterhöhle fürchtete. »Du wirst an meiner Schulter liegen und Schneeball an meinem Rücken!«

Gesagt, getan.

Als die Gänge der Dachshöhle für den Winterschlaf verschlossen waren und die lange Nacht begann, da lag Dascha an der Schulter ihres Gatten und Purzel am Rücken Dagoberts. Und bald war die Höhle von einem gewaltigen Schnarchkonzert erfüllt, während draußen die Schneeflocken immer dichter fielen und die Erde selbst ihre große, weiße Decke sich über die Ohren zog.

Aber das Häschen Purzel konnte nicht schlafen. Es dachte an die goldene Sonne, an die grünen Wiesen, an die gelben Löwenmäulchen, den roten Mohn, die blauen Glockenblumen und die weißen Anemonen mit dem feinen rosa Kelch, der sogar zwischen Schnee und Frühlingssonne hervorschaut. Es dachte an seine Tänze im Vollmondschein vor dem Kettenhund Lux und an seine Purzelbäume mit den Geschwistern. Das alles war jetzt aus?! Hier sollte es bewegungslos im Dunkeln liegen, ohne Tageslicht, ja ohne sich zu rühren?

Und eine Träne begann aus Purzels Auge zu fließen und noch eine und viele, sehr viele Tränen.

Drax aber, der jüngste Sohn Dagoberts, zog im Schlaf plötzlich seine rechte Hinterpfote an und dann seine linke; und dann wischte er sich mit der rechten Vorderpfote über die Nase und mit der linken über die Augen. Was war das?

Seine rechte Hinterpfote brannte wie Feuer und die linke auch. Er wollte böse knurren; aber es wurde bloß ein behagliches Brummen. Ein warmes Bächlein rann um seine Füße, und es leuchtete zauberhaft in der dunklen Höhle wie ein saphirblaues Band.

Was ist das? dachte Drax.

Leise richtete er sich auf und kroch in der Richtung des Bächleins, das ein so wunderbares blaues Licht ausstrahlte.

»Wer ist da?« fragte Purzel leise.

»Ich bin's, ich — Drax.«

»Auch du kannst nicht schlafen?«

»Du hast mich geweckt.«

»Ich?«

Wie Drax jetzt Purzel das blau leuchtende Bächlein zeigen wollte, war es verschwunden. Purzel weinte nicht mehr. Drax aber verstand, daß es Purzels Tränen waren, die zum Bächlein zusammengeronnen waren.

»Und weshalb kannst du nicht schlafen, Purzel?« fragte Drax.

»Weil ...«, Purzel zögerte.

»Nun, sage es mir doch!«

»Weil ich gerne tanzen und meine Purzelbäume schlagen möchte; ohne das kann ich nicht leben.«

»Nun, da kann man vielleicht helfen«, meinte Drax. Und Drax führte Purzel leise durch die unterirdischen Gänge zu einer Kreuzung, wo mehr Platz war. Ah, wieviel leichter wurde es Purzel! Es hob sich auf die Zehen, drehte sich einmal und begann vorsichtig zu tanzen. Drax hatte aus einer Nische ein Glühwürmchen mitgenommen; das hielt er hoch. Da tanzte Purzel schon seinen schönsten Wirbeltanz, und zum Schluß sprang es hoch und machte seinen berühmten Purzelbaum. Der ganze vorher finstere Gang war jetzt hell wie ein Festsaal; denn überall schwebten neugierige Glühwürmchen herum und funkelten mit ihren blauen und grünen Lichtern.

Purzel war glücklich. »Ach, du guter Drax!« sagte es und fuhr dem Freund mit seinem weichen Pfötchen über die Nase.

Und auch Drax war *so* glücklich, daß sein Bärtchen sich kräuselte.

Das ging eine Zeit. Aber eines Nachts spürte Drax wieder das warme, blau leuchtende Bächlein an seinen Pfoten.

»Weshalb hast du geweint, Purzel?« fragte er.

»Weil ...« Purzel zögerte.

»Nun, sage es mir doch!«

»Weil ich hier unten friere und weil ich ohne die Sonne nicht leben kann.«

Drax runzelte nachdenklich die Stirn, so daß die Haare seines Bärtchens von dem angestrengten Denken wie starre Borsten standen. Endlich sagte er: »Ich werde einen Gang für dich nach außen frei machen. Du kannst dann zur Mittagszeit in der Sonne tanzen. Doch wenn die Sonne untergeht, komm ja zurück! Ich werde unten auf dich warten und dann den Gang wieder schließen, da wir sonst alle erfrieren.«

Gesagt, getan.

Drax schaufelte mit seinen Pfoten die steinhart gefrorene Erde nach dem Ausgang zu locker. Seine Pfoten schmerzten ihm, sie waren von der eiskalten, festen Erde blutig gerissen. Purzel wollte ihm helfen. Aber Drax erlaubte es nicht. Er fühlte sich wie ein Held, der eine wunderbare gefangene Freundin befreit, die saphirblaue Tränen weint. Er hätte die Verehrte zu gern bei sich behalten; doch er war zu scheu und zu stolz, ihr dies zu sagen.

Plötzlich brach ein goldner Sonnenstrahl in den finstern Gang.

»Jetzt kannst du hinaus, Purzel!« erklärte Drax und stellte sich wie ein Posten aufrecht am Ausgang auf. »Denke daran, die Sonne bleibt im Winter nicht lange am Himmel!«

»Jaja, mein Guter!« jubelte Purzel, fuhr ihm mit seinem Pfötchen über die Nase und sprang hinaus.

Ringsum glitzerte der Schnee wie Millionen Diamanten. Die Sonne drehte sich wie ein riesiges goldenes Rad am blaugrünen Himmel. Sonst war es still.

Purzel machte ein paar Sprünge im Schnee. Hu, war das kalt! Man mußte schneller springen, wenn die Pfoten nicht anfrieren sollten. Jetzt hopste Purzel in immer größeren Kreisen um den im tiefen Schnee versunkenen Dachsbau. Und bald begann das Häschen Purzel zu tanzen, und wie es tanzte, dachte es schon an gar nichts mehr. Es merkte auch nicht, wie in seinem Rücken ein Wind aufkommt, wie der Wind es im Tanz immer weiter wegtreibt von dem Dachsbau, wie der Himmel plötzlich dunkelgrau wird wie Erz und wie dicke Schneeflocken mit ihm um die Wette wirbeln. Schließlich muß Purzel einmal Atem holen. Der Schneesturm peitscht ihm messerscharf ins Gesicht. Wenn Purzel jetzt nachgibt und sich hinlegt, so ist es verloren! Also tanzt es weiter wie besessen, um nicht vom Schnee begraben zu werden, um nicht zu erfrieren.

Das Häschen Purzel tanzt um sein Leben!

Und plötzlich sieht es, wie der Himmel sich noch mehr verdunkelt. Ein großer, schwarzer Vogel schwebt über ihm; er hält in seiner Klaue eine rötlich glänzende Kugel. Und dieser große, schwarze Vogel scheint dem Häschen Purzel in dem Schneesturm zu folgen. Purzel tanzt weiter in dem Wirbel des Sturms und in seiner Todesangst. Wie aber der Vogel sich zu ihm hinabneigt, da nimmt Purzel alle seine Kraft zusammen und macht einen so mächtigen Purzelbaum, daß der Vogel von Purzels Hinterpfoten am Kopf getroffen wird und die glänzende Kugel fallen läßt.

Eine Flamme zuckt aus dem Schnee; doch Purzel stürzt darauf — es hält eine goldene Kugel in seinen Pfoten.

Über ihm schwebt der große, schwarze Vogel. »Wirf meine

Kugel in die Luft, daß ich sie im Fluge fange; ich darf den Boden nicht berühren; ich bin der Todesvogel *Korro.* Ich trage in der kleinen Kugel das Leben von tausend Millionen Wesen!«

»Also auch das Leben von Drax, der auf mich wartet?« fragt Purzel.

»Wirf die Kugel hoch!« befiehlt der Vogel.

»Erst zeige mir den Weg zu Drax!« sagt Purzel.

»Dazu habe ich kein Recht.«

»Weshalb?«

»Weil Drax noch lebt; aber bald wird er in meinem Reich des Todes sein; dann werde ich dich führen.«

Plötzlich wird es Purzel klar, daß Drax in großer Gefahr schwebt. Drax hat Purzel versprochen, trotz der schneidenden Kälte am Eingang der Höhle zu warten; er wird bestimmt erfrieren.

Purzel beginnt mit der goldenen Kugel in wilder Flucht davonzuhopsen. Doch bald sinkt es erschöpft in den Schnee. Der große Vogel kreist immer noch über ihm. Purzel, die goldene Kugel fest an sich gepreßt, fällt in einen Schlaf.

Und im Schlaf sieht das Häschen Purzel seinen Freund Drax an dem Eingang zur Höhle stehn; er ist schon ganz starr vor Kälte; nur seine Lippen murmeln leise: »Jaja, Purzel ... es hat mich längst vergessen; es liebt zu sehr zu springen, zu tanzen, Purzelbäume zu schlagen und zu tun, was ihm selbst gefällt. Ob es jemals wiederkommen wird? Ganz gleich, ich werde hier stehen und auf es warten.«

»Siehst du denn nicht, lieber Drax, daß ich nicht kann?« fragt Purzel im Traum.

»Ich sehe, ich sehe!« antwortet Drax. »Du mußt sein, wie du bist! Du mußt hierhin oder dorthin springen, du kannst nicht an einem Ort und nicht bei einem Wesen bleiben, darin mußt du dir wohl treu bleiben. Das ist dein Gesetz.«

»Ich kann sonst nicht treu sein?« fragt Purzel erregt. »Glaubst du wirklich, dies sei mein Gesetz, Drax?«

Aber Drax schaut starr in den endlosen Fall der Schneeflocken; und wie Purzel ihm mit seinem Pfötchen über die Nase fahren will, sind Drax und der Traum im weißen Nebel verschwunden.

Purzel ist aufgewacht von einer Hitze und Flamme. Die Kugel ist ihm aus den Pfötchen gerutscht. Purzel nimmt sie schnell wieder hoch. Da sieht es, wie ringsum der Schnee geschmolzen ist und wie eine seltsame Spur sichtbar wird ... es ist die Spur von Purzels Pfötchen, als es damals von der Höhle wegtanzte und in den Schneesturm geriet. Wie lange das wohl her ist? Wie lange das Häschen Purzel schlief und träumte? Endlos kommt es ihm vor.

Und wie lange mag der gute Drax wohl gewartet haben? Keine Minute ist zu verlieren!

Purzel bemerkt in dem von der flammenden Kugel aufgetauten Schnee ein-zwei-drei-vier-fünf Tapsen seiner Pfötchen; die Richtung ist jetzt klar; Purzel beginnt in der Richtung davonzuhopsen, als säße ihm selbst der Tod im Nacken.

Und leise schwebt der große, schwarze Vogel hinter ihm her.

So gelangt Purzel zu der Winterhöhle der Dachse. Fast wäre es hineingefallen; denn die Eingangstür ist noch offen, und in der Tür steht starr und stumm wie ein Posten eine schwarzbraune Gestalt.

»Drax! Mein Drax!« ruft Purzel und schließt den stummen Freund in seine Arme.

Und wieder hat Purzel die goldene Kugel vergessen, die es

doch bei allem Rennen fest an sich gepreßt trug. Wieder ist die Kugel zur Erde gerollt, und schon schießt eine rotgelbe Flamme hoch, die immer höher steigt. Aber Purzel kann sich diesmal nicht entschließen, die flammende Kugel sofort zu greifen; hält es doch den erstarrten oder toten Freund in seinem Arm.

Die Flamme steigt höher und höher. Da ist auch der große schwarze Todesvogel Korro, der immer noch über Purzel kreist und jetzt nach der züngelnden Flamme greift; doch schon ist das Flammengebilde selbst ein mächtiger Vogel, ein starker goldner Falke, er senkt seinen flammengoldenen Schnabel ins Herz des schwarzen Vogels.

Ein schwerer, dicker roter Blutstropfen fällt zur Erde … und noch einer, eine ganze Spur, je mehr, je weiter die kämpfenden Vögel verschwinden. Und wo die Blutstropfen hinfallen, da schmilzt der Schnee, da schießen Anemonen, Krokusse und Himmelsschlüssel aus dem weichen, braunen Boden; ein erster warmer Wind schleicht zu ihnen über den Hügel.

»D-u?« sagt Drax und atmet tief auf, während ihm Purzel mit seinem Pfötchen sanft über die Nase streicht, »wirklich du …?«

»Glaubst du es nicht?« lächelt Purzel.

»Ich hatte geträumt …«

»Daß ich nicht mehr käme …«

»Nein, daß du tausend Pfötchen hättest und jedes Pfötchen war eine kleine, goldne Flamme ... aber das ist ja alles Unsinn! Wir müssen jetzt schnell zu meinem Vater; schau, die Wiese steht schon voll von Blumen! Wie lange hab ich denn geschlafen? Komm! Wenn Vater es merkt ...«

In der Höhle ist es noch dunkel und warm; es riecht nach Heu und Moos. Das mächtige Schnarchkonzert tönt in voller Stärke und Vielfalt durch den Dachsbau.

Purzel legt sich leise an den Rücken des Vaters Dagobert und Drax neben Purzel.

Aber die beiden haben wohl den Frühlingswind mit hereingebracht. Denn Dagobert, der alte Dachs, beginnt sich zu dehnen und alle Pfoten straff auszustrecken; dann dreht er sich plötzlich auf die andere Seite und berührt Purzels Fell.

»Ei, ei, wem gehört denn das kleine, weiche Fellchen?« fragt er zufrieden brummend. »Bist du noch da, Schneeball?«

»Gewiß!« antwortet Purzel.

Dagobert richtet sich jetzt auf; es geht ganz leicht. »Ei, ei, das ist wunderbar! Mein Rheuma-Zipperlein ist ganz verschwunden! Das macht dein weiches Fell, Schneeball! Bist doch ein treues Wesen, Schneeball! Bist du es nicht?«

»Gewiß!« antwortet Purzel und fährt mit seinem linken Vorderpfötchen Drax heimlich über die Nase, daß dessen Bärtchen sich vor Vergnügen kräuselt und ein Barthaar ihm ins Nasenloch gerät, so daß er furchtbar zu niesen anfängt.

Da wachen auch die anderen Dachse auf. Und während Draxens Niesgewitter durch die Höhle schallt, ruft Dascha, die Hausfrau: »Wo ist denn Purzel? Purzel, nimm den Besen …«

»Purzelchen, wir wollen spielen!« schreit Drix.

»Gibt's denn nichts zu fressen?« knurrt Drox.

Kein Zweifel, die Dachse sind aus ihrem Winterschlaf erwacht; das bedeutet aber, daß nunmehr der Winter wirklich zu Ende ist. Und auch unser Märchen von dem Häschen Purzel ist zu Ende … wenigstens für heute.

DIE DREI IN MEXIKO

Nichts fällt so schwer, als das Glück und die Schönheit einmal gesehen zu haben und dann von ihnen gerissen zu sein. Und nichts ist so mächtig wie der Drang, das Leben und die Freiheit wiederzuerlangen.

Lux, der Kettenhund des Großbauern Schluckebier, liegt wieder an seiner dicken Eisenkette. Es ist genauso eine Vollmondnacht wie damals, als das Häschen Purzel Weißfell auf den Hof geschlichen kam, um die Ostereier wegzunehmen. Damals hatte Lux bekanntlich furchtbar geknurrt, und Purzel hatte zugleich aus Angst und unverbesserlichem Übermut seine schönsten, kühnsten Purzelbäume geschlagen und seine zierlichsten Tänze ihm vorgetanzt, so daß der Kettenhund Lux sein böses Knurren ganz vergaß; und als Purzel ihm dann sogar seine Osterhasenweisheit zuflüsterte und ihm mit seinen weichen Pfötchen hinter den behaarten, großen Ohren kraulte, da war er – der Wächter des Hofes – eingeschlafen und hatte von dem tanzenden »silbernen Tröpfchen Mondspucke« gar angenehm geträumt.

Von da ab war aber das ganze Unglück gekommen: der Raub der Ostereier, die vergebliche Jagd auf Purzel durch den Bach und die blumenbunten Felder – die schrecklichen Hiebe, die er, Lux, von dem wütenden Großbauern Schlukkebier bezogen hatte, weil er das Häschen nicht fangen konnte. Auch daß er jetzt Tag und Nacht ununterbrochen an der Kette lag, ohne ein einziges Mal frei umherspringen zu können, all das war die Folge jener Vollmondnacht und der Zauberkünste des Häschens Purzel Weißfell.

Ja, genauso wie damals steht heute die riesige, honiggelbe Scheibe des Vollmonds am Himmel. Und plötzlich setzt Lux sich hoch, stemmt seine starken Vorderpfoten gegen den Boden, reckt seinen mit dichtem, struppigem Grauhaar bedeckten Hals gen Himmel und beginnt den Mond anzuheulen, daß es einen Stein erweichen kann. Er heult so schauerlich-schön, so voller langgezogener Seufzer am Schluß jedes Weherufs, wie seine Urahnen es in der weiten fernen Steppe taten. Aber auch hier im Lande klingt dieses wilde, sehnsüchtige, ingrimmige, schmerzerfüllte Heulen meilenweit durch die Stille der Nacht.

Plötzlich öffnet sich droben im Haus ein Fenster, und ein ganzer Kübel kaltes Wasser ergießt sich über Lux.

Der Großbauer Schluckebier aber, der im Nachthemd, die Zipfelmütze auf dem Kopf, im Fensterrahmen erscheint, schreit von oben: »Noch einen Ton, du Mistvieh, du miserable Kreatur, und ich komme hinunter und schlage dir alle Knochen im Leibe entzwei!«

Traurig legt Lux seinen nassen Kopf auf seine Pfoten und seufzt ganz leise zwei-, dreimal auf. Schlafen kann er nicht. Der Vollmond ist gar zu hell. Auch scheint ihm die eiserne Kette heute viel schwerer als sonst. Das ganze Leben ist ihm wie diese Kette. Immer wieder stößt er im Halbschlaf leise, dumpfheulende Töne von sich, gleichsam als Teil seines Atems — denn dies Heulen ist der tiefste Ausdruck der Gefühle eines Kettenhundes. Immer wieder aber zuckt er zusammen, und schließlich richtet er sich steil hoch, stemmt die

Vorderpfoten gegen die Erde, lauscht, ob der Großbauer sich nicht vernehmen lasse, und starrt lautlos in den mächtigen, vollen, gelben Mond.

In diesem Augenblick hört er vom Hause her ein leises Trillern und Flöten. Es ist der Kanarienvogel Azurzenka, von deren Käfig der Nachtwind die Decke weggeweht hat und die in dem lichten Mondschein auch nicht schlafen kann.

»Was heulst du da, du kleine Mondsüchtige?« knurrt Lux, der Kettenhund.

»Ich heule nicht, ich singe!« erwidert Azurzenka stolz.

»Singe – Hauhauhauhau! Das ist ja, wie wenn eine Türangel quietscht!« meint Lux. »Wenn der Herr erwacht, wird er glauben, ich sei es, und er wird mich wieder prügeln!«

»Er wird nicht erwachen!« flötet Azurzenka. »Mein Gesang ist so sanft und süß, daß er die Menschen bezaubert und in den Schlaf wiegt. Aber das kann ein Kettenhund nicht verstehen.«

Ja, Lux kann das nicht verstehen, soweit es sich auf das Trillern und Flöten des goldgelben Kanarienvogels bezieht. Und doch ist er einmal durch süße Laute in den Schlaf gewiegt worden. Das war damals, als das Häschen Purzel Weißfell im Mondschein so seltsam vor ihm getanzt und ihm seine Osterhasenweisheit ins Ohr geflüstert hatte; ja, damals ...

»Oh, er kann viel verstehen, wenn er nur Ruhe und Lust hat, hinzuhören!« ertönt da eine leise Stimme neben ihm.

Lux springt herum, als habe er eine Geisterstimme vernommen. Er traut seinen Augen kaum.

Da sitzt ein blendend helles Etwas neben ihm im Mondschein – das Häschen Purzel Weißfell.

»Bist du es?« knurrt Lux recht unwirsch.

»Still! Nicht so laut!« mahnt Purzel. »Du siehst mich ja; und wenn du es nicht glaubst, paß auf!« Und das Häschen vollführt zwei seiner niedlichsten Purzelbäume, wie sonst keiner sie konnte, zwei echte »Purzel«-Purzelbäume. So sehr diese ganze honiggelbe Mondnacht ein einziger Traum zu sein scheint, hier gibt es keinen Zweifel. Purzel ist kein Traum.

»Du wirst mich jetzt nicht mehr zum Einschlafen bringen, du Leichtfuß!« grollt der große Kettenhund.

»Das werden wir sehen!« meint Purzel. »Du kennst immer noch nicht Purzels Gesetz!«

»Purzels Gesetz? Hauhauhauhauhau – so ein Tröpfchen Mondspucke, so ein weiß-grün-roter Wollknäuel will Gesetze haben?«

»Du wirst es noch erfahren, Monsieur Grobian!«

»Er glaubt auch nicht, daß ich mit meinem Gesang den

Bauer in Schlaf wiege«, läßt sich Azurzenka, der Kanarienvogel, wieder vernehmen.

»Wie kann er etwas anderes glauben, als was er von seiner Kette aus sieht«, verteidigt jetzt Purzel den Kettenhund. »Auch wenn er in Freiheit ist, so rennt er doch nur auf den Pfiff seines Herrn und will seine Freunde am Genick pakken.«

Lux, der Kettenhund, senkt nachdenklich den Kopf und überlegt, wie er an jenem Ostermorgen vergebens hinter Purzel herjagte und es nicht fassen konnte. Jetzt wirft er von der Seite einen Blick auf das Häschen, das im hellen Mondschein auf seinem Stummelschwänzchen dasitzt.

Was ist das?

Das letztemal hatte das Häschen doch ein schneeweißes Fell, und jetzt sind grüne, rote und blaue Tupfen darauf; wie eine bunte, mit Blumen bedeckte Frühlingswiese sieht das Fell aus.

»Ah, du listige kleine Hexe!« knurrt der Kettenhund Lux. »Jetzt verstehe ich, wie du damals so plötzlich von der Erde verschwinden konntest, als habe der Teufel dich verschluckt!«

»Nichts verstehst du!« lächelt das Häschen und schlägt einen seiner übermütigen Purzelbäume. »Bei deiner Kraft hättest du den Großbauer Schluckebier mit einem Ansprung umwerfen können; dann hätte ich dir von der bunten Wiese her ein Zeichen gegeben, wir wären inmitten der Blumen im stillen Gras gelegen, und ich hätte dir ...«

»Und nachher wäre ich doch wieder an der Kette gelegen; das ist mein Gesetz«, knurrt mißmutig Lux.

»*Dein* Gesetz?« fragt erstaunt Purzel. »Hast du es dir denn selbst gegeben?«

»Rede nicht solchen Unsinn!« erwidert der Kettenhund.

»Der Großbauer Schluckebier hat mir die Kette und das Gesetz gegeben!«

»Dann ist es also Schluckebiers Gesetz und nicht dein Gesetz!« beharrt Purzel. »Und übrigens rede ich nie Unsinn, merke dir das!«

Der große Kettenhund schaut mißtrauisch von der Seite auf das Häschen und legt dann leise stöhnend seinen Kopf auf die Vorderpfoten, um über den kühnen Satz von Purzel eingehend nachzudenken. Er hatte immer geglaubt, es sei seine Kette, weil er sie um seinen Hals trug, und es sei sein Gesetz, an der Kette zu liegen, eben weil die Kette immer da war, weil er gleichsam mit der Kette geboren wurde; aber natürlich gehörte die Kette Schluckebier genauso wie der Hof und das Haus; und das Gesetz war also auch ... nein, das ist alles viel zu schwer, viel schwerer noch als die ganze eiserne Kette um seinen Hals ... wozu über solche viel zu schweren Dinge nachdenken?

»Wozu brauchst du eigentlich die Kette?« fragt eigensinnig das Häschen neben ihm und wackelt ungeduldig mit seinem Stummelschwänzchen.

»Ach, das verstehst du wieder nicht!« flötet vom Haus her der Kanarienvogel. »Wozu brauche ich denn den Käfig? Ich träume immer von meiner zauberhaft schönen Heimat, von den Kanarischen Inseln im fernen südlichen Ozean, von denen ich stamme, und von Mexiko, wo ein Teil meiner Brüder und Schwestern bereits unter dem uralten Fürstengeschlecht der Montezumas bei den Azteken Hofdienste verrichteten; denn meine Familie der Aurora d'Oro Caballero Tremulo di Capriccio ...«

»Sie ist so vornehm, daß sie für ihren Namen eine ganze Woche braucht, hauhauhau, und ich heiße bloß Lux; aber drum sitzt diese gelbe Tremulotremulax dennoch hinter ihren Eisenstäbchen, wie ich hier an der Eisenkette liege …«

»Ja, ich sitze hier in der grauen Fremde hinter den grauen Eisenstäben; ach, wie möchte ich nach meiner goldenen, bunten Heimat, wie möchte ich fliegen, fliegen!«

»Und wie möchte ich jagen, rennen und jagen!« knurrt Lux.

»Genug gejammert! Wer frei sein will, muß auch etwas dafür tun!« erklärt jetzt das Häschen Purzel und vollführt einen energischen Sprung kerzengrad in die Höhe; und das bedeutet, daß es hiergegen keinen Widerspruch gibt. »Die Kette muß zerbrochen werden!« befiehlt es.

»Zerbrochen werden!« heult Lux, der Kettenhund, wild auf und springt zurück, um einen gewaltigen Anlauf zu nehmen.

»Still, du Wahnsinniger!« hält ihn Purzel. »Du willst wohl, daß der Bauer wieder aufwacht, wenn er das Klirren der Kette hört? Wir müssen das möglichst geräuschlos machen; paß auf!«

Purzel packt Lux an seinem Ohr und führt ihn grade in die andere Richtung, so daß die Kette sich ganz straff spannt. Dann nimmt es ein kräftiges Stück Holz, steckt es durch ein Kettenglied, sucht ein Ende des Wäscheseils, das im Hof hängt, wickelt es kunstvoll um den Holzknebel und bindet sich das Ende fest um den Leib.

»Was machst du wieder für Späße?« knurrt Lux.

»Sprich nicht, sondern spanne die Kette so straff, wie du nur kannst!« befiehlt Purzel.

Lux gehorcht.

Schon beginnt Purzel eine ganze Serie seiner berühmten Purzelbäume zu schlagen, immer schneller, immer wilder, man sieht Purzel nicht mehr, man sieht nur ein blendendes

Rad, das sich mit toller Geschwindigkeit im Mondschein dreht. Plötzlich tut es einen scharfen Knacks, und die beiden Enden der zerbrochenen Kette liegen am Boden.

»Evviva nostro piccolo maestro!« flötet Azurzenka begeistert aus ihrem Käfig.

Lux aber schaut auf die zerbrochene Kette und knurrt vor sich hin: »Dies Tröpfchen Mondspucke hat wirklich Grütze im Kopf; dieses Wollknäuel ist ein richtiger Stratege!«

Purzel reibt sich indessen mit seinen Pfötchen den Leib, der ihm wie Feuer brennt, doch es klagt nicht, sondern es meint: »Nun müssen wir auch Azurzenka befreien!«

Und ohne die Zustimmung der andern abzuwarten, macht es einen dreifachen Saltopurzelbaum in die Höhe, landet oben im ersten Stock bei dem Kanarienvogel, nimmt schnell den Käfig zwischen seine Pfötchen und ruft Lux leise zu: »Aufgepaßt! Den Käfig geschnappt!«

Der große Kettenhund tut, wie ihm befohlen; aber er hat sich an dem hinabsausenden Eisengestänge des Käfigs den linken Reißzahn ausgebrochen und preßt jetzt leise heulend seine Pfote gegen die Backe.

Purzel ist vom ersten Stock wieder hinuntergesprungen; es wedelt mit seinem weichen Stummelschwänzchen Lux dreimal über die Backe und sagt:

»Eins — zwei — drei —
Genug Geschrei —
Der Schmerz vorbei!

So, nun tut's nicht mehr weh! Und ans Werk! Stemme deine Pfote hier zwischen die Stäbe des Käfigs und biege sie auseinander, daß Azurzenka hinaus kann!«

Lux tut, wie ihm befohlen.

Azurzenka schlüpft hinaus und flötet mit einem Blick auf Lux: »Entschuldigen Sie vielmals, meine Freunde, daß wir zu so später Nachtstunde Bekanntschaft machen, zumal Herrenbekanntschaft! Es ist dies sonst nicht meine Art; in meinen Kreisen ...«

»Was hat sie gegen die Nacht, die gelbe Tremulotremulax?« knurrt der Kettenhund. »Am Tage schläft man; bei Nacht aber sind alle braven Kettenhunde auf den Beinen!«

»Und nur bei Nacht können wir von hier weg und einen Vorsprung vor dem Großbauern Schluckebier gewinnen; darum schnell!« mahnt Purzel.

»Entschuldigen Sie vielmals«, erwidert Azurzenka, »ich habe mein goldgelbes Sommerkleid an, und ich weiß nicht, wohin wir wollen.«

»Weg von hier!« drängt Purzel.

»Hauhauhau, weit weg, in die Steppe!« stimmt Lux ihm zu.

»Das heißt, wir müssen zuerst durch Europa, durch die Zivilisation«, flötet Azurzenka gebildet, »und da kann ich — entschuldigen Sie — mich unmöglich in meinem Tropenkleid zeigen. Ich brauche dringend einen seidenen, maisgrünen Pyjama, einen aus Kairo, einen Pyjama aus maisfarbener Chinaseide!«

Lux, der die ganze Sache und die vielen Fremdwörter nicht verstanden hat, knurrt jetzt böse: »Sie hat hier die ganzen Jahre von Weizen und Hirsekörnern gelebt, was muß sie jetzt Mais und Pyjama fressen? Ich werde euch unterwegs

Hühner jagen, das Fleisch fresse ich, und ihr könnt die weichen Körner aus dem Hühnermagen picken!«

»Du bist doch ein großes Schwein, Lux, und außerdem verstehst du von der ganzen Sache gar nichts!« schneidet ihm Purzel das Wort ab.

Schließlich einigt man sich auf diesen Plan: Nachdem Lux zugesichert worden ist, daß es in Mexiko große Steppen – Pampas genannt – mit Schaf- und Rinderherden gibt, wo ein Wolfshund nach Herzenslust jagen kann, wird man sich unverzüglich auf den Weg nach Mexiko machen, um dort Azurzenkas Stamm der d'Oro Caballero Tremulo di Capriccio aufzusuchen, nachdem dieser vornehme Stamm auf den Kanarischen Inseln selbst durch Marineoffiziere, gewöhnliche Tanzgirls, Kabarettsängerinnen, Krankenpflegerinnen und Flugzeugoffiziere verdrängt wurde. Den maisgrünen Seidenpyjama aber – den Azurzenka weniger für Europa braucht als gerade für Mexiko, um dort als Europäerin mit letztem Schick vor ihren wilden Schwestern zu glänzen –, diesen maisgrünen Kairoer Pyjama wird man unterwegs zwischen Marseille und Lissabon sich beschaffen.

»Und jetzt genug geredet, Kinder!« befiehlt Purzel energisch. »Mir nach! Nach Westen! Der Himmel rötet sich bereits in unserem Rücken! Auf nach Mexiko!«

Mit schnellen Sprüngen hopst Purzel aus dem Hof des Großbauern Schluckebier. Lux, der Kettenhund, setzt hinter ihm her. Azurzenka aber, die in ihrem goldgelben Tropengewand in der Morgenfrühe schrecklich friert, ist schnell in das linke große Ohr von Lux hineingekrochen und hat es sich darinnen zwischen den weichen grauen Ohrhaaren gemütlich gemacht, indem sie noch die lange Ohrspitze des Kettenhundes wie einen Vorhang nach innen zieht; so liegt sie wie in einem kleinen, warmen Boudoir, bedeckt mit einem Plumeau von weichen Haaren. Unter ihr arbeiten die weitausholenden, galoppierenden Füße von Lux; man kann meinen, man sei in einem dahinsausenden, luxuriösen Expreßschlafwagen. Wunderbar, entzückend!

Für das Häschen Purzel ist die Reise — oder besser dies Rennen mit Lux, dem großen Wolfshund — durchaus nicht entzückend. Denn Purzel ist gewohnt, stets nur eine kurze Strecke gradaus zu springen, dann sich auf sein Stummelschwänzchen zu setzen und sich auszuruhen. Wenn es aber verfolgt wird, so läuft es auch nie gradaus, sondern schlägt einen Haken und duckt sich dann ruhig ins Gras.

Während nun Lux in gewaltigen Sätzen über das morgendämmerige Land dahinjagt, bleibt Purzel immer weiter hinter ihm zurück. Purzel ist viel zu stolz, um zu rufen, Lux und Azurzenka möchten doch auf es warten, wenn die beiden Kameraden es nicht für nötig halten, sich ein einziges Mal nach ihm umzudrehen.

Lux, mit der in seiner Ohrmuschel sanft schlummernden Azurzenka, ist eine ganze Strecke dahingejagt, als der Himmel im feurigsten Rot zu flammen beginnt. Bald aber leuchten die Ränder der Wolken wie pures Gold. Die Sonne ist aufgegangen.

Lux hält in seinem Rennen inne und wendet sich nach Osten, wo das riesige rotgoldne Feuerrad aus dem feuchten Wiesengrund am Himmel emporrollt. Noch niemals hat Lux so den Aufgang der Sonne über der morgenstillen, menschenleeren weiten Erde erlebt. Lange starrt er in das Feuerwunder am Himmel.

Plötzlich zuckt er zusammen. Wo ist das Häschen? Wo ist Purzel? Nicht einmal hat er daran gedacht, sich nach dem kleinen Kameraden umzusehen. Lux erschrickt. Wenn Purzel verlorenging, kann man die Reise nicht fortsetzen! Denn Purzel hat immer die klügsten und kühnsten Gedanken! Es ist der kleine Kommandeur, die Seele des Ganzen!

Lux beginnt mit seinen mächtigen Ohren zu wackeln, daß Azurzenka aufwacht. Auch Azurzenka ist entsetzt, als sie erfährt, daß das Häschen Purzel verlorenging. Alle Furcht vor der Morgenkälte vergessend, fliegt sie empor, den Weg zurück, überall ihren hellen Triller ausstoßend. Hinter ihr her rennt Lux.

Purzel hat sich in einem Wiesengraben wie ein Wollknäuel zusammengerollt. Ihm ist sehr kalt. Nun hat es Lux, den Kettenhund, befreien helfen, und schon hat der Kettenhund seinen kleinen Kameraden vergessen. Doch das ist vielleicht sein Gesetz, zu jagen, davonzurennen, zu vergessen. Eigentlich müßte Purzel jetzt nach Hause hopsen zu seinen Eltern und Geschwistern; aber das wird es keinesfalls tun, nimmermehr! Es hat beschlossen, die Reise in das ferne Land zu machen. Also wird es geschehen; das ist Purzels Gesetz.

Vorerst jedoch ist es furchtbar kalt. Es hat keinen Sinn, in dem endlosen Morgen unter dem blendenden, goldenen Himmel irgendwo hinzurennen.

»Ich werde schlafen und an die beiden denken!« sagt Purzel zu sich.

Aber kaum ist Purzel etwas eingenickt, da hört es über sich ein helles Trillern. Es fährt auf, setzt sich auf sein Stummelschwänzchen und macht ein »Männchen«.

»Hurra! Ich sehe da zwei weiße Ohren!« flötet Azurzenka.

Schon ist Lux mit einem Riesensprung da; er nimmt das kleine Purzel in sein großes, schwarzes Maul, beginnt mit ihm wie verrückt herumzuspringen und dann in der alten Richtung davonzujagen.

Purzel ist erst furchtbar erschreckt, wie es direkt an seinem

weichen Fell die furchtbaren weißen Fänge des Wolfshundes spürt. Aber Lux hat das Häschen so vorsichtig gefaßt, wie man es bei einem großen früheren Kettenhund nicht für möglich hält; sein warmer Atem streicht jetzt an Purzels Pfötchen vorbei und wärmt es recht angenehm. Nur ist Luxens Maul so pechrabenschwarz wie ein Schornstein. Deshalb fängt Purzel an, den dahinrennenden Lux zu tadeln: »Du hast dir wahrscheinlich tagelang den Mund nicht ausgespült! Ich aber will nicht in einem schmutzigen Mund liegen! Laß mich sofort heraus und putz dir erst einmal deine schwarze Schnauze, hörst du?«

Doch diesmal gehorcht Lux nicht.

»Hauhauhau! So ein kleiner Dummkopf, wie du bist! Du weißt nicht einmal, daß ein schwarzer Gaumen und ein schwarzes Maul das edelste Zeichen unserer Rasse der Wolfshunde ist. Du lächerliches Rosenschnäuzchen, hauhauhau!«

So lacht Lux, daß es durch das morgendliche Land widerhallt, und rennt in mächtigen Sprüngen weiter.

Was ist zu machen? Zumal auch der Kanarienvogel Azurzenka wieder in sein warmes Boudoir – die Ohrmuschel von Lux – gekrochen ist und von dort flötet: »Laß ihn jetzt nur rennen, daß wir schnell ans Ende von diesem langweiligen, grauen Europa kommen, dorthin, wo das blaue Meer beginnt, nach Marseille und Lissabon, damit ich endlich meinen maisgrünen Pyjama aus Kairo erhalte. Denn vorher fühle ich mich nicht glücklich.«

Purzel schweigt. Ihm ist jetzt ganz warm und wohlig zumute in dem großen, schwarzen Maul von Lux. Langsam sinkt es in Schlaf, während Lux wie ein Blitzzug durch das Land dahinrast.

Wie Purzel aufwacht, liegt es im heißen, weichen, blendendweißen Sand. Es reibt sich mit den Pfötchen die Augen aus, schaut erstaunt um sich und schließt schnell wieder die Augen.

Was war das?

Vorsichtig öffnet es wieder den Spalt eines Auges. Da stehen überall riesige Strohkörbe, und darin sitzen halbnackte Menschen mit ebenso riesigen Strohhüten. Ringsherum aber spielen und tollen viele niedliche, nackte Kinder; sie bauen aus dem Sand Burgen und stecken Fähnchen und bunte Wimpel darauf. Vorn glitzert und schimmert das tiefblaue Meer.

Neben ihm liegt Lux flach auf dem Bauch; seine Zunge hängt ihm heraus, so schwitzt er. Mit den Augen blinzelt er Purzel zu, es solle schweigen! Jetzt hebt Azurzenka Luxens rechte Ohrspitze wie einen Vorhang hoch und flötet leise: »Wir sind hier am Rande des Ozeans; verhaltet euch ruhig! Die Sache geht gut und wird noch besser, sobald ich meinen maisgrünen Pyjama habe!«

Purzel jedoch kann sich gar nicht genug satt sehen an den bunten, herrlichen Farben, an dem azurblauen Meer mit den tiefgrünen Schatten im Grunde, an den braunroten Felsen, die aus dem Wasser auftauchen, an den roten, blauen, goldgelben und grünen Schwimmhäuten, welche die Menschen anziehen, wenn sie ins Wasser gehen, und die nun überall zwischen den großen Körben zum Trocknen hängen und wie Fahnen im leichten Winde flattern.

Plötzlich sieht Purzel, wie Lux den Kopf hebt, die lange, rote Zunge einzieht und mit seinen dunklen, blitzenden

Augen auf einen Punkt starrt. Dort, an dem niederen Ast eines seltsamen Baumes, pendelt etwas Grünes, etwas Hellgrünes, etwas Maisgrünes bis zur Erde! Azurzenka aber flüstert Lux aufgeregt zu und zwickt ihn mit dem kleinen Schnabel so heftig in den Ohrlappen, daß zwei Blutstropfen in den weißen Sand rinnen. Lux nimmt lautlos Purzel wieder in sein Maul und rutscht wie verträumt langsam auf das maisgrüne Etwas hin, bis er endlich darauf zu liegen kommt; jetzt beugt er seinen großen Kopf zwischen seine Vorderpfoten und schiebt das grüne Etwas so fest in sein Maul, daß Purzel glaubt, es werde ersticken. Dann spürt Purzel, wie Lux in Bewegung kommt und davontrabt.

Als Purzel wieder Luft schnappen kann, liegt es hoch oben auf einem Felsen über dem Meer unter dunkelgrünen, kiefernähnlichen Bäumen.

»Was ist das alles?« fragt Purzel.

»Das hier ist ein Pinienwäldchen!« flötet es. »Aber schau mich doch an! Jetzt werde ich mich vor meinen Schwestern der d'Oro Caballero Tremulo di Capriccio zeigen können!«

Purzel hat Azurzenka zuerst nicht wiedererkannt. Sie trägt einen wunderbaren, seidenen, maisgrünen Pyjama; das heißt, es ist nur die Jacke des Pyjamas, und auch die ist viel zu groß. Azurzenka schleift sie hinter sich her wie eine riesige Brautschleppe. Ihre Augen strahlen vor stolzem Glück. Bloß fliegen kann sie nicht damit.

Neben Lux liegen die grüngestreiften Pyjamahosen.

»Kleiden Sie sich bitte an!« drängt ihn Azurzenka. »Im Flugzeug und in Mexiko können Sie unmöglich mit Ihren haarigen Beinen und als Kettenhund auftreten!«

Lux muß wohl oder übel mit seinen Vorderpfoten in die Pyjamahose hineinsteigen. Der Hosenboden ist nunmehr der

Brustteil seines neuen Anzuges. Das Ganze wird mit den Schnüren ihm um den Hals zugebunden.

»Der echte Caballero! Der vollendete Gentleman!« flötet Azurzenka entzückt.

Lux versucht einen seiner Sprünge zu machen; doch schon liegt er lang auf der Nase. Bei jedem Schritt stolpert er über die weiten Enden der Pyjamahose. Er kann nur kleine Trippelschritte machen und muß sich würdig bewegen wie ein Holzstock.

»Eine verfluchte Teufelssache! Noch schlimmer als die Eisenkette! Runter mit dem Zeug!« knurrt er grimmig.

Nur mit Mühe kann Purzel ihn beruhigen. Man brauchte diesen eleganten Anzug für das Flugzeug. Es — Purzel — sei selbst bereit, in die Ärmel des Rockes zu schlüpfen, da der Rock für Azurzenka ja viel zu groß sei und sie damit nicht fliegen könne. Schließlich wird für Azurzenka ein unteres Stückchen mit der Seitentasche abgerissen; Azurzenka pickt den Kopf durch die Tasche, zupft das Ganze zurecht, dreht sich aus ein paar grünen Seidenfäden und ihrem goldgelben Flaum einen phantastischen Gürtel, und schon hat sie ein enganliegendes, ärmelloses, kniefreies, todschickes Sommerkleid, während Purzel mit dem Pyjamarock und Lux mit den grüngestreiften, seidenen Hosen direkt vornehm gekleidet dastehen.

So besteigen sie am nächsten Morgen als exotische Gäste, denen jeder mit der gebührenden Achtung begegnet, in Lissabon das große Flugzeug, das sie über die Azoren und Kuba hinweg nach Mexiko bringt.

Ah, welch ein Zauberland ist dies Mexiko! Drunten der Strand und die warme, windgefächelte Luft des Karibischen Meeres. Etwas weiter aber landeinwärts das Steppengebiet,

MEX
DOUA

das bis zu den mit Agaven, Magnolien, Mais und Zuckerrohr bepflanzten Siedlungen führt, über denen in erhabener Ferne die schneebedeckten Häupter der Bergriesen thronen.

Während Purzel und Azurzenka noch in diesen zauberhaften Anblick versunken sind, knurrt Lux finster: »Ich habe Hunger nach dieser langen Reise!«

»Beherrsche dich ein bißchen, und schau doch bloß, wie wunderbar es hier ist!« sagt Purzel. »Du aber denkst immer nur ans Fressen!«

Lux streckt sich beleidigt platt auf dem Boden lang und legt seinen Kopf auf die Vorderpfoten.

»Steh auf, Lux! Du machst den Pyjama schmutzig!« mahnt ihn Purzel streng.

Lux richtet sich auf; er denkt: Eigentlich ist es doch mein Gesetz, mich platt auf den Boden zu legen, wenn ich ruhen will.

Aber schon flötet Azurzenka neben ihm: »Die Hosenbeine sind ganz nach oben gekrempelt, Herr Lux! So kann ich Sie unmöglich meiner vornehmen Verwandtschaft vorstellen, die hier bereits unter Königsgeschlechtern der Azteken als Kammerherren und Anstandsdamen tätig waren! Ziehen Sie die Hosenbeine gefälligst etwas straffer nach unten, daß man Ihre großen Füße nicht sieht!«

Lux knurrt etwas vor sich hin; aber er zieht die Pyjamahosenbeine ganz hinab über seine Vorderpfoten.

Auch an Purzel hat Azurzenka etwas auszusetzen. Purzels Stummelschwänzchen hebt hinten ständig den Rock hoch; man muß also ein Loch in den Rock schneiden, so daß das Schwänzchen wie eine Pinselquaste herausschaut. Jetzt fordert Azurzenka noch, daß die Fabrikmarke im Pyjamarock: *»Cairo-China-Seide-Blackwood Sons«* in ihr Kostüm eingenäht wird.

Und dann geht's los in das Gebiet der Mangrovenwälder, wo der edle Stamm der d'Oro Caballero Tremulo di Capriccio — Azurzenkas Brüder und Schwestern — seine luftigen Wohnsitze aufgeschlagen hat. Azurzenka, die vor Lux und Purzel etwas vorausfliegt, ist schrecklich aufgeregt. Immer wieder kehrt sie zurück, setzt sich auf den Kopf von Lux nieder und läßt sich ihren Pyjama, der beim Fliegen in Unordnung geriet, von Purzel zurechtzupfen.

Wie werden ihre Verwandten staunen und den Kusinen und Freundinnen vor Neid sich die Federn sträuben, wenn sie Azurzenka so zauberhaft schick aus der Fremde heimkehren sehen!

Sie müssen zuerst fruchtbare Maisfelder durchqueren; hier wäre Purzel gern geblieben, die saftigen Spitzen der jungen Maisstecklinge locken es sehr. Die Indios, welche die Felder bestellen, betrachten die drei in Seide gekleideten Ausländer erstaunt und lüften ehrerbietig ihre breitrandigen Sombreros. Lux, der immer wieder über seine Pyjamahose

stolpert, hat sich die Hosenbeine heimlich wieder hochgekrempelt. Denn schon winkt in der Ferne ein flaches, graubraunes Etwas, weit wie das Meer — die Pampa, die Steppe!

Hier gerät Lux in helle Begeisterung; ununterbrochen heult er in wildem Entzücken, daß die kleinen Steppenhasen sich ängstlich verkriechen und Azurzenka sich etwas Federflaum ausrupft, um sich die Ohren zu verstopfen: »Wie schrecklich falsch Sie singen, Lux! Sie werden bei meinen Schwestern Unterricht nehmen müssen!«

»Hauhauhauhauhauhau!« heult Lux in unbändiger Freude. »Ich heule hier, wie *ich* will! Das ist *mein* Gesetz, nicht wahr, du kleine Rosaschnauze, du mondbespucktes Weißfell?« Damit meinte er Purzel.

Purzel aber erwidert: »Du bist grob, Lux! Es ist nicht meine Art, einem Grobian Antwort zu geben.«

»Meinetwegen – Grobian!« knurrt der Wolfshund Lux fröhlich. »Muß ich denn nicht heulen, du Stummelschwänzchen, wenn ich solch eine herrliche, riesige Steppe sehe, wo man wunderbar die kleinen Steppenhasen jagen kann!«

Purzel sagt hierauf nichts.

Es schaut Lux von der Seite an, wie er fiebert davonzuspringen und wie er seinen Hals reckt, um sein Geheul auszustoßen. Ja, jetzt ist er frei, und er wird sein Gesetz finden! denkt Purzel für sich.

Azurzenka jedoch mahnt Lux: »Still! Lassen Sie bitte jetzt Ihr unharmonisches Heulen, Herr Lux! Wir werden uns am Rand der Steppe halten und bald in das Waldgebiet gelangen, in das Reich meines Stammes der d'Oro Caballero Tremulo di Capriccio! Krempeln Sie Ihre Hosen gefälligst wieder nach unten, mein Teurer! Der Prince of Wales trägt die Hosen ebenfalls nicht über den Knien.«

Lux bleibt nichts anderes übrig, als sich zu fügen. Er macht in den langen, weiten Hosen seltsame Sprünge, stolpert und fällt immer wieder auf die Nase. Purzel muß zuerst furchtbar lachen. Als es aber bemerkt, wie böse und unglücklich Lux ist, da reicht es ihm sein Pfötchen, und jetzt hopsen die beiden über den braungrauen Steppenrand dem Walde zu, während Azurzenka vorausfliegt.

So kommt man in den großen Mangrovenwald. Hier herrscht ein seltsam dunkelgrün-orangenes Halbdunkel. Überall schwingen sich die Lianen mit ihren riesigen purpurroten und tiefblauen Blütenkelchen von Baum zu Baum, von Zweig zu Zweig. Es ist wie ein wildes Farbenmeer von Tausenden entzündeten Fackeln und bunten Lampions. Dazu duftet es von wundersamen, süßen, gewürzigen Gerüchen. Und von allen Zweigen erschallt ein vielhundertfaches Vogelkonzert.

Lux und Purzel sind die Sensation des Waldes.

Sogar die Giftschlangen weichen erschrocken und ehrfürchtig vor diesen gespenstischen Halbgöttern in den seidenen, maisgrüngestreiften Pyjamahäuten zurück. Sind es Menschenseelen, die in Tiergestalten tauchten, oder sind es Tiere, die in Menschengestalt verwandelt wurden?

Inzwischen hat Azurzenka erfahren, daß ein Stamm der Canarios d'Oro Caballero Tremulo di Capriccio aus dem Mangrovenwald nach Süden in die Nähe der großen Stadt übersiedelte und daß sie dort in einem Park leben.

»Auf zu dem herrlichen Park!« trillert Azurzenka aufgeregt. Und weiter geht es zwei Tage und Nächte durch den Urwald.

Auf einmal lichtet sich das wilde grünorangene Halbdunkel. Man sieht Wege, die mit weißem oder rotem Kies bestreut sind. Die Bäume stehen in größeren Abständen und tragen kleine Emailletäfelchen an ihrem Stamm, worauf ihr Alter und ihre Art geschrieben ist. Überall sind schöne glatte Wiesen mit Magnolien und Rhododendronbüschen. Die Agaven erheben ihre saftigen baumhohen Blütenstengel mit süßduftenden schneeweißen Dolden in den tiefblauen Himmel. Und plötzlich hört man ein stürmisches, tausendfaches Flöten und Trillern, als wäre ein Riesenorchester von einem ganzen Heer von Azurzenkas am Werke.

»Sie sind es! Sie sind es, meine Brüder und Schwestern!« trillert Azurzenka und fliegt auf ein dichtes Gebüsch von Rhododendron und Magnolien los.

Purzel und Lux springen hinterher.

Aber wie sie in das Wäldchen kommen, bleibt ihnen fast der Atem weg vor Erstaunen. Vergebens suchen sie Azurzenka. Da sitzen auf den Zweigen Hunderte goldgelb geflügelter Kanarienvögel, und alle sind mit buntfarbenen Pyjamas aus der nahen großen Stadt bekleidet. Erst nach längerem Suchen entdecken Purzel und Lux ihre Freundin Azurzenka in dem maisgrünen Seidengewand. Sie hat die kleinen Flügel gesenkt und ihr Köpfchen dazwischengesteckt.

Purzel tritt zu ihr und stupst sie mit seinem rosa Näschen an: »Was ist, Azurzenka?«

»Was ist? Habt ihr denn keine Augen im Kopf? Was ist? Alle hier haben genauso schicke Pyjamas wie ich! War ich deshalb all die Jahre bei den Menschen in Gefangenschaft? Sind wir deshalb durch dies schreckliche Europa gewandert und übers weite Meer geflogen? Oh, oh!«

»Du bist jetzt in deiner schönen Heimat!« sucht Purzel sie zu trösten.

»Aber was für ein Empfang!« klagt Azurzenka. »Ich habe im Ausland eine Tournee gemacht, ich trage einen echten, maisgrünen Pyjama aus Kairo; aber was für ein Empfang! Oh, ich werde sterben!« Und sie weint zwei richtige, kristallklare Tränchen.

Und wieder weiß Purzel einen Rat. Azurzenka hat einige europäische Schlager gelernt, wie:

»Il est dans mon pays
Une fille aux yeux gris,
Dont le regard est trouble et caressant,

Et qui s'était éprise
D'un bien joli p'tit gars,
Oui et depuis lui répète tendrement:
Joseph, Joseph ne me faites pas attendre,
Il est grand temps, que vous vous décidiez,
Mon petit cœur n'est pas — vous d'vez le
comprendre —
Une mécanique, que l'on remonte à son gré ...«

Oder der Tangosong der englisch-malaiischen Singapore-Girls, von einer Italienerin gesungen, jenes »Mailù« ...

»Lenta sull' onda del mare
Passa una nave che va
Lascia Singapore
Terra di felicità.
Mentre lontano scampare
La misteriosa città,
Solitario un cuor
Canta nell' oscurità —
Mailù!
Sotto il cielo di Singapor
In un sogno di stella d'or
È nato il nostro amore ...«

Diese Chansons wird Azurzenka flöten, und Purzel wird dazu tanzen! Ferner wird Purzel zu dem deutschen Schlager:

»Warum bläst meine Großmama Posaune?«

mit Lux, der sich auf die Hinterpfoten stellen muß, einen Akrobatikgrotesktanz aufführen. Azurzenka aber wird erklären, das sei ihr Charaktertanz-Gesangs-Ensemble »Die purzelnde Sternschnuppe«, das sie aus Europa unter Aufwendung großer Kosten nach hier gebracht habe.

Lux protestiert, er sei nicht zum Tanzen, sondern zum Jagen mit herübergekommen. Doch Purzel weist ihn zurecht, das seien die Worte eines Egoisten, unwürdig eines guten Kameraden! Und ehe Lux antworten kann, hat Azurzenka bereits mit »Joseph, Joseph …« begonnen, während das Häschen Purzel in den graziösesten Halbsprüngen und Schritten dazu steppt. Ein vielhundertfaches Beifallsgezwitscher und Flügelschlagen der Kanarienvögel erfolgt auf diese erste Nummer.

Den »Mailù«-Tango aber tanzt Purzel mit weitgeöffnetem Pyjama, den es im Wirbel von sich reißt, in die Luft wirft und wieder auffängt, um ihn schließlich bei dem wiegenden Refrain:

»Mailù!
Sotto il cielo di Singapor
In un sogno di stella d'or
È nato il nostro amore …«

wie einen duftigen Seidenschleier in weiten, phantastischen Schwüngen durch die Luft flattern zu lassen.

Und während ein tosender Beifallsorkan ausbricht, beginnt Lux in kläglichsten Tönen dazu zu heulen; denn er ist empört darüber, daß Purzel vor allen hier so lieblich und wild tanzt, wie es damals im silbernen Vollmond nur vor ihm geschah! Was haben diese lächerlichen Eidotterspatzen überhaupt sich an seinem Häschen zu erfreuen? Was hat das Häschen Purzel vor fremdem Volk sich derart ohne Gewand aufzuführen?

»Hauhauhauhauhau!« heult Lux grimmig erzürnt. »Ich protestiere! Ich werde im Wiederholungsfalle von meinen Zähnen Gebrauch machen! Hauhauhauhauhau!« Doch Lu-

xens Protest geht in dem allgemeinen Lärm unter, zumal Purzel ihn an seinen Ohren nach vorn auf die Wiese zieht und dort mit unwiderstehlich liebenswürdiger und doch gebieterischer Geste ihm befiehlt, sich auf den Hinterpfoten aufzurichten.

»Chef! Den Groteskschlager!« ruft Purzel Azurzenka zu.

Und während diese den Schlager: »Weshalb bläst meine Großmama Posaune?« anstimmt, faßt Purzel Lux an seinen Vorderpfoten zum Akrobatik-Charaktertanz. Das allerdings ist nicht ganz leicht. Vergebens versucht das Häschen den großen Wolfshund nach den Rhythmen der Flötenmusik Azurzenkas zu drehen. Lux hopst in wilden, störrischen Sprüngen in seiner grüngestreiften Pyjamahose umher, Purzel dabei mit hochreißend, so daß das Häschen gar nicht mehr den Boden berührt. Dabei macht Lux ein so wütendunglückliches Gesicht und wackelt mit seinem großen grauen Kopf so schmerzvoll, als tanze er auf einem Haufen glühender Kohlen, während das Häschen hoch in der Luft mit seinen weißen Pfötchen dazu den Takt zu schlagen sucht.

Die vielhundertköpfige Zuschauerrunde der Kanarienvögel aber schlägt sich mit den Flügeln die Bäuchlein vor Vergnügen und erfüllt mit einem Lachtrillerorkan die Luft.

Der Erfolg der Vorführung ist gewaltig und Azurzenkas Empfang grandios.

Während Azurzenka von der Spitze einer vier Meter hohen Agave einen kurzen Vortrag über ihre »Europatournee« hält, hat Lux, tiefgekränkt, sich unter einem Rhododendronstrauch verkrochen und starrt traurig vor sich hin.

»Was hast du bloß, Lux?« fragt ihn das Häschen Purzel besorgt.

»Ich habe diese Reise satt, bis über die Ohren satt!« knurrt Lux. »Ich habe Hunger! Ich spucke auf diese alberne Springerei! Ich bin hierhergekommen, um in der weiten Steppe zu jagen!« Und damit beißt er wütend in die maisgrünen, seidenen Pyjamahosen und reißt sie von einem Ende zum anderen in Stücke.

»Mein Gott, was bist du für ein roher und wilder Geselle!« tadelt ihn Purzel.

»Ich will jagen, rennen, jagen! Das ist mein Gesetz!« entgegnet Lux und springt hoch, um davonzurennen.

Purzel richtet sich schnell auf und legt ihm seine weichen Pfötchen auf die Schnauze und die Stirn. »Sei ruhig, Lux! Natürlich muß man dir zu fressen geben, das versteht sich! Und du sollst auch jagen; aber das ist heute doch der erste Tag hier, hab ein wenig Geduld, Lux!«

Lux legt sich leise heulend wieder hin.

Purzel aber springt zu der Versammlung, um für seinen hungrigen Kameraden Nahrung zu erbitten. Der Proviantmeister der Kanarienvögel entschuldigt sich vielmals höflichst, daß er seine werten Gäste so vernachlässigt habe, und läßt eiligst einen ganzen Korb süßer Maiskörner heranbringen.

Wie Lux diesen Korb mit Maiskörnern sieht, beschleicht ihn eine schreckliche Todesangst. *Das* soll seine Nahrung sein? Man will ihn also dem Hungertode aussetzen? Das ist das Allerschlimmste, was einem Wolfshund geschehen kann.

»Ich werde hier sterben!« heult er verzweifelt vor sich hin.

»Ach, du Armer!« klagt jetzt auch Purzel. »Mein armer, armer Lux!« Ganz bestürzt hopst das Häschen auf die Wiese, rupft eiligst so viel saftiges Gras, wie es nur in seinen Pfötchen fassen kann, und bringt es seinem Kameraden. »Nun komm, mein Lieber, iß!«

Doch Lux rührt sich nicht. Sein Kopf liegt auf seinen Vorderpfoten. Er hat die Augen geschlossen. Das also ist das Ende!

Purzel sitzt neben ihm und denkt angestrengt nach, was zu tun sei.

Inzwischen hat Azurzenka ein neues Chanson nach dem andern der Versammlung vorgesungen. Die Begeisterung wächst von Lied zu Lied. Azurzenka wird zum Reichsobertrillerer ernannt. Eine Kommission wird gebildet, die ein Ensemble der besten Trillergirls bilden und eine große Amerikatournee mit Azurzenka als Star vorbereiten soll. Azurzenka ist selig.

Schnell fliegt sie auf den Rhododendronstrauch und teilt Purzel und Lux mit, daß sie beide auf dieser Tournee mit einer Tanznummer vertreten sein müßten. Purzel möchte mit ihr über Lux sprechen. Doch da wird Azurzenka zu einer äußerst dringenden Sitzung der Kommission, die sich inzwischen zum »Kunstkomitee für Tanz, Gesang und Massenchöre« erweitert hat, abberufen.

»Hast du Azurzenkas Vorschlag gehört?« fragt Purzel und fährt Lux mit seinen Pfötchen über die Ohren.

Lux hebt seinen Kopf und schaut Purzel so traurig an, daß das Häschen für einen Augenblick selbst alle Lebenslust und allen Mut verliert. Aber dann rafft es sich zusammen. »So geht das nicht! Nein, so geht das nicht weiter!« sagt Purzel energisch. »Höre mich an, Lux, wir laufen in die Steppe, noch heute nacht! Du sollst hier nicht sterben!«

»In die Steppe?« fragt Lux und spitzt die Ohren.

»Ja!« antwortet Purzel. »Wir zwei sind zum Springen und Rennen geboren; das ist unser Gesetz!«

»Rennen, jagen, rennen! Hauhauhauhau!« heult Lux begeistert auf und macht einen mächtigen Freudensprung über den Rhododendronbusch hinweg. »Und noch diese Nacht? Nein, sofort! Eh diese schrecklichen Tremulotremulax uns wieder zum Tanzen zwingen!«

Und bevor Purzel etwas erwidern kann, hat Lux das Häschen in sein großes Maul genommen und jagt mit ihm am Waldrand entlang der Steppe zu.

In weiter Ferne verhallt das Getriller der Canarios d'Oro Caballero Tremulo di Capriccio wie ein leiser silberner Trommelwirbel.

Ah, wie wunderbar ist es dort in der endlosen, stillen, warmen Steppe! Kein Haus! Kein Zaun! Keine Mauer! Keine Kette! Nur die weiten Wellen des Bodens, der ganz mit trockenem, duftendem Gras bedeckt ist. Und der hohe Himmel mit seiner goldenen Sonne und seinen weißen Wolkentürmen über der braungrünen Erde.

Und wenn nachts der Mond aus der Tiefe aufsteigt, dann kann man nach Herzenslust heulen und ihm entgegenjagen, stundenlang, um diesem unheimlichen lockenden Gesellen endlich näher zu kommen und ihn einmal ins Maul zu nehmen, wie er wirklich schmeckt!

Für Purzel allerdings sind diese einsamen, gespenstischen Nächte nicht sehr angenehm. Es wird nachts plötzlich kalt. Es gibt da keine Maisfelder oder warme Heuhaufen, worin man sich verkriechen kann. Lux hat, als er nach seiner nächtlichen Streife einmal das vor Kälte zitternde Häschen so einsam dahocken sah, ihm unter einem Stein ein tiefes Erdloch mit seinen Pfoten ausgescharrt, ihm aus Gras und kleinen Kräutern dort ein duftiges Bett gemacht und versprochen, oben neben dem Stein liegenzubleiben, damit es sich nicht ängstige.

Doch wie in der nächsten Nacht der honiggelbe Mond riesig aus der Steppe aufsteigt, da hat Lux erst leise zu heulen begonnen, dann macht er ein paar große Sprünge um den Stein, unter dem die niedliche Höhle Purzels sich befindet; immer länger werden die Sprünge, immer weiter die Kreise, die Lux um Purzels Lager zieht, schließlich rennt er gradeaus, schnurstracks dem Mond entgegen.

Frühmorgens vor Sonnenaufgang kehrt er zurück und legt sich mit dampfendem Fell und heraushängender Zunge neben den Stein.

Das Häschen Purzel, das jenes nächtliche Heulen gehört und nicht mehr geschlafen hat, kommt aus der kleinen Höhle hervorgehopst. Es wirft einen Blick auf Lux und weiß sofort, was geschehen ist. Aber es wischt sich wie immer mit seinen weichen Pfötchen die Augen aus und sagt: »Guten Morgen, Lux! Wie war die Nacht? Hast du ein bißchen geschlafen?«

»Natürlich!« knurrt Lux. »Man kann doch nicht jede Nacht wachen!«

Purzel fragt nicht weiter, sondern hopst umher, sich ein wenig Gras zu rupfen und etwas Tau zu trinken. Viel Appetit hat es in letzter Zeit nicht.

Lux ist inzwischen eingeschlafen. Purzel tritt näher zu dem großen Kameraden; es möchte dem Schlafenden leise mit seinen Pfötchen über den Kopf streicheln; aber da sieht es, wie seitlich an Luxens Schnauze frisches Blut klebt. Lux hat gejagt. Schließlich kann er nicht von Gras leben. Das ist sein Gesetz. Er muß sich lebendige Nahrung fangen, Steppenhühner, Steppenhunde, Steppenhasen. Dazu muß er nachts jagen — für sein Leben. Das ist sein Gesetz. Und seit er in Freiheit ist, tritt sein Gesetz so stark zutage wie die Sonne, die durch die Wolkenmauer sich Bahn bricht.

Wie Lux aufwacht, ist es warmer Mittag. Er reckt die Glieder und streckt sich behaglich lang auf dem warmen Gras.

»Soll ich dir etwas vortanzen?« fragt Purzel.

»Das wäre nicht schlecht, Kleines!« meint Lux.

Diese Antwort verletzt Purzel. »Du tust ja wie ein Pascha!« sagt es zornig. »Als Kamerad könntest du schließlich auch einmal etwas zu meiner Freude und Unterhaltung tun, anstatt jede Nacht draußen herumzujagen und tags dazuliegen und zu schlafen!«

»Ich könnte dir nachts einen kleinen Steppenhasen fangen, mit dem du spielen magst, bevor ich ihn fresse.«

»Wie roh du bist, Lux! Gar nicht etwas Zartes und Nettes kannst du dir ausdenken!« klagt Purzel.

»Hauhauhauhau, etwas Zartes und Nettes?« heult Lux vergnügt. »Ich kann einen dicken Knochen zerbeißen, als wäre er ein Grashalm, ich kann einem Pferd ins Genick springen und es umwerfen, ich kann heulen, daß sogar der Mond sein Gesicht verzieht – ist das nichts?!«

»Gewiß, das ist sehr viel!« sagt Purzel. »Aber kannst du mir nicht ein paar Blumen holen? Hier in der Steppe ist alles so grau und braun, und ich liebe die bunten Blumen so sehr, die roten, blauen und goldgelben, so wie sie einmal auf meinem Osterhasenfell abgefärbt waren.«

»In der Steppe gibt es keine Blumen, sondern nur Gras und kleine Kräuter; das ist das Gesetz der Steppe!« erwidert Lux, legt seinen Kopf auf die Vorderpfoten und schlummert in der warmen Sonne ein.

Purzel kann nicht schlafen. Es geht in seine niedliche Höhle, holt das Lagerheu heraus und lüftet es in der Sonne. Früher hatte es mehrmals am Tage seine Grasspitzenmahlzeit eingenommen; doch in letzter Zeit fehlte ihm jeder Appetit. Auch seine Morgengymnastik mit Kreuz- und Quersprüngen, Männchenmachen und Tänzen hat es aufgegeben. Grade eben wollte es seinem Kameraden Lux ja so gern etwas vortanzen, schon um ihn in bessere Stimmung zu versetzen, vielleicht auch um ihm zu gefallen wie damals, als er an der Kette lag, furchtbar traurig war und dann durch Purzels Tanzkünste und Osterhasenweisheit ganz bezaubert wurde.

Aber jetzt ist Lux frei und gar nicht mehr traurig. Er lebt in seiner Steppe. Er kann jagen, rennen, jagen und den Mond anheulen. Er lebt ganz nach seinem Gesetz, dem uralten Gesetz der Steppenwölfe. Und plötzlich wird es Purzel klar, daß dies Gesetz der wilden Steppenwölfe ein andres Gesetz ist als das Gesetz der zärtlichen Osterhasen.

Ein Gedanke durchfährt Purzel: Sie drei — Purzel, Lux und Azurzenka — reisten aus dem alten, grauen Europa nach Mexiko in die Freiheit, um dort ihr Gesetz zu finden. Azurzenka fand es und lebt mit ihren Schwestern in Gesang und singendem Glück. Lux fand es; er jagt, wie seine Vorfahren vor tausend Jahren es taten, als ein Wolf über die Steppe. Doch Purzel, das Häschen, das den beiden Kameraden zur Freiheit verhalf, das für die andern so kluge Gedanken hatte, es hat für sich selbst nicht bedacht, daß *sein* Gesetz darin besteht, daß es mit seinen Brüdern und Schwestern in einer saftigen, blumenbunten Wiese umherhopsen, Gras und Kohl knabbern und Osterhaseneier verstecken muß. Jetzt aber sitzt Purzel hier einsam in der braungrauen, endlosen Steppe neben dem schlafenden Kameraden, neben Lux, dem Wolfshund.

Vielleicht sollte es wieder in seine Heimat zurück zu den grünen Wiesen, den bunten Blumen und den hellen Bächen, zu seinen Brüdern und Schwestern? Doch neben diesem allgemeinen Gesetz hat Purzel noch sein eigenes Gesetz: daß es niemals eine Tat bereut oder einen Weg zurückgeht. Das verbietet ihm sein Stolz. Denn so zart sein Herz ist, so stark und stolz ist es zugleich.

So bleibt Purzel bei seinem Kameraden Lux.

Lux merkt, daß Purzel nicht mehr das frühere, übermütige, lebenslustige Häschen ist. Er sucht es zu erfreuen, so wie er es mit seinem Wolfshundverstand versteht. Statt Blumen bringt er ihm eines Tages eine große, blühende Steppendistel mit. Purzel ist ganz gerührt und nimmt die Distel in seine zarten Pfötchen, sie an sein Herz zu drücken. Aber da stechen es

die hundert groben Stacheln der Distel. Seine Pfötchen schmerzen schrecklich; sie bluten sogar. Lux leckt das Blut ab. Doch die Stacheln mit ihren Widerhaken dringen nur noch tiefer in Purzels Pfötchen, und Purzel ist lange krank.

Ein andermal fängt Lux für Purzel einen kleinen Steppenhasen und bringt ihn Purzel als Spielgefährten. Purzel ist außer sich vor Freude und nennt den kleinen Freund wegen seines Stummelschwänzchens »Stummel«. Aber der Steppenhase »Stummel« hat solche Angst vor Lux, daß er jedesmal am ganzen Leibe zittert, wenn der Wolfshund nur in die Nähe kommt. Purzel empfindet schließlich Mitleid mit seinem kleinen Freunde und sagt, er solle wieder in die Steppe fliehen zu seinen andern Kameraden. Doch »Stummel« wagt es nicht. Der große Wolfshund wird ihm nachsetzen, seine Spur verfolgen und ihn dann schrecklich zerfleischen. Und »Stummel« erzählt, wie Lux die kleinen Hasen jagt und zerreißt, bevor er sie frißt. So lebt »Stummel« in ständiger Furcht vor Lux und wagt doch nicht zu fliehen. Er wird von Tag zu Tag magerer. Eines Morgens liegt er tot neben Purzel.

Purzel schleppt den kleinen »Stummel« bei Nacht, als Lux in der Steppe jagt, weit weg von seinem Bau und begräbt ihn unter einem Stein.

Und nun ist Purzel wieder allein.

Lux spürt in seinem eigenen Herzen die Traurigkeit seines Kameraden, des Häschens Purzel. Auch er wird traurig. Und diese Traurigkeit von Lux vermehrt wieder Purzels eigene Traurigkeit.

»Purzel, höre mich, wir wollen zu deinen oder meinen Kameraden ziehen!« schlägt Lux vor.

»Ach, du guter, großer Dummerjan!« erwidert Purzel und lächelt zum erstenmal seit langem. »Deine Kameraden werden mich fressen, und meine Kameraden werden vor dir davonlaufen.«

»Und wenn wir zum Großbauern Schluckebier und zu deiner Osterhasenwiese zurückkehren?« fragt Lux nach heftigem Nachdenken.

Purzel ist jetzt ganz nahe zu ihm herangehopst. Es macht eines seiner niedlichsten Männchen, so wie einst in der wunderbaren ersten Mondnacht, es legt ihm sein Pfötchen auf den Kopf und flüstert ihm mit seinem feuchten Schnäuzchen ins große Ohr: »Purzel geht nie einen Weg zurück, das ist sein Gesetz, merk dir das, Lux! Wir bleiben hier! Ich weiß, daß du trotz allem mein lieber, bester Kamerad bist. Ich werde auch nicht mehr traurig sein und dich nicht mehr traurig machen.«

So bleiben die beiden Kameraden — das Häschen Purzel und der Wolfshund Lux — weiter in der endlosen, braungrauen, blumenlosen Steppe, auf die tags die Sonnenstrahlen wie glühendes Blei herniederrinnen und in der nachts im kühlen Silberschein des Mondes die Wölfe heulen und jagen.

Lux liegt nun die Nächte neben dem Stein, darunter Purzel in seiner kleinen Höhle ruht. Wenn aus der Ferne das wilde Geheul der Steppenwölfe zu ihm herüberschallt, dann springt er empor, seine kräftigen Läufe spannen sich, als wolle er davonrennen; aber sofort besinnt er sich, daß drunten das kleine Purzel schläft, das hier in der blumenleeren Steppe geblieben ist, um ihn — Lux — nicht traurig zu machen. Und so bleibt Lux bei der kleinen Höhle liegen, während seine Brüder in der endlosen, herrlichen Freiheit über die nächtliche Steppe jagen und ihr langgedehntes Geheul erschallen lassen.

Purzel ist anfangs sehr glücklich und gerührt über Luxens Verhalten. Aber bald bemerkt es, wie Lux immer magerer und magerer wird, wie seine Augen müd und traurig sind, wenn seine Zähne vor Purzel zu lachen versuchen.

Eines Tages schaut Purzel seinen Kameraden an und sagt: »Lux, du mußt dir mehr Bewegung machen! Auch vermisse ich dein kräftiges Heulen! Spring ein wenig nachts in die Steppe und heule von weit her, ob ich dich wie früher aus dem andern Heulen heraushöre?«

»Wirklich?« fragt Lux und stellt seine Ohren vor Freude hoch, während seine Augen funkeln. »Wirklich, das macht dir Spaß?«

»Gewiß!« erwidert Purzel.

Und Lux jagt diese Nacht in die Steppe und heult, bis seine Lunge und sein Herz wieder weit werden.

»Hast du mich gehört?« fragt Lux am Morgen frisch und voller Kraft das Häschen.

»Es war herrlich!« antwortet Purzel.

So jagt denn Lux auch die zweite und die dritte Nacht; und seine alte Kraft kehrt zu ihm zurück.

Nach der dritten Nacht aber sucht Lux seinen Kameraden am Morgen vergebens. Er heult vor Purzels kleinem Bau unter dem Stein, er wühlt mit seinen starken Pfoten verzweifelt die Höhle um.

Purzel ist nicht dort.

Er rennt in engeren und weiteren Kreisen um die Höhle. Nirgendwo ist Purzel.

Er heult in langgedehnten Rufen, um Purzel heranzulokken.

Aber Purzel antwortet nicht.

Und wieder sitzt Lux, der Wolfshund, neben dem Stein, unter dem Purzels kleine Höhle war. Und wieder steigt der riesige, honiggelbe Mond aus der fernen, nächtlichen Steppe empor. Aus der endlosen, mondbeschienenen Weite erschallt das wilde Jagdgeheul seiner Brüder.

Lux sitzt neben dem Stein und stößt seinen eigenen, langgezogenen Heulruf aus. Aber dieses Heulen gilt nicht seinen jagenden Brüdern und nicht dem honiggelben Mond; es gilt seinem kleinen Kameraden Purzel, der mit seinen zierlichen Sprüngen und seiner Osterhasenweisheit von ihm gegangen ist und der nicht wiederkehrt.

DER STEPPENBRAND

Purzel findet Paolo Dreibein

Zwei Wochen lang hatte Lux, der Wolfshund, seinem Kameraden Purzel, der spurlos verschwunden war, in langgezogenem Geheul nachgetrauert. Als aber die volle Mondscheibe immer schmaler wurde und schließlich in der dunklen Nacht nur noch als eine haardünne, kaum mehr sichtbare Sichel am Himmel stand, da ließ Lux sein einsames Trauern und begab sich wieder zu seinen Jagdgesellen, den wilden Steppenwölfen.

Wo aber war Purzel geblieben? Verschwindet doch kein Wesen völlig von der Erde, erst recht nicht, wenn es so viel erlebt hat wie unser Häschen Purzel.

Ja, Purzel war in jener Vollmondnacht in die weite Steppe gelaufen. Ihm war sehr traurig zumute, weil es seinen Kameraden verlassen mußte. Es hopste eilig dem Vollmond entgegen, indem es seinen eigenen Schatten hinter sich ließ, so, als könne es auf diese Weise sich selbst entfliehen. Das ging ein paar Stunden. Dann versank der Mond am Steppenrand und Purzel begann zu frieren; es grub sich an einer sandigen Stelle eine Kuhle; es wünschte nie wieder aufzuwachen. Aber plötzlich war es ihm, als liefen lauter Ameisen in seine Nasenlöcher; es holte tief Luft, und dann mußte es so gewaltig niesen, daß der Sand in der Kuhle gen Himmel stäubte und es

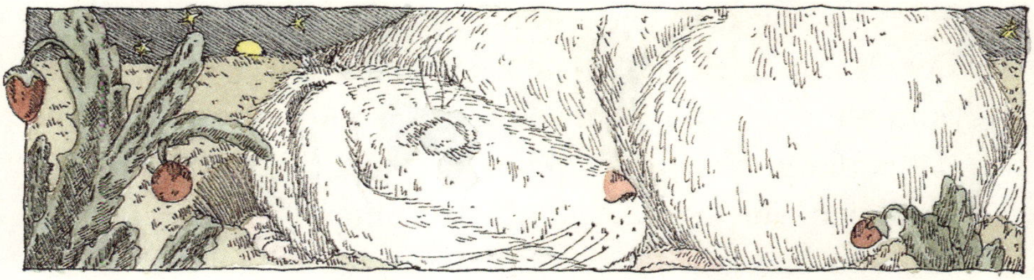

selbst aufwachte. Was war? Rollte da Feuer auf es zu? Brannte die Steppe? Nein, es war die Sonne, die als riesiger, glühender Ball über den Horizont kam und Purzel mit ihren ersten warmen Strahlen wachgekitzelt hatte.

»Ach, ist das Leben gut und schön!« sprach Purzel leise für sich. Doch sogleich fiel es wieder in Traurigkeit. Denn es hatte sich an Lux, seinen großen Kameraden, so gewöhnt wie der kleine Zeiger der Uhr an den großen Zeiger.

Nun, wer das Häschen Purzel kennt, der weiß, daß es keineswegs ein »Hasenfuß« war, wie die Menschen oft verächtlich die Feiglinge zu nennen belieben; vielmehr hatte Purzel mehr Mut wie mancher der Männer mit breiter, behaarter Brust. Es nahm also seine ganze Kraft zusammen, sprang in die Höhe, schlug einen seiner kühnen Purzelbäume, wobei es wieder auf seinem Stummelschwänzchen landete. Und jetzt sah die Welt schon anders aus. Die Sonne hatte sich am Himmel erhoben; der Nachttau funkelte noch an den hohen Halmen des Präriegrases; Purzel nahm davon einen leichten Frühtrank und knabberte einige Jungspitzen Gras. Dann begab es sich auf die Wanderung, einem neuen Leben entgegen.

Diesmal wollte Purzel allein bleiben, ohne Freund, ohne einen Kameraden, der ihm Kummer bereitete. Es wollte nur seiner eigenen Kraft und Klugheit vertrauen. So wanderte es einen Tag. Es genoß die Stille der riesigen Steppe und den Duft der kleinen Kräuter am Boden. Als die Sonne sank, suchte es sich wieder eine sandige Kuhle und buddelte sich ein. Purzel war lange genug mit Lux gestreift; es kannte genau die Sprache der Wölfe; ihr Geheul machte es nicht nervös wie die anderen Hasen, die dann aus dem Schlaf hochsprangen und sich verrieten. Anfangs lauschte Purzel, ob es die Stimme von Lux vernehme? Aber es waren nur die wilden Steppenwölfe; und so fiel Purzel, das sich tief in den Sand gewühlt hatte, in tiefen Schlaf.

Am zweiten Tag begegnete Purzel einer Schar großer hochbeiniger Vögel mit schwarzer Brust, dunklem Kopf, gelbem Hals und aschgrauen Flügeln. Sie hielten im Lauf inne und fragten das Häschen, weshalb es allein in der weiten Steppe herumhopse? »Ich heiße Nandu, der Pampastrauß. Hast du deine Kameraden verloren? Wir können dir helfen, die Deinen zu suchen!« erbot sich der langbeinige Chef der Strauße.

»Schönsten Dank!« erwiderte Purzel. »Ich wandere lieber allein.«

»Verzeihung unsrer Frage«, meinte der Nandu höflich, »doch es ist so ungewöhnlich – hat man dich verstoßen?«

»Nein; aber ich liebe die Einsamkeit.«

»Mein kleiner Freund, du weißt, das ist gefährlich. Man ist stärker in Gesellschaft der Kameraden. Gewiß hast du niemals einen Wolf oder Steppenhund gesehen?«

Konnte Purzel hierauf etwas entgegnen? Es lächelte bloß.

»Es ist wohl schwach an Verstand!« meinte mitleidig eine alte Straußenmama.

Der Nandu aber sagte zu Purzel: »Viel Glück, mein Dummerchen! Und wenn du nachts Geheul hörst, so springe nicht nach vorn von ihm weg, sondern schlage dich seitlich! Die Wölfe jagen stets geradeaus!«

An den nächsten Tagen begegnete Purzel noch der Riesen-

schlange mit den bunten Mustern auf dem Rücken und dem mordlustigen Steppenadler. In beiden Fällen drückte sich Purzel regungslos an den Boden, so daß es wie ein Häufchen Sand aussah. Denn es wußte, daß die beiden Feinde nur auf sich bewegendes Lebendiges stoßen. Der Adler zog denn auch über das »tote« Häufchen hinweg. Der goldgelbgestreifte Knäuel hatte jedoch seinen Kopf erhoben und blickte mit den stumpfen, achatgrauen Augen starr auf das regungslose Etwas, während der Hals sich hin und her wiegte und die Zungenspitze immer wieder wie ein Flämmchen vorschoß. Dabei zischte sie: »Ich habe Zeit — hihi! Ich kann warten — hihi! Ich bin die Boa bollera constrictor!«

Was konnte das arme Häschen tun? Sah es von unten in die achatgrauen Augen der Riesenschlange, so wurde ihm ganz schwindlig. Lange wie leblos liegen konnte es auch nicht mehr. Doch Purzel gab seine Sache nicht verloren. Es dachte angestrengt nach. Und dann wußte es, was zu tun sei. Es wartete, bis sich die Sonne so gedreht hatte, daß sie der Boa bollera direkt in die Augen brannte. Die Schlange pendelte jetzt etwas zur Seite, um die geblendeten Augen zu schützen. Diesen Moment hatte Purzel erwartet; es setzte in einem gewaltigen Salto über die Riesenschlange hinweg und — auf dem Boden angelangt — wirbelte es der herumfahrenden Boa mit den kräftigen Hinterpfoten eine ganze Wolke Sand in die Augen, so daß man selbst durch eine Schutzbrille nichts hätte sehen können. Ehe die Schlange den Staub von ihren Augen abgeschüttelt hatte, war das Häschen bereits verschwunden.

Wieder war eine Woche vergangen, und Purzel hatte noch manches Abenteuer erlebt. Da gab es die Termiten, die großen roten Ameisen, die sich aus trockenem Gras, winzigen Holzteilchen und Steinchen turmhohe Häuser bauen und den Wanderer mit ihren Millionenheeren überfallen; da lauerten

die Skorpione und Erdspinnen mit dem Giftstachel, der einen Menschen töten kann. Dann aber vernahm Purzel eines Abends, als es sich schon einen Unterschlupf suchte, ein lustiges Quietschen und Kichern, wie es nur von einer Hasengemeinde herrühren konnte. Purzel schlich sich heran. Es sah auf einem Platz niedergetretenen Grases einen ganzen Kreis von Steppenhasen.

Mitten in diesem Kreis suchten zwei Hasen über einem auf hohen Gabeln ruhenden Holzstock den Purzelbaum – oder wie es in der Pampasteppe heißt – den »Salto mortale« zu schlagen. Dem einen Springer glückte es wunderbar, während der andere stets auf seine Schnauze fiel. Die Hasengemeinde aber fand dies furchtbar spaßig und rief dem Schnauzenfaller zu:

»Spring, Paolo,
Dreh den Salto!
Fällst du auf dein Nasenbein,
Hast zum Dreibein noch ein Bein!«

Jetzt erst sah Purzel, daß der Verlachte, der immer auf die Nase fiel, nur drei Beine hatte. Purzel fand das Ganze gar nicht zum Lachen; es wollte in den Kreis hopsen und den andern seine Meinung sagen. Doch da war das Spiel mit dem »Dreibein« schon zu Ende; und andere Hasen kamen an die Reihe, ihre Künste zu zeigen.

»Dreibein« aber hatte sich seitlich ins hohe Steppengras verdrückt. Plötzlich hörte er neben sich eine leise Stimme: »Bist du traurig, Dreibein?«

Dreibein erschrak und wollte fortspringen. Da versperrte ihm ein seltsames Häschen den Weg. Es hatte ein schneeweißes Fell und winkte freundlich mit den Ohren, während es sprach: »Ich heiße Purzel, Purzel Weißfell, und habe alles gesehen.«

»Ja, ich habe mich wieder einmal blamiert«, sagte Dreibein, »aber wenigstens hatten die anderen ihren Spaß.«

»Ein schöner Spaß!« meinte Purzel.

Dreibein mit seinem graubraunen Steppenhasenfell saß schweigend da. Purzel fuhr ihm mit seinem weichen Pfötchen über den Kopf und über den Rücken. Dreibein hielt ganz still. So saßen sie eine Weile.

»Es ist zu laut hier«, sagte Purzel.

Sie sprangen in die dunkle Steppe. Purzel scharrte schnell mit den Hinterpfoten eine Kuhle in den noch warmen Sand. Dahinein hockten sich beide. Die Luft schwirrte noch von der Tagesglut. Faustgroß hingen einzelne Sterne am Himmel.

Da begann der braunfellige Dreibein ganz von selbst zu erzählen: »Eigentlich heiße ich Paolo. Aber seitdem mir als Kind ein Wolf die rechte Hinterpfote abbiß, nennen mich alle bloß Dreibein.«

»Ich werde dich Paolo nennen!« erklärte Purzel und strich ihm wieder über den Kopf. »Aber wie konntest du dich vor dem Wolf retten?«

»Glück im Unglück!« erwiderte Paolo. »Es war vor dem Erdloch meiner Tante Pepita; sie zerrte mich von innen an meinen Vorderläufen durch den schmalen Eingang in den Bau wie eine Spinne den Faden durch die Masche. Der Wolf konnte nicht folgen.«

»Und du kannst nicht zusehen, wenn die andern springen?«

»Nein, Purzel, dann juckt mich immer mein fehlendes Bein.«

Purzel und Paolo beschlossen, zusammenzubleiben und zu zweit – unabhängig von den andern – das Leben zu bestehen. Beide hatten viel verloren. Wenn sie im hohen Gras, da die Sonne ihre Pfeile gegen die Erde schoß, oder nachts in der noch tagwarmen Sandkuhle einander ihre Geschichten erzählten, so tröstete Purzels Traurigkeit das schwere Herz Paolos, und Paolos herbes Los vertrieb die Erinnerungen Purzels an Lux, den verlorenen, jagdwilden Freund. So lebten sie miteinander in der großen, einsamen Freiheit der Steppe, wo der Wind und die Sonne die eigentlichen Herrscher sind.

Aber der Wind und die Sonne zeugen in ihrer stürmischen wilden Liebe ihr Kind; es hat züngelnde rote Haare, einen goldgelben Leib und weitausgreifende, grauweiße, rauchige Arme. Das Kind ist das Feuer. Wenn die Sonne wochenlang das Steppengras ausgedörrt hat und die dürren Halme zu glimmen beginnen, plötzlich haucht der Wind mit vollen Backen und spitzem Mund hinein; ein winziges Flämmchen springt aus den glimmenden Halmen, und jetzt bläst der Wind mit geblähten Nüstern — das Feuer rast mit fliegenden roten Locken, weit greifen seitlich seine Arme aus, eine grauweiße Wolke wälzt sich voran, schwarzer Rauch erhebt sich wie eine dunkle Wand hinter ihm. Ein hohes Sausen tönt über die weite Fläche.

Die Steppe brennt!

Der Sturm heult. Das Feuer fliegt. Die Tiere rasen in Todesangst davon. Geradeaus. Aber auch seitlich und vor ihnen beginnt von dem Funkenflug das Gras zu flammen.

»Wohin?« fragt Purzel den Freund, wie es die riesige schwarze Rauchwolke sieht.

»Wir müssen uns in die Erde vergraben«, meint Paolo Dreibein.

»Beginnen wir!«

Unter Purzels Hinterläufen fliegen die Erdbatzen. Paolo sucht mit seinen Vorderpfoten den Sand wegzuscharren, da er mit seinem einzigen Hinterlauf nicht helfen kann. Doch schon schwirrt die Luft von Funken. Unerträglich ist die Hitze. Am Horizont wächst die schwarze, rotzuckende Wolke — die Feuerwand. Die Zeit, einen Erdbau für sie beide zu scharren, ist zu kurz. Weiterrennen wie die anderen Tiere in Panik? Da überall schon die Steppe zu brennen beginnt? Da Paolo mit seinen drei Beinen einen schnellen Lauf nicht lange wird mitmachen können ...

»Leb wohl, Purzel!« sagt Paolo. »Renne du! Rette dich!«

»Unsinn! Wir beide oder keiner!« erklärt Purzel. »Springen wir! Ich werde dir helfen!«

Die beiden sind eine Strecke gerannt, da merkt Purzel, wie Paolo zurückbleibt. Purzel setzt sich zu ihm. »Ruh dich ein bißchen aus!« sagt es und reibt das Näschen an Paolos Nase. Und Paolo spürt wieder, daß Purzel ein Weibchen ist.

Rennen! Rennen! Das Leben ist kostbar!

Er springt hoch. Da rauscht es neben ihnen im Gras. Hasenohren, überall Hasenohren, ein ganzes Meer von sich spitzenden, fächelnden, sich drehenden Ohren! Und jetzt ruft man: »Hallo! Seht doch – Paolo Dreibein! Das Feuer heizte ihm ein, daß er sich eine Freundin zugelegt hat, der verschmitzte Einsiedler!« Und zu Purzel Weißfell: »Nimm den Hinkebein doch auf deinen weißen Rücken, Schneewittchen!«

Aber der mächtige Chefhase Caesare Löwensprung fährt mit seiner Pfote den jungen Spöttern über die Nase: »Still, ihr Grüngemüse! Jetzt ist nicht Zeit zu scherzen! Dreibein schließe dich mit deiner weißen Dame an! Und nun weiter! Galopp!«

»Gestatten Sie, einen Moment, starkpfotiger Vater!« Purzel verneigt sich schnell vor dem Chefhasen, so daß dieser einhalten muß; denn ein Chefhase sieht auf gute Haltung und ist stets höflich zu Damen. Purzel jedoch kommt es darauf an, den ermatteten, galoppunfähigen Freund Paolo Dreibein nicht zu verlieren. Deshalb spricht das kluge Häschen Purzel: »Belieben Sie, weitblickender Vater, ein Auge über die Steppe ringsum zu werfen! Auch vorn und seitlich beginnt das Gras zu brennen. Wir rennen ja schließlich auch vorn in das Feuer hinein.«

Der Chefhase Caesare setzt sich hoch auf die Hinterpfoten; sein Schnurrbart sträubt sich grimmig. Er muß Purzel recht geben.

Düster spricht er: »Bei meinem Barte, die Kleine hat recht! Was ist zu tun?«

»Wenn ich mir ein Wort erlauben darf«, fährt Purzel fort, »wir befinden uns hier auf einer Art Insel — das heißt, noch für kurze Zeit. Diese Zeit sollten wir nutzen und die Insel gegen das Feuer verschanzen!«

»Verschanzen?«

»Ja, verschanzen!« erwidert Purzel, das auf seiner weiten Reise so manches Wissenswerte durch seine beweglichen Ohren aufgenommen hatte. »Ein Teil von uns müßte um unsern jetzigen Standort schleunigst kreisförmig einen Graben ziehen und dahinein sein Wasser lassen; der andere Teil der Kameraden sollte in Windeseile vor diesem Graben das Gras abbeißen und unter die Erde scharren! Dann findet das Feuer, wenn es zu uns kommt, keine Nahrung mehr und verendet im Sande.«

»Weshalb seid ihr dann selbst geflohen und habt keinen Graben um euch beide gezogen?« fragt mißtrauisch Caecilie Löwensprung, die fette Chefhäsin.

»Ihre Frage ist berechtigt, allweise Mutter«, erwidert Purzel bescheiden, »aber unsrer beider Kräfte waren zu gering; doch hier, da wir zweihundert Hasenbrüder und -schwestern sind ...«

»Schwestern?« wiederholt die alte Häsin geringschätzig. »Du mit deinem ausgebleichten Fell ...«

»Streite nicht immer, Caecilie!« unterbricht sie der Chef, der die Gelegenheit wahrnimmt, seiner Gattin befehlen zu können. »Ans Werk! Alle! Man bilde zwei Haufen: den einen für den Graben, den andern fürs Vorfeld zum Abreißen des

Grases! Man halte sich genau an diesen meinen Plan! Vorwärts, und mit aller Kraft!«

Hei, wie springen da die Hasen zur rettenden Arbeit! Zweihundert Hasenpfoten scharren den von Caesare Löwensprung und Purzel schleunigst abgesteckten Kreis zum tiefen Graben aus, daß der Präriestaub hochwirbelt wie eine Gewitterwand. Geht es doch ums Leben! Denn die Luft wird von der sich heranwälzenden Feuerschlange schon heißer und heißer. Mit gleicher Eile rupfen hundert Hasenmäuler vor dem Graben das Präriegras ab und wühlen über dieses Gras die ausgebuddelte Erde des Grabens zu einem richtigen Wall. Überall aber sind Caesare, der Chefhase, und Purzel, sein Adjutant, ermunternd und befehlend zur Stelle — wobei Purzel dem Chef ab und zu unbemerkt etwas ins Ohr flüstert, was dieser dann als seine Weisheit von sich gibt.

»Das Feuer!« ruft plötzlich Caesare. »Alle Mithasen den Graben bewässern!«

Die zweihundert Hasen lassen ihr Leibeswasser in den Graben. Erdwall, Graben, Wasser ... es ist schon eine Schutzwehr.

Die riesige, glühende Feuerschlange zischt ganz nahe über den Boden. Sie speit ihren heißen Atem aus. Die Luft kocht. Viele Hasen lassen ihre Arbeit und wollen fliehen. Überall züngeln jetzt Hunderte kleine Feuerschlangen vor ihnen im Steppengras. Da flüstert Purzel dem Chef schnell etwas ins Ohr.

»Alle in den Kreis! Keiner flieht! Jeder buddelt sich in die Erde! In einer Minute sind wir vom Boden verschwunden! Auftauchen erst auf meinen Befehl!« ruft donnernd Caesare.

Im Nu sind alle Hasen im Kreis. Mit Schnauzen und Pfoten wühlen sie sich in die Erde, daß bald nur noch die weißen Spitzen der Stummelschwänzchen herausschauen, als sei das

Ganze ein Gartenbeet mit weißen Margeritenblumen. Noch zehn Sekunden, und auch die »Margeriten« sind verschwunden. Es bleibt nur noch ein grauer, lebloser Hügel, um den ein Wassergraben sich befindet und vor diesem ein ebenso grauer, grasloser Erdwall.

»Hihi! Zimperliches Gezücht!« zischt böse die Feuerschlange. »Nichts zu schlingen?« zischeln die hungrigen, roten Schlänglein. »Nichts, nichts, nichts!« züngelt es überall um den grauen, sandigen Wall und zieht sich eilig zurück vor dem Sand und dem Wassergraben, in dem einige der vorwitzigen Feuerschlänglein bereits verendet und verlöscht sind. Denn Sand und Wasser sind des Feuers Todfeinde.

So macht denn das Feuer einen Bogen um die verschanzte Sandinsel. Die wenigen Feuerschlänglein aber, die vom Windstoß bis auf die Insel selbst geschleudert werden, atmen in kurzen Sekunden im Sand ihr Leben aus. Bald ist das Feuer über diesen Teil der Steppe hinweggefegt. Schon verschwindet die schwarze Brandwolke mit dem Winde am fernen Horizont.

»Alles herausbuddeln!« ertönt jetzt die mächtige Stimme des Chefhasen Caesare Löwensprung. Wie aus ihren eigenen Gräbern erheben sich die zweihundert Hasen. Ehrfurchtsvoll blicken sie auf ihren Chef. Keinem ist ein Härchen verbrannt. Caesare wischt sich den Staub vom Schnurrbart. »Meine Mithasen! Hatte ich nicht recht?« fragt er triumphierend, mit einem besonderen Blick auf seine Gattin Caecilie.

Alle Hasen schlagen in begeistertem Beifall ihre vierhundert großen Ohren gegeneinander, daß es nur so knallt.

»Ich wünsche nicht eure Anerkennung«, erklärt der Chefhase vornehm, »sondern eure Einsicht, daß unsre gemeinsame Kraft stärker ist als selbst die furchtbare Feuerschlange!«

»Doch die Erde ist jetzt schwarz!« jammert ein Hase. »Alles Gras ist verbrannt! Wovon leben?«

Caesare schaut den Vorwitzigen drohend an. »Wovon jetzt leben?« wiederholt er langsam, um Zeit zu gewinnen, wobei er sein linkes Ohr wie zufällig senkt, dorthin, wo Purzel neben ihm hockt. Purzel aber flüstert etwas kaum hörbar unter den breiten Ohrlappen des Chefs.

»Wovon leben, du Mausgehirn!« fährt Caesare jetzt fort. »Ließ ich nicht vorsorglich vor dem Graben unter der Erde reichlich Gras verscharren als Vorrat für die ersten Tage!«

»Unser weiser Vater und Chef!« jubeln rings alle zweihundert Hasen. »Vivat! Olé! Er lebe!« Alle stürzen bereits auf den Erdwall, um das Gras herauszuscharren.

»Halt!« donnert Caesare Löwensprung. »Ihr Toren! Der Vorrat wird eingeteilt! Jedem sein Teil! Und daß ihr mir unsere Freundin Purzel Weißfell nicht vergeßt!«

»Und Paolo Dreibein!« flüstert Purzel.

»Und Paolo Dreibein!« befiehlt dröhnend der Chef. »Gastfreundschaft ist die vornehmste Tugend für jeden gebildeten Steppenhasen!«

Es war klar, daß keiner der Steppenhasen ungebildet sein wollte, weder die kleinen Häschen, die kaum ein knospendes Stummelschwänzchen hatten, noch auch die ehrwürdigen Hasen mit ihrer grauweißen Margeritenblume am Hinterteil.

So blieben denn Purzel Weißfell und Paolo Dreibein als Hasenpaar in der großen Hasengemeinde, die sich in den Randgebieten, wo der Steppenbrand nicht gewütet hatte, wieder neue Wohnsitze schufen. Über ihrer beider Erdhöhle aber hatte Purzel mit seinen Pfötchen diesen Spruch eingeritzt:

Warte nicht, bis Feuer droht!
Lebst allein du, bist du tot;
Doch noch stärker als wir zwei
Ist die Hasenkumpanei.

SCHNURZEL, DAS NEINCHEN

Purzel und Paolo Dreibein haben ein Kind. Es ist ein seltsames Häschen mit weißem Fell und einigen braunen Streifen. Das Weiße stammt von Purzel, der Mutter, das Braune von Paolo, dem Vater. Wenn Purzel das Häslein sieht, muß sie manchmal an jenen Ostertag in ihrer fernen Heimat denken, da sie mit dem Saft der bunten Wiesenblumen die Ostereier für die Menschenkinder färbte, wobei ihr schneeweißes Fell blaue, rote und grüne Flecke erhielt — ein richtiges »Osterhasenfell«.

Lange ist es her. Und viel ist inzwischen geschehen.

Das Kind von Purzel und Paolo hieß in der Hasenkolonie allgemein »Schnurzel«. Damit hatte es folgende Bewandtnis: Das Häschen besaß den festen Sinn — um nicht zu sagen den Eigensinn — seiner Mutter. Wenn nun seine Spielkameraden es zu etwas mit aller Gewalt zwingen wollten oder wenn die alten Hasen ihm mit Strafen drohten, dann sagte das Purzelkind: »Mir ist alles schnurzwurzpiepe!« Deshalb hieß es nach der ersten Silbe einfach »Schnurzel«.

Wie gesagt, Schnurzel war ein richtiger Trotzkopf. Rief man ihn: »Schnurzel, du mußt jetzt dieses oder jenes tun!«, so erwiderte es stets, ohne lange zu überlegen, mit dem einen

Wort: »Nein!« Deshalb hatte es auch noch den Spitznamen das »Neinchen«. Weiß der Himmel, woher das ewige »Nein« kam!

Die älteren Hasen nannten Schnurzel »ein schwieriges Kind«, das man einsperren und kurzhalten müsse. Die jungen Hasen aber hänselten Schnurzel, indem sie sagten: »Du mußt zwanzigmal den Sandhügel kopfüber herunterrollen, oder wir beißen dir die Ohren ab.« Vater Dreibein setzte wegen seines Trotzes Schnurzels Abendfutter oft auf die Hälfte herab und sperrte das Söhnchen tags in den dunklen Erdbau. All das

half nichts. Fragte man nach solch einem Dunkelarrest: »Willst du das nächste Mal gehorchen?«, so antwortete Schnurzel sofort: »Nein!«

Die Mutter war darüber sehr betrübt. Sie versuchte es mit Güte. Wenn sie leise bat: »Rupfe draußen doch junge Grasspitzen für den Abendsalat«, so sagte in diesem Falle Schnurzel zwar nicht »Nein«; aber es stand da, steif wie ein Stock. Es war einfach wie gelähmt. Am nächsten Abend ging es dann freiwillig die Grasspitzen holen, der Mutter zuliebe. Aber da hatte die Mutter es schon selbst besorgt.

Darüber war nun das »Neinchen« traurig. Es hatte ein gutes Herz und tollte oft auch fröhlich mit seinen Kameraden. Aber es konnte einfach nicht »über seinen eigenen Schatten springen«, wie man so sagt.

Als Schnurzel, das »Neinchen«, älter wurde, meinte Vater Dreibein, man müsse nun mit ihm zum Ziele kommen. Er hatte beobachtet, wie Schnurzel die zarten, aber bitteren Spitzen der Aloepflanze, die im Frühjahr der guten Verdauung wegen dem Salat beigemischt wurden, stets ausspuckte. Vater Dreibein tat nun absichtlich etwas mehr Aloespitzen in das Abendessen. Wie er sah, daß Schnurzel an dem Salat herummäkelte und jede kleine Aloespitze heraussuchte, da befahl er: »Der Salat wird gegessen, wie er angemacht ist! Ich zähle bis drei!«

Die Mutter trat rasch zwischen beide und sagte sanft: »Paolo, bitte!« Doch Vater Dreibein schob sie zornig beiseite, stellte sich neben sein Söhnchen und kommandierte: »Eins! Zwei ...«

Schnurzel rührte sich nicht.

»Drei!« Vater Dreibein stupste Schnurzels Kopf mit aller Kraft in den Salat. »Wirst du es endlich begreifen!«

In diesem Augenblick feuerte Schnurzel mit seinen Hinterläufen aus, so daß der ganze Salat mit den Aloespitzen dem Vater ins Gesicht flog und in seinem Bart hängenblieb. Nur dadurch, daß Mutter Purzel zwischen die beiden sprang, wurde Schlimmeres verhütet.

Ein andermal hatte der Vater seinen Krückstock, den er wegen seines fehlenden Hinterbeins im Alter benutzte, irgendwo draußen stehengelassen. Es war schon Nacht. Vater Dreibein befahl Schnurzel: »Gehe hinaus und hole mir den Stock!« Schnurzel erwiderte prompt: »Nein!« Der Vater, der die Sache diesmal nicht auf die Spitze treiben wollte, verspottete Schnurzel: »Entschuldige, ich vergaß, es ist draußen Vollmond! Da jagen die Wölfe ringsum!«

»Das ist mir schnurzwurzpiepe«, entgegnete Schnurzel ruppig, obwohl es ihm leid tat, den Vater zu kränken.

»Schon gut, mein Kind«, sagte die Mutter, »bleibe hier! Ich gehe!«

»Nein, laß mich!« wehrte ihr Schnurzel. Wie der Blitz war es zur Tür hinaus und kam alsbald mit dem Krückstock zurück.

Hierdurch fand die Purzelmutter den Weg, mit ihrem Kind umzugehen. Sie sagte stets das Gegenteil von dem, was Schnurzel eigentlich tun sollte. Und da Schnurzel seinerseits stets das Gegenteil von dem tat, was man von ihm forderte, so tat er genau das, was die Mutter wollte. Das heißt: aus zwei »Nein« wurde ein »Ja«. Zum Beispiel, wollte die Mutter, daß Schnurzel nach dem Regen die frischen Maisspitzen bei der Menschensiedlung sammele, so sagte sie bloß: »Heute haben wir noch alte Maisblätter im Bau. Du brauchst keine neuen zu holen; es regnet noch.«

»Ist mir schnurzwurzpiepe!« entgegnete Schnurzel, sprang hinaus, sammelte die frischen Maisspitzen und brachte sie schleunigst heim.

Die Mutter verriet Vater Dreibein ihr Geheimnis nicht, weil sie fürchtete, er könne wieder alles verderben. Sie flüsterte künftig dem Söhnchen ihre Wünsche ins Ohr. Vater Dreibein und die anderen Hasen sagten: »Sie verhext ihn!« und ließen es geschehen.

Das ging so eine ganze Weile. Aber die klügste Rechnung hat oft ein Loch.

Eines Tages wollte Mutter Purzel die Tante Pepita in der Nachbarhasenkolonie jenseits des großen Sandhügels besuchen. Diese Tante hatte ihr Heilkräuter versprochen gegen das schlimme Gliederreißen von Vater Dreibein. Mutter Purzel wünschte nun, daß ihr Sohn Schnurzel mit dem Vater zu Hause blieb, weil in der Vollmondnacht wieder ein Wolfsrudel in der Gegend jagte. Deshalb flüsterte sie dem Söhnchen ins Ohr: »Schnurzel, hole mich vor dem Abend ab! In der Vollmondnacht streifen die Wölfe.«

»Es wird dich keiner fressen«, erwiderte Schnurzel. Das sagte er, obschon es ihm sofort leid tat; denn er liebte die Mutter über alles. Doch er konnte ja nicht anders.

Die Mutter aber war mit der abschlägigen Antwort des Söhnchens wohl zufrieden. Sie wußte, daß Schnurzel jetzt zu Hause blieb. Sie selbst würde bis zum hellen Morgen bei der Tante Pepita sich ausruhen und dann bei Tage heimkehren.

So zog sie los.

Wie es nun Abend wurde, überfiel Schnurzel eine immer größere Unruhe. Er hockte gegenüber dem Vater und aß kaum etwas. Auch Vater Dreibein saß schweigend da. Bald räumte Schnurzel in der kleinen Erdhöhle die Speisen weg und hopste vor den Bau. Der Mond stieg groß und rot am Steppenrand empor. Fern begann jetzt ein Wolf zu heulen. Bald antwortete ein zweiter. Und jetzt ein dritter. Die Rufe kamen von verschiedenen Seiten. Das Rudel sammelte sich zur Jagd.

Um was hatte die Mutter ihn doch gebeten? Er solle sie vor Abend abholen. Das war unmöglich! Denn er mußte ja genau das Gegenteil tun von dem, um was man ihn bat ... also hierbleiben!

»Nein, ich werde nicht gehen!« sagte er zu sich selbst. »Was muß sie auch zur Zeit der Vollmondnächte, da die Wölfe jagen, wegrennen? Mir ist das alles schnurzwurzpiepe!« Er schlüpfte also wieder in den Bau, wo Vater Dreibein auf dem trockenen, leicht duftenden Gras schon ein Schnarchkonzert begonnen hatte.

Aber Schnurzel fand keine Ruhe. Immer wieder fuhr er hoch, wenn draußen das Jagdgeheul der Wölfe ertönte. Wo die Mutter jetzt sein mochte? Vielleicht war sie gerade auf dem Heimweg? Vielleicht setzte ein Wolf ihr nach und drängte sie immer weiter von der Hasenkolonie ab, so daß sie überhaupt nicht mehr heimkehren konnte? Vielleicht ... Schnurzel wagte diesen Gedanken nicht zu Ende zu denken. Eine furchtbare Angst um die Mutter hatte ihn erfaßt. Er erhob sich leise vom Lager und kroch hinaus.

Die große gelbe Scheibe des Mondes stand schon hoch am Himmel. Es war ein unheimliches, silbernes Licht, fast so hell wie am Tage. Und immer wieder ertönte das Geheul eines Wolfes. Schnurzel schien es, als käme der Ruf von den Sandhügeln, über die jetzt die Mutter heimkehren mußte.

Was hatte sie ihm doch gesagt? »Schnurzel, hole mich ab!« Nein, das konnte er nicht! Unmöglich!

Aber hatte die Mutter dies wirklich gesagt? Würde sie ihn, ihren Liebling, in der Mondnacht der Gefahr der Wölfe aussetzen? Ebenfalls unmöglich!

Schnurzel machte bereits die ersten Sprünge in der Richtung der Sandhügel. Wahrscheinlich hatte er die Mutter bloß mißverstanden? Wahrscheinlich hatte sie ihn aufgefordert, zu Hause zu bleiben? Dann aber mußte er nach seiner Natur jetzt das Gegenteil tun: Losrennen! Die Mutter abholen! Und schon rannte Schnurzel in langen Sätzen die Sandhügel hinauf. Herrlich war das in der klaren, hellen Nacht. Er dachte, wie die Mutter sich erschrecken würde, wenn er plötzlich vor ihr auftauchte, und wie sie sich dennoch freuen würde. Da hörte er seitlich von sich ein entsetzliches, wütendes Geheul! Ein Wolf! Schnurzel nahm alle Kraft zusammen! Er raste den Sandhügel hinauf. Aber der Wolf war schon an seiner Seite. Schnurzel schlug einen Haken. Umsonst! Der Wolf sprang über ihn hinweg und stand dicht vor ihm.

Atemlos, voll Entsetzen schaute Schnurzel in den mächtigen, dampfenden Rachen, in dem im Mondlicht die großen weißen Zähne blinkten gleich einer Reihe stählerner Sensen.

Schnurzel schrie: »Nein! Nein!« Die Augen seines dunklen Gegenübers funkelten jetzt wie riesige rote Sterne. Was nutzte da alles »Nein!«? Das war das Ende!

Auf einmal hörte Schnurzel aus dem Rachen des Wolfes ein seltsames gurgelndes Geräusch. Das Ungeheuer kam auf ihn zu, hob seine große Pfote und strich ihm übers Fell. Und

da gurgelte es wieder aus seinem Rachen, gar nicht sehr drohend, mehr belustigend. Und jetzt sprach der Wolf: »So ein weißes Fellchen! So ein kleiner Purzelbaum! So ein Tröpfchen Mondspucke!« Der Wolf lachte. Er lachte, daß es seinen starken Körper schüttelte wie der Sturm einen Baum. »Wo kommst du denn her, du Tröpfchen Mondspucke?« fragte der Wolf. »Kennst du vielleicht das Häschen Purzel?«

Nein, wollte Schnurzel sagen, aber er flüsterte: »Purzel ist meine Mutter ... ist ja schnurzwurzpiepe«, fügte er noch hinzu.

Wieder strich der Wolf ihm mit seiner großen Pfote vorsichtig über das Fell. »Wohin willst du denn, kleine Mondspucke?« erkundigte er sich.

»Zur Tante Pepita über den Sandhügel.«

Und schon hatte der Wolf das Häschen im Nacken gepackt — aber so, daß es seine scharfen Zähne kaum spürte — und jagte, es im Maule tragend, über den Hügel bis vor den Bau der Tante. Dort setzte er es nieder, schupste es noch einmal leise mit seiner Schnauze und rannte davon.

Wie erschrak da die Mutter Purzel, als ihr Söhnchen so plötzlich vor ihr und der Tante stand! Sie begriff zuerst nichts von den atemlosen Worten Schnurzels, an dessen Fell noch der furchtbare Geruch des Wolfes hing.

Als aber Schnurzel den Satz des Wolfes wiederholte: »Wo kommst du denn her, du Tröpfchen Mondspucke?«, da weiteten sich auf einmal die Augen der Mutter Purzel. »Du Tröpfchen Mondspucke hat er gesagt?« fragte sie, und sie schüttelte ihr Söhnchen. »Du Tröpfchen Mondspucke?!«

»Nun ja: Mondspucke! Ich hätte ihm am liebsten dafür eins über die Schnauze gegeben«, erwiderte Schnurzel. »So ein Grobian!«

Die Mutter aber umarmte immer wieder ihr Söhnchen. Zwei Tränen fielen aus ihren Augen auf seine kleine rosa Nase. Und sie lauschte in die Nacht, ob sie nicht doch noch das Geheul des Wolfes höre?

PIT PIKUS UND DIE MÖWE LEILA

Einmal aber geschah etwas Seltsames im Walde »Grünenacht«, in dem auch bei Tage durch die hohen Kiefern und Tannen das Licht wie durch einen dichten grünen Vorhang fiel. Mitten unter die eifrig an den Rinden hämmernden, schwarz gefiederten Spechte stürzte wie vom Himmel herab etwas Blendendweißes, ein weißer Vogel mit weißer Brust, einem rötlichen Schnabel und langen, kühngeschwungenen weißen Flügeln. Der weiße Vogel sank erst auf die oberen Äste einer mächtigen Kiefer und fiel dann tiefer und tiefer von Zweig zu Zweig, bis er auf dem Moos des dunklen Waldesgrundes landete.

Es war die junge Möwe *Leila.* Sie hatte draußen auf dem Meer mit ihren Brüdern und Schwestern sich im Sturzflug geübt und war dabei wilder als alle andern geflogen, als eine Windböe sie erfaßte und hoch zu den schwarzen Gewitterwolken emportrug. Dort war sie von dem Sturm hin und her geworfen und – von grellen Blitzen geblendet – landeinwärts geschleudert worden, wo ihr rechter Flügel an den Ast einer hohen Kiefer so heftig anschlug, daß drei ihrer Schwungfedern verletzt wurden.

Und nun liegt die Möwe Leila erschöpft und flügellahm, fern von dem vertrauten Meer, auf dem Moos des dunklen

Waldes »Grünenacht«. Leila blickt um sich. Überall stehen, wie riesige schwarze Stäbe eines Käfigs, die Stämme der Bäume. Nirgends ist ein Ausblick auf die weite freie Fläche des Meeres und den hohen, lichten Himmel, nirgends ein Raum, wo man im vollen Schwung die Flügel gebrauchen kann, in die Höhe zu stoßen, sich in die Tiefe zu werfen oder in weiter Kurve über das Wasser zu gleiten. Eng ist es hier und dunkel. Der Flügel schmerzt und hängt schwer herab.

»Was ist das für ein seltsames Wesen?« meint der alte Jan Pikus, der mit seiner Frau Paula und seinem Sohn Pit am Stamm der mächtigen Fichte hinabgeklettert war. »Wahrscheinlich – man sieht es an den weißen Federn – ist es ein alter Vogel, der vor Schwäche herabfiel.«

»Unsinn!« widerspricht die Mutter Paula. »Es ist ein ganz

junges Vogelweibchen; es will schöner sein als wir, es hat sich den Schnabel rosa und die Federn weiß gefärbt; es möchte etwas Besseres sein und hat vom Sturmgott seine Strafe erhalten!«

»Es blutet unter dem rechten Flügel!« sagt Pit Pikus und bringt etwas Moos heran, das er unter die Schwinge schiebt.

Die Möwe Leila dreht ihren Kopf herum und sieht Pit Pikus an; dabei öffnet sie ihren Schnabel, als ob sie etwas äußern wolle.

»Vorsicht, Pit!« schreit die Mutter Pikus auf. »Schau nur ihre wilden blauen Augen, so blau wie draußen der hohe Himmel, und ihren Schnabel, so gekrümmt und scharf wie ein Raubvogelschnabel! Fort von hier, Pit, sie gehört nicht zu uns, mag sie sterben!«

»Ja, sie gehört nicht zu uns!« erklärt auch der Vater Pikus, während die Mutter ihren Sohn wegzieht.

Die drei Spechte klettern den hohen Fichtenstamm wieder hinauf und setzen ihr lärmendes Tagewerk fort, die Käfer aus der Baumrinde herauszuklopfen.

Leila liegt allein auf dem dunklen Waldesgrund. Ihr Flügel schmerzt. Hoch oben am Baum hört sie das Hämmern der Spechte. Und in ihrem Kopf hämmern die Worte: »Sie gehört nicht zu uns!«

Wie? Ist sie nicht ein Vogel wie diese drei, bloß daß ihre Federn weiß sind und die der drei schwarz, daß sie auf dem Meere lebt und jene im Walde? Das allerdings ist ein großer

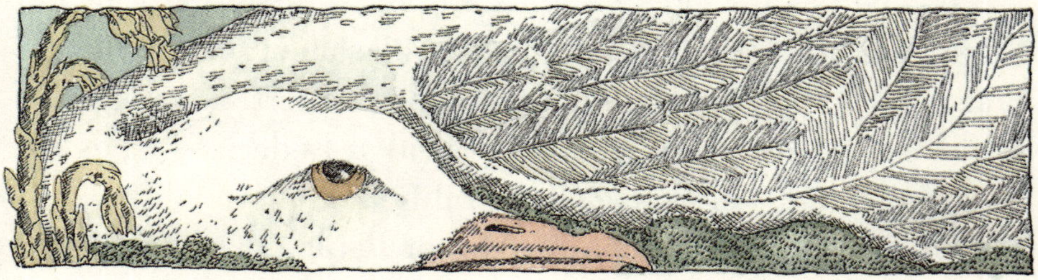

Unterschied! Vielleicht stimmt es wirklich, dies: Sie gehört nicht zu uns! Aber dürfen die schwarzen Vögel ihr deshalb nicht helfen? Muß sie deshalb hier sterben?

Traurig neigt Leila ihren Kopf. Wie sie ihren wunden Flügel anders legen will, spürt sie, daß er schon auf einem kleinen Kissen von weichem Moos liegt. Hat das nicht der kleine schwarze Vogel getan?

Weshalb? Alles ist so unbegreiflich.

Es dunkelt schon, als Leila von einem leichten Stoß gegen ihre Brust aufwacht. Neben ihr sitzt der junge schwarze Vogel, der das Moos unter ihren Flügel geschoben hatte. Er schaut sie mit seinen dunklen Augen aufmerksam an, sein schwarz gefiederter Kopf steigt steil und keck aus dem langen Hals empor und läuft vorn in einen festen, spitzen Schnabel aus.

»Wie geht es dir? Hast du Hunger?« fragt der schwarze Vogel. Und da Leila so schnell nicht antwortet, fügt er hinzu: »Ich heiße Pikus, der Specht, Pit Pikus; mein Vater heißt Jan, meine Mutter Paula; aber fürchte dich nicht, ich habe dir zu fressen mitgebracht.« Und damit greift er unter seinen linken Flügel und holt zwei kleine Käfer hervor. »Dein Abendbrot!« sagt er. »Falls es dir schmeckt, bringe ich dir mehr; die Alten brauchen es nicht zu wissen.«

Leila betrachtet die dahinkrabbelnden Käfer.

»Friß sie, ehe sie weglaufen!« mahnt Pit Pikus.

Die Möwe Leila hebt ihren Kopf; sie hat noch nie in ihrem Leben einen Käfer gefressen; sie zögert.

»Wie heißt du?« fragt der junge Specht.

»Ich heiße Leila, die Möwe.«

»Was ist das — die Möwe?«

»Wir fliegen auf dem Meer und fressen die Fische.«

»Was ist das — die Fische?«

Leila lächelt verwundert. Wie kann ein Vogel das Meer nicht kennen, den Wind, die Wellen, die Fische?

Pit Pikus nimmt schnell die davonkrabbelnden Käfer in seinen Schnabel, knackt sie und wirft die toten Dinger dicht vor Leila. »Nun friß sie! Ich habe sie von meinem Abendbrot für dich aufbewahrt!«

Leila versucht die kleinen harten Käfer zu schlucken; doch sie sind ihr zuwider; sie speit sie wieder aus.

»Sie schmecken dir nicht? Versuch es noch einmal! Man muß fressen; sonst kann man nicht leben!« belehrt sie Pit Pikus.

Leila schluckt dem Kameraden zuliebe die Käfer hinunter; ihr wird danach ganz übel.

»Fein, nicht wahr! Direkt Konfekt!« meint Pit Pikus erfreut. »Jetzt hole ich dir noch etwas Moos und trockene Fichtennadeln, und du wirst wunderbar schlafen!«

Pit Pikus hopst umher und baut gewandt unter einer sich hervorwölbenden großen Wurzel der Fichte ein Nest für die Möwe. »Lege dich hinein, aber mit dem Schnabel nach außen; und wenn der Marder Mintin kommt, so gib ihm eins auf die Nase! Gute Nacht!«

»Ich danke dir, Pit Pikus!« sagt Leila, die sich in das Nest geschleppt hat. »Schlaf gut!«

Pit Pikus klettert schnell die Fichte empor; plötzlich besinnt er sich; er steigt langsam wieder hinab und fragt leise: »Hast du nicht noch Hunger, Leila?«

»Nein, danke.«

»Und hast du auch genug Moos unter dem Flügel?«

»O ja!« antwortet Leila. »Vielen Dank!«

»Gute Nacht – Leila!«

»Gute Nacht, Pit Pikus!«

Am frühen Morgen ist Pit Pikus zugleich mit den Eltern hoch oben aus dem Nest geschlüpft; er hat einen Holzspan nach unten fallen lassen und klettert selbst schnell hinab; aber der Vater ist ihm gefolgt.

»Es ist fort, das alte weiße Gespenst!« sagt Vater Pikus, nachdem er sich umgeschaut hat.

»Erstens ist es kein altes Gespenst, Vater, sondern es ist die junge Möwe Leila; und zweitens ist sie noch hier!« entgegnet Pit Pikus.

»Nichts ist hier, du Grünschnabel!« verweist ihn der Alte.

Doch Pit Pikus ist schon zur gebogenen Wurzel der Fichte gehopst und begrüßt die Möwe, die ihren Kopf heraussteckt: »Wie hast du geschlafen, Leila? War es warm im Nest? Was macht dein Flügel?«

»Danke, es geht mir schon besser«, antwortet die Möwe.

Der alte Pikus nimmt seinen Sohn zur Seite und fragt ihn streng: »Wer hat ihr das Nest gemacht nach unserer Art?«

»Ich konnte sie doch nicht nach oben in unser kleines Nest einladen«, erwidert Pit Pikus.

»Das wäre ja auch noch schöner!« fährt der Alte ihn zornig an. »Und woher weißt du ihren Namen?«

»Ich habe sie gefragt; sie ist eine Möwe, die Fische frißt, und heißt Leila.«

»Man fragt fremde Vogelweibchen nicht nach ihrem Namen!« schilt der alte Pikus. »Das ist gegen die Sitte unsres edlen Geschlechtes! Und dann — sie hat dich belogen, mein Sohn! Höre auf deinen Vater! Ich bin bereits über vierzig Jahre alt und habe in meinem ganzen langen Leben noch nie einen Vogel Fische fressen sehen! Auch ist ihr Gefieder so weiß wie kein richtiges Vogelgefieder im ganzen Wald, sondern ähnlich dem Haar des alten Holzfällers; vielleicht sind es gar keine Federn, sondern Menschenhaare! Ein Vogel mit weißen Federn, der Fische frißt – mein Sohn, hüte dich vor diesem Wesen!«

Als Mutter Pikus diese schreckliche Nachricht von dem fischefressenden Vogel vernimmt und von der Verletzung des Anstandes durch ihren Sohn, der ein fremdes Vogelweibchen nach ihrem Namen gefragt und ihr sogar ein Nest gebaut hat, da gerät Mutter Pikus außer sich. »Sie muß augenblicklich von hier fort, diese Person, in dieser Minute! Und wenn sie nicht geht, so müssen wir Spechte sie töten!«

»Mutter!« fährt Pit Pikus auf.

»Nun?!« fragt der alte Pikus streng.

»Ich werde mich unten vor ihr Nest stellen und sie mit meinem Schnabel verteidigen!« erwidert Pit Pikus. »Nur über meine Leiche ...«

»Himmel, er ist völlig wahnsinnig!« jammert Mutter Pikus. »Dies schreckliche Geschöpf hat ihm den Kopf verdreht! Pitje, mein Einziger, mein Sohn, siehst du denn nicht, was für ein entsetzliches weißes Gefieder sie hat?!«

»Ich finde diese weißen Federn so wunderbar wie des Mondes Licht!«

»Und dieser schreckliche rosa Schnabel!«

»Er ist wie die zarte Morgenröte!«

»O Pitje, mein Pitje, du bist verloren!« klagt die Mutter.

Der alte Jan Pikus aber kneift die Augen zusammen und – den Sohn betrachtend – sagt er: »Mag er gehen! Er ist alt genug, seine Dummheiten allein zu machen! Aber«, seine Stimme erhebt sich zu drohender Feierlichkeit, »er betritt mir dann nicht mehr unser Nest und unsern Wald! Mag er mit seinem Mondlichtvogel auf dem Wasser Fische fressen gehen!«

»Das werde ich!« erklärt Pit Pikus trotzig und klettert schnell die alte Fichte hinab.

Aber schon auf diesem kurzen Wege überfällt ihn plötzlich ein furchtbarer Gedanke: Fische fressen? Wenn es auf dem Wasser keine Käfer gibt? Wenn er verhungerte? — Es gibt für einen Pikus nichts Schlimmeres auf der Welt als die Furcht, verhungern zu müssen. Doch schon ist Pit Pikus unten an der Wurzel der Fichte; und wie er das weiße Gefieder und den rosa Schnabel von Leila sieht, ist der furchtbare Gedanke vergessen.

»Du mußt fliehen, Leila! Die Pikusse wollen dich töten!« erklärt Pit der Freundin.

»Ich wußte es«, sagt Leila, die vor dem Nest sitzt. »Ich habe meine Flügel schon versucht. Ich werde vorsichtig davonflattern. Lebe wohl, Pit Pikus. Ich danke dir!«

»Ich fliege mit dir, Leila!«

»Das ist unmöglich, Pit, was willst du auf dem Meere?«

»Ich werde dich nur ein Stück Weges begleiten, damit du aus dem dunklen Walde herausfindest.«

Die Möwe Leila schaut Pit Pikus mit ihren blauen Augen seltsam an. Dann flattern die beiden zwischen den schwarzen Fichtenstämmen am Boden entlang über die dunkelgrüne Moosfläche; öfter bleibt Pit Pikus zurück und hüpft ein Stück, weil er das lange Fliegen nicht gewohnt ist. Dann setzt sich Leila zu ihm und sagt: »Genug, mein Kleiner! Bleibe in deinem Wald!«

»Nur noch ein kleines Stückchen!« beharrt Pit Pikus. »Du findest dich hier nicht zurecht!«

Am Abend sind sie am Waldesrand angelangt. Durch die Baumstämme sieht man eine endlose blaugraue Fläche; darüber jagen Wolken mit einem goldenen Saum.

»Was ist das?« fragt Pit Pikus.

»Das ist das Meer!« erklärt Leila.

»Wie wunderbar schön!« jauchzt Pit. »Ich werde mit dir auf dem Meere leben!«

Vergebens widerspricht ihm Leila. Ihr Widerspruch ist nicht sehr stark; denn auch ihr fällt es plötzlich schwer, sich von dem schwarzen Kameraden zu trennen.

»Komm dorthin ins Schilf, und warten wir, bis es Tag wird!« sagt sie. »Bei Nacht ist es für dich gefährlich auf dem Meer!«

Sie fliegen über feuchte Wiesen, aus denen in dünnen Säulen der silberne Nebel aufsteigt. Jetzt führt Leila. Im Schilf knickt sie mit ihrem starken Schnabel ein Rohr nach dem andern, biegt die Rohre zusammen und füllt in das Nest weiches Gras. »Hier werden wir die Nacht bleiben!« sagt sie. »Hier ist es ruhig, nur der Wind singt sein Lied.«

Aber wie die Nacht kommt, beginnen die Wellen unheimlich zu rauschen, der Wind saust durch die Schilfrohre, daß sie ächzen und stöhnen wie ein Sterbender; und draußen über dem Meer heult der Sturm, als flögen tausend Rieseneulen zu einem nächtlichen Raubzug aus.

Pit kann nicht schlafen. Die harten Schilfblätter peitschen ihm ins Gesicht, kalte Wasserspritzer fegen ins Nest; das Schlimmste aber — er hat den ganzen Tag nichts gefressen; sein Magen knurrt wie ein böser Hund. Schließlich schlummert er dennoch ein. Plötzlich fährt er empor. Es ist schrecklich kalt und naß. Eine Welle ist über ihn hinweggegangen.

»Mein armer, lieber Pit!« sagt die Möwe Leila. »Wir wollen an Land, in den Wald! Dort ist es ruhiger!«

»Nein, hier ist es wunderbar!« behauptet Pit. »Ich liebe die Wellen!« Dabei schauert es ihn bis in die Knochen.

»Komm näher zu mir, mein Kleiner!« Die Möwe legt ihre großen wasserfesten Schwingen um den Kameraden; so ruhen sie bis zum Morgen.

Wie sie erwachen, steht der Himmel in goldenen Flammen. Das Meer leuchtet wie flüssiges Feuer.

»Oh, wie herrlich und schön!« jubelt Pit begeistert.

»Ja, das ist das Meer!« sagt Leila. »Ich könnte nie woanders leben. Aber jetzt wollen wir etwas schwimmen und baden, ehe wir die Meinen aufsuchen. Halte dich nahe bei mir!«

Im Nu wirft Leila sich steil in die Höhe und schießt dann wie ein Pfeil wieder hinab ins Wasser. Pit Pikus will es ihr gleichtun; aber er macht einfach einen kleinen Purzelbaum; und als die Wellen über ihm zusammenschlagen, da schluckt er Wasser und immer wieder Wasser; er glaubt, sein letztes Stündlein sei gekommen.

»Was machst du bloß, mein kleiner Pit?« fragt ihn die Möwe Leila, die ihn mit ihrem Schnabel am Flügel gepackt und an Land gezogen hat.

»Oh, ich habe zu meinem Vergnügen mir bloß ein Späßchen erlaubt«, erwidert Pit Pikus, obwohl er vor lauter Husten und Wasserspeien kaum sprechen kann.

Leila schaut ihn an und fragt: »Badest du denn nicht jeden Morgen, Pit?«

Hätte Pit Pikus nicht solch schwarzes Gefieder gehabt, er wäre bei dieser Gewissensfrage seiner schönen jungen weißen Freundin bestimmt errötet; so aber antwortet er keck: »Natürlich bade ich jeden Morgen! Wie kann ein Vogel leben, ohne zu baden! Reinlichkeit ist doch noch wichtiger als Fressen, nicht wahr?«

»Ist das wirklich so, Pit?« fragt Leila.

»Natürlich ist das so!« antwortet Pit Pikus. »Bei uns ist zwar kein Meer, aber ein Bächlein; und wenn es zum Bächlein zu weit ist, dann baden wir morgens die Füße im Tau; und wenn es wenig Tau gibt, dann spucken wir uns gegenseitig auf die Flügelspitzen.«

»Und das nennst du baden, du kleiner Schwindler und Flügelspucker! Paß mal auf, ich werde dir etwas zeigen!« Und Leila zieht Pit Pikus wieder in das Meer, sie schlägt ihm mit ihren großen Flügeln ganze Wasserwellen über den Kopf, daß er denkt, die Welt gehe unter; dann wälzt sie ihn am Strand im weißen Sand, nimmt ihn wieder ins Wasser und wirft ihm die schaumigen Spritzer wieder über den Kopf. »Siehst du, das ist erst der Anfang vom Baden!« sagt Leila lachend. »Ist das nicht herrlich?«

»Wunderbar! Direkt Konfekt!« erwidert Pit Pikus, indem er prustet und spuckt und schleunigst aus dem Meer an den Strand springt.

Das aber war erst der Anfang der Prüfungen von Pit Pikus bei dem Volk der Möwen.

Denn wie Leila ihren Freund Pit Pikus dem Volk der Möwen vorstellt, da erhebt sich über den Wellen ein ohrenbetäubendes Geschrei: »Was für einen schwarzen Teufel hat sie da mitgebracht? – Seine Flügel sind ja wie Kohle, die man noch einmal durch den schmutzigen Schlamm gezogen hat! – Und wie erbärmlich er flattert, wie ein alter Vogel! – Man muß ihn töten!«

Das ganze Möwenvolk fährt wie eine weiße, blitzende Wolke auf Pit Pikus herab und droht, ihn auf die schäumenden Wellen niederzudrücken. Doch da fliegt Leila dicht über dem hilflos flatternden Freund, sie deckt ihn mit ihren starken, großen Schwingen. Und sie schreit dem Möwenvolk zu: »Schande über euch, zu Hunderten auf einen kleinen Vogel zu stoßen, bloß weil er schwarze Federn hat! Als ich verwundet im dunklen Walde lag, hat er mir Moos auf die Wunde gelegt, mich genährt und gerettet! Laßt ihn in Frieden, meine Schwestern, oder ich sterbe mit ihm!«

»Aber was will er hier auf dem Meere, da er nicht fliegen noch schwimmen kann?« fragten Leilas Schwestern.

»Ich werde es ihn lehren!« entgegnete Leila.

Doch das war schneller gesagt als getan. Während das Möwenvolk sich im wasserstäubenden Seewind zwischen Himmel und Meer wiegt, müht Leila sich vergebens ab, ihrem Freund Pit Pikus zu zeigen, wie man auf den schäumenden Wellen schwimmt, wie man vom Wasser gegen den Wind kerzengrad in die Luft steigt und mit dem Winde über die Wellen segelt. Vergebens! Pit Pikus hat so viel Wasser geschluckt, daß er kaum mehr flattern kann. Wie einen Ertrunkenen muß ihn Leila an den Strand ziehen.

Dort liegt er auf dem Trockenen und speit immerzu ganze Bächlein aus seinem Inneren. Er ist so schwach, daß er nicht einmal zum Schilfnest zu hüpfen vermag.

»Warte, ich hole dir zu essen!« sagt Leila; sie schwingt sich in die Luft und verschwindet im weißen Möwenschwarm. Bald kommt sie mit einem zappelnden Fisch im Schnabel zurück; sie wirft ihn vor Pit Pikus auf den Sand und meint: »So, mein Kleiner, laß es dir gut schmecken! Du bist ja ganz schwach vor Hunger!«

Pit Pikus hat Hunger wie ein Adler, der vier Wochen gefastet hat. Er versucht, den zappelnden, feuchten Fisch zu fassen, doch der rutscht ihm davon; und als Leila ihn mit einem Hieb ihres mächtigen Schnabels getötet und dem Freund das beste Stück gereicht hat, pickt Pit Pikus gierig zu. Wie er aber

den Bissen herunterschlucken will, bleibt ihm eine große Gräte im Schlund stecken; er hustet, daß es sich anhört, als belle ein alter Hund, sein Kopf schwillt an wie ein Ballon; er legt seinen Kopf an Leilas Brust und stöhnt traurig: »Ich sterbe, Leila! Trotz dieser verdammten Gräte, es war wunderschön mit dir, Leila, direkt Konfekt!«

Leila ist selbst zu Tode erschrocken; sie fliegt eiligst zur Zauberin Tschitschischka, einer uralten Möwe, die im Schilf neben einer vom Blitz zersplitterten Weide wohnt. Tschitschischkas linke kleine Zehe ist so lang wie ein Enterhaken; sie fährt damit Pit Pikus in den Hals und holt im Nu die Gräte heraus. Als Lohn fordert sie eine der kohlschwarzen Federn aus Pit Pikus' Flügel.

Kaum ist Pit Pikus' Hals wieder frei, so verspürt er einen Riesenhunger. Doch mit dem Fisch will er es nicht ein zweites Mal versuchen, und Käfer gibt es nicht am Strand. Er zieht den Kopf zwischen die Flügel und tut so, als ob er schlafe. Doch sein Magen beginnt ganz laut zu knurren: »Ich schlafe nicht, ich schlafe nicht! Fülle mich doch, fülle mich doch!«

Leila fühlt den Hunger des Freundes wie ihren eigenen. Schnell fliegt sie über den Strand, und bald kehrt sie mit ein paar zarten kleinen Schnecken und Krebsen zurück. »Mein lieber Pit, versuche es noch einmal!« bittet sie. Und Pit Pikus frißt ihr zuliebe die ungewohnte Nahrung, obwohl sein Magen ihm fast nach oben kommt.

»Gut?« fragt Leila.

»Direkt Konfekt!« antwortet Pit Pikus.

Mit dem Sturmfliegen aber und dem Schwimmen auf dem Meer will es einfach nicht gelingen. Leilas Schwestern schreien aus den Lüften Pit Pikus beleidigende und höhnische Worte zu, wie »schwarzer Waldteufel« und »geteerter Bleibolzen«. Pit Pikus bleibt jetzt im Schilf und betrachtet von dort sehnsüchtig und bewundernd Leilas kühne Flüge.

Am Abend kehrt Leila mit der alten Zauberin Tschitschischka zum Nest zurück. Tschitschischka fordert von Pit Pikus sechs schwarze und von Leila sechs weiße Schwungfedern. Je drei sind der Lohn für ihre geplante Arbeit. Mit diesen drei frischen schwarzen und weißen Federn könne sie ihr Leben verjüngen und ihre frühere Flugkraft wiedererlangen. Die Kiele der andern Federn aber taucht sie in ein Zaubergemisch aus Seeadlerblut, Tintenfischschleim und Meertangsaft und setzt Leilas drei weiße Federn in die Schwinge von Pit Pikus und Pits schwarze Federn in die Schwinge von Leila. »So, du schwarzer Teufel, jetzt versuche es noch einmal!« sagt sie zu Pit Pikus.

Pit schlägt seine Flügel, und schon erhebt er sich steil gegen den Wind in die Lüfte. Es reißt ihn so schnell zum Himmel empor, daß es ihm schwindelt. Bald aber wiegt er sich da droben so leicht und glücklich, als habe der Sturm ihn geboren. Über ihm — hoch am Rande der Wolken — fliegt Leila. »Wie ist es, mein Kleiner?« ruft sie ihm zu.

»Wunderbar! Herrlich! Direkt Konfekt!« antwortet Pit Pikus und stürzt sich wie ein Pfeil auf die Wellen.

Auch Leila schießt hinab, um dem verwegenen Freund zu helfen; doch schon ist Pit Pikus wieder zu den Wolken hinaufgestoßen.

»Jetzt sollen meine Brüder und Schwestern dich bewundern! Jetzt kannst du bei uns bleiben!« sagt Leila zu dem Freund.

»Das werde ich!« erwidert Pit Pikus.

Sie fliegen zu dem Möwenvolk.

»Was ist das?« schreien die Möwen. »Der schwarze Teufel

fliegt wie wir! Er will uns betrügen, als sei er eine Möwe, als gehöre er zu uns! Er ist ein Teufel, ein Betrüger!«

Und noch wilder als das erste Mal stoßen die Möwen auf Pit Pikus hinab, ihn zu töten.

»Seht doch, wie er fliegen kann!« schreit Leila, die sich zwischen die Möwen und ihren Freund wirft.

»Ah, du bist auch so ein halber Teufel!« kreischen die Schwestern. »Deine Federn werden schon schwarz vor Schande! Du hast das Möwenvolk geschändet! Auch du gehörst nicht zu uns!«

Nur mit Mühe können Leila und Pit Pikus sich vor dem wütenden Möwenvolk retten, indem sie von dem Meer über die Wiesen zu dem Wald fliegen.

Dort sitzen sie am Waldesrand, atemlos. Ihr Gefieder ist blutbefleckt von den Wunden, welche die Schnabelhiebe des Möwenvolkes ihnen beigebracht haben.

»Was haben wir bloß getan, daß sie uns blutig schlugen und töten wollten?« fragt Pit Pikus.

»Ja, was haben wir getan?« flüstert Leila.

Der Nebel rollt vom Meer her wie eine riesige schaumige Welle.

»Wohin fliegen wir morgen? Ich gehöre nicht mehr zum Möwenvolk!« sagt Leila.

»Und ich gehöre nicht mehr zu den Pikussen!« sagt Pit.

»Sei nicht traurig, mein kleiner Pit!« Leila schlägt ihre großen, windfesten, weißen Flügel um Pit Pikus. Ihm ist so weich und warm, als sei er in einem wunderbaren Nest; so schlummert er ein.

Am nächsten Morgen klettert Pit auf eine Fichte am Waldrand und trommelt sich einen Vorrat Käfer für die nächsten Tage heraus, während Leila im Schilf am Wiesenrand schlummert.

In der Dunkelheit aber, wenn die Erde zu schlafen beginnt und das Meer in langen Wellen zur Küste rollt, da wiegen sich über der silbergrauen endlosen Fläche zwei Vögel im kühnen und glücklichen Flug; sie stoßen mit hellem Schrei senkrecht hinauf in den Himmel, als wollten sie die Sterne herunterholen; dann schießen sie auf das mattglänzende Meer und ruhen nebeneinander auf dem breiten Rücken der Wellen. Es ist ein weißer Vogel mit drei schwarzen Federn und ein schwarzer Vogel mit drei weißen Federn – die Wellen brausen ihr ewiges Lied, das Schilf am Ufer erzählt es flüsternd weiter, die kleinen Gräser und Blumen hören es im Traum, und die Sterne schauen mit ihren Strahlenaugen lächelnd hinab, als verstünden auch sie dieses Lied der Wellen, auf deren Rücken die beiden Vögel im silbernen Nebel verschwinden.

DER WEITE WEG

*U*nd wieder war Sommer. Der Wald stand in vollem Grün. Die Vögel sangen von allen Zweigen. Das Harz der Tannen duftete. Und Pit Pikus, der junge Specht, war von seiner abenteuerlichen Reise vom Meer und den Möwen zu seinem Volk heimgekehrt. Er war nun wieder in seinem alten Wald, bei seinen Eltern, seinen Brüdern, seinen Kameraden.

Und obschon der Vater Jan Pikus mit seinen krallenbewehrten Füßen unermüdlich wie immer den Stamm der alten Kiefer entlanglief und die kleinen Käfer aus der Rinde herausklopfte, obschon die Mutter wie stets allmorgendlich das Nest reinigte und die Brüder im übermütigen Spiel wie früher von Zweig zu Zweig sprangen, so schien dem jungen Pit Pikus doch alles völlig verändert und fremd. Er hatte sich mit der Möwe Leila im Sturmwind über dem grünen Meer gewiegt, über den weißen Wellenkämmen, unter den jagenden, blaugrauen Wolken, er hatte tags sich im heißen, silbernen Sand gebadet und nachts vom flüsternden Schilf in den Schlaf singen lassen. Leila und das Möwenvolk waren seine Freunde gewesen. Und Tschitschischka, die alte Zauberin, hatte ihm an Stelle der drei schwarzen Schwungfedern am Rande seiner Flügel mit Hilfe eines Gemisches aus Seeadlerblut, Tintenfischschleim und Algensaft drei mächtige, weiße Möwenschwungfedern eingesetzt; deshalb konnte Pit Pikus wie eine Möwe senkrecht in die Lüfte steigen und im Sturzflug zur Erde niedersausen.

Als nun der Vater Jan die weißen Schwungfedern seines Sohnes sah, da fragte er streng: »Was für ein Geschöpf bist du geworden, Pit? Ein richtiger gestreifter Teufel! Wo hast du deine schönen, schwarzen Federn gelassen, so wie deine Mutter dich in Ehren einst ausbrütete?«

Pit Pikus schwieg. Er konnte doch nicht die ganze Geschichte von seiner Liebe zur Möwe Leila und von der Zauberin Tschitschischka erzählen; wer hätte das verstanden? Seine Brüder aber verspotteten ihn: »Man hat ihm seine schönen schwarzen Spechtfedern ausgerissen und dafür alte Hühnerfedern eingesteckt!«

Das war zuviel für Pit Pikus.

»Hühnerfedern?« rief er zornig. »Ihr sollt sehen, wie man mit Hühnerfedern fliegen kann!« Er sprang auf den obersten Ast der Kiefer, spreizte seine Flügel und stieg senkrecht zum hohen Himmel empor, so hoch, daß der grüne Wald unter ihm dalag wie eine kleine grüne Walnuß. Dann wiegte er sich in mächtigen Kreisen in der blauen Luft, schoß plötzlich wie ein Pfeil nach unten und fing den sausenden Sturzflug hart über der Kiefernkrone auf. Er glaubte, dies der Ehre von Leila, deren Schwungfedern er trug, schuldig zu sein.

»Hühnerfedern?« scherzte er triumphierend. »Direkt Konfekt, was?«

Der alte Jan Pikus und die anderen Spechte hatten mit Bewunderung, Neid und Furcht dem wunderbaren Flug des jungen Pit Pikus zugeschaut. Jetzt aber, als er wieder unter ihnen saß, erklärte der Vater Jan finster: »Das ist Zauberei! Das ist Überheblichkeit! Du willst mehr sein als dein Vater!« Die

Mutter Paula aber jammerte: »Er ist wie ein Adler! Er wird uns eines Tages wieder davonfliegen oder seine Nase an der Sonne verbrennen!« Die andern Spechte schrien wild durcheinander: »Er hat in der Fremde sich mit einer Hexe abgegeben! Er will mehr sein als wir! Er will uns verhöhnen und beleidigen!« Und Pits Vetter, der Lahmflügel Effett, sagte, man müsse ihn festhalten und ihm die Sehnen der Flügel durchbeißen; dann werde ihm das Hochfliegen und die Überheblichkeit vergehen!

So geschah es.

Pit Pikus saß nun mit durchgebissenen Sehnen und lahmen Flügeln auf einem Zweig. Als man ihm aber noch die weißen Möwenschwungfedern ausreißen wollte, da wehrte er sich mit seinem Schnabel und seinen Krallen wie ein Teufel. So ließ man ihn, den Krüppel, in Ruhe. Er konnte ja doch nicht mehr fliegen, sondern nur in kurzen Sprüngen hopsen.

Pit war sehr traurig. Er fraß nicht mehr und saß einsam auf einem Ast. Einmal kletterte er jedoch nach unten und hopste eine Strecke weit dorthin, wo der Wald lichter wurde. Er wollte zum Meer. Doch bald hatten die Spechte seine Flucht bemerkt. Sie flogen ihm nach, holten den mühsam Hopsenden ein und zerrten ihn mit ihren Schnäbeln zurück.

Und wieder hockte Pit nachdenklich auf seinem Zweig. Da kam die Urgroßmutter der Familie, die uralte Pampusa, zu ihrem Urenkel und sagte: »Ich kenne deine Gedanken, mein lieber Pit! Ich will dir helfen, daß du wieder zu den Möwen kannst.«

Pit sah sie traurig an.

»Ich habe hier aus grauem Eulenflaum ein Nachthemd für mich hergerichtet«, fuhr die Alte fort; »das macht jeden, der es anzieht, unsichtbar! In ihm könntest du ungesehen von hier fliehen!«

»Wo ist es? Wo ist es? Schnell!« bat Pit Pikus.

»Einen Augenblick! Jede Gabe ist einer andern wert!« sagte die Urahne. »Meine Füße sind alt, die Krallen der Zehen abgebrochen; und doch möchte ich in meinem Leben noch einmal die Kiefern auf und ab klettern wie in meiner Jugendzeit und mich drunten im Tau des weichen Mooses baden. Wenn du mir deine Zehen mit den scharfen Krallen gibst, bekommst du dafür mein Eulenflaumhemd, das dich unsichtbar macht!«

Pit Pikus holte einmal tief Luft; dann antwortete er: »Abgemacht, Ahne! Direkt Konfekt! Bring mir das Eulenflaumhemd!«

Pit hopste in dem grauen Eulenflaumhemd, das ihn unsichtbar machte, über den Waldboden. Niemand hatte seine Flucht bemerkt. Er konnte dem Marder und Fuchs direkt an der Nase vorbeihopsen; sie hoben ihre Köpfe, schnupperten, aber sie sahen nichts. Wunderbar war das! Weniger wunderbar allerdings waren die Schmerzen, die Pit Pikus in seinen verstümmelten, blutenden Füßen verspürte, an denen die Zehen und die Krallen fehlten. Pit verbiß seine Schmerzen und humpelte weiter dorthin, wo der Wald heller wurde.

Am Nachmittag war der Wald zu Ende, und Pit kam auf eine sumpfige Wiese, die vor einem großen Teich lag. Er geriet immer tiefer in den Sumpf, er konnte sich schon nicht mehr bewegen. Soll denn alles umsonst gewesen sein, um zu Leila und zu den Möwen zu gelangen? dachte er. Meine Flügelsehnen hat man mir durchbissen, meine Zehen habe ich verloren; ich habe fast nichts mehr, ich armer Tropf!

Wie er so nachdachte, stolzierte ein großer weißer Vogel mit blutroten Beinen und einem blutroten, langen Schnabel auf ihn zu, es war der Storch Wiesenfürst. »Was tust du hier in meinem Reich, du kleine schwarze Mißgeburt?!« fragte Wiesenfürst.

Pit Pikus wäre dem großschnauzigen weißen Gestell am liebsten mit seinen ehemaligen Krallen ins Gesicht gefahren; aber er besann sich rechtzeitig auf seinen veränderten Zustand; so berichtete er dem Storch nur von seinem Unglück.

»Und du willst noch immer zum Meer und zu den Möwen hopsen?« fragte Wiesenfürst.

»Das will ich!« antwortete Pit Pikus.

»Wie willst du denn aus dem Sumpf herauskommen und über den Teich bis zum fernen Meer gelangen, wenn du nicht fliegen kannst?«

»Das weiß ich nicht; aber ich will es!« beharrte der Specht.

»Nun gut«, sagte der große Storch und zog sein eines langes, rotes Bein hoch, daß er ganz majestätisch nur noch auf dem andern Bein dastand, »nun gut, ich will dir helfen, ich werde dich aus dem Sumpf hier herausziehen und auf meinem Rücken über den Teich bis zum Meer tragen!«

»Wunderbar! Direkt Konfekt! Du bist mein Retter!« jubelte Pit. »Schnell, schnell!«

»Langsam, du kleines schwarzes Wesen!« erwiderte der Storch Wiesenfürst. »Nichts erhält man in der Welt umsonst außer dem Tod; und der kostet das Leben! Wenn ich dich zu den Möwen bringe, so erwarte ich eine Gegengabe. Ich sehe, du bist so leidenschaftlich, daß du besonders rotes Blut haben mußt; ich brauche aber zur Auffrischung meiner blaßgewordenen Beine und meines mattroten Schnabels eine beständige, dunkelrote Farbe. Gib mir dein rotes Herz mit seinem Blut, und ich werde dich zu den Möwen bringen.«

»Wie soll ich dann noch leben?« fragte Pit Pikus erschrokken.

»Keine Sorge!« sagte der Storch Wiesenfürst, »du wirst weiterleben; ich werde die Adern, durch die das Blut zu dem Herzen fließt, wieder ineinanderpressen. Du wirst dann sogar ruhiger und zufriedener leben als mit deinem Tag und Nacht rastlos klopfenden Herzen.«

Pit Pikus holte tief Luft; und da er zu Leila und den Möwen wollte, sagte er: »Abgemacht! Aber halte auch du dein Wort!«

Der Storch tat sein Werk; er holte mit seinem scharfen, spitzen Schnabel das rote, klopfende Herz aus der Brust des jungen Spechtes und fügte die Adern wieder zusammen. »Ein wunderbares tiefes Rot! Erstklassig für meine Beine und meinen Schnabel!« bemerkte Wiesenfürst anerkennend. Dann setzte er den kleinen schwarzen Pit Pikus auf seinen weißen Rücken, schwang seine Flügel, und fort ging's über die Wiese, den Teich und die Felder und Wälder bis zum Meer. Hier senkte sich Wiesenfürst nieder zum Strand und ließ Pit Pikus abspringen. »So, du kleine schwarze Mißgeburt, nun sieh, wie du deine Möwe findest! Viel Glück!«

Und damit flog er davon.

Pit Pikus schaute um sich. Ja, da war das Meer mit seinen mächtigen, breiten Wellen; da schossen auch schreiend ganze Scharen weißer Möwen über die Schaumkronen einher, da stand auch hohes grüngelbes Schilf am Strande; aber mit Schrecken sah Pit Pikus, daß es nicht die Stelle des Meeres war, wo Leila und ihr Möwenvolk lebte. Er versuchte einer Möwe zuzurufen; doch der Wind und die Brandung übertönten seine Stimme.

Müde und traurig hopste er zu dem Schilf; und auch das Schilf wußte nichts von der Möwe Leila. »Warte ein bißchen, bis die Sonne tiefer steht und ihre goldene Straße über das Meer zum Strande wirft!« flüsterte ein Schilfstengel. »Die Sonne kommt weit herum, sie sieht alles, sie kann dir sagen, wo Leila ist!«

Als am Abend der goldene Ball der Sonne tief über dem Meeresstrande stand und die Sonnenstrahlen über das Wasser bis zum Ufer liefen, da fragte Pit Pikus einen goldenen

Sonnenstrahl: »Kennst du die Möwe Leila? Hast du sie vielleicht gesehen?«

»Ich werde die Sonne selbst fragen!« antwortete der Sonnenstrahl. »Sie weiß alles!«

Bald erschien die Sonne ganz tief und nahe bei Pit Pikus; sie sprach: »Gewiß kenne ich Leila und ihr Volk; aber wenn ich sie jetzt so spät noch suchen soll, mußt du mir etwas geben, was mich die Nacht über wärmt!«

»Was soll ich dir geben, große Sonne?« fragte Pit Pikus. »Meine Flügel sind keine Flügel mehr. Die Zehen und Krallen meiner Füße habe ich schon weggegeben und auch mein Herz, bloß um bis hierherzukommen; was habe ich denn noch?«

»Du hast in deinem Kopf noch zwei schwarze Diamanten«, erwiderte die Sonne, »sie sind schwärzer als die schwärzeste Kohle und strahlen ein so starkes Feuer, daß sie meine Glut, die ich während des Tages an die Erde verlor, erneuern und mich selbst über Nacht erwärmen können. Gib mir deine Augen, und ich werde Leila suchen!«

Pit Pikus sagte: »Ich habe alles weggegeben, bloß um Leila wiederzusehen, wie soll ich sie aber ohne Augen sehen?«

»Du wirst sie spüren«, entgegnete die Sonne. »Ich brauche deine Augen!«

Pit Pikus atmete tief auf; dann sprach er: »Nimm meine Augen!«

Die Sonne rückte näher, sie beugte sich über Pit, den kleinen schwarzen Specht, und befahl: »Zuerst schließe das rechte Auge und schaue mich mit dem linken fest an, bis du nichts mehr spürst und siehst!«

Pit tat so. »Au! Wie das brennt!« schrie er auf. »Mein Auge brennt wie Feuer!«

»Das muß es! Ich brenne es heraus!« sagte die Sonne.

»Schon ist's geschehen! Ah, welch herrlicher, schwarzer Diamant! Und jetzt das andre Auge!«

Pit Pikus öffnete das andre Auge. Aber die Sonne war zurückgewichen. Sie fragte den jungen Specht: »Hast du alles auch wohl bedacht?«

»Ja!« antwortete Pit.

Da sprach die Sonne – und ein schwerer goldner Tropfen hing an ihrem Rande wie eine Träne –: »Du bist ein kleiner tapfrer Kerl!« sprach sie. »Ich will dir doch das eine Auge lassen! Warte eine Weile!«

Und die Sonne verschwand hinter einer tiefen Wolke. Das Meer brauste leise. Die dunkelgrünen Wellen rollten schwer zum Strande. Die Möwen flogen tiefer und tiefer und verzogen sich ins Schilf.

Es wird Nacht! dachte Pit Pikus. Morgen hat die Sonne ihr Versprechen längst vergessen!

Plötzlich aber ertönte ein jubelnder, wilder Möwenschrei; er klang wie: »Pitje, mein Pitje!«

Leila schoß aus der Höhe zu Pit Pikus, ihrem Freund, hernieder; sie nahm ihn in ihre großen weißen Flügel, während die Sonne lächelnd noch einmal aus der tiefen Wolke hervorschaute und dann im dunklen Meer verschwand.

DER STOTTERNDE KUCKUCK

Zweifellos ist der Kuckuck ein besonderer Geselle im Wald. Er legt seine Eier in fremde Nester und läßt sie dort von anderen Vögeln ausbrüten. Der junge Kuckuck plustert sich alsbald derart auf, daß er das ganze Nest ausfüllt und seine Stiefgeschwister einfach über Bord wirft. Sosehr auch andere Jungvögel, etwa die Raben und Krähen, einen gesegneten Appetit haben, die Gefräßigkeit des Kuckucks ist geradezu gewaltig.

Das Besondere dieses aschgrauen Gesellen mit den hochgelben Augen liegt aber in seinem Lockruf im Frühling. Denn wer es unternimmt, beim ersten Anschlag des Kuckucksrufes mitzuzählen, der kann die Jahre feststellen, die er selbst noch lebt.

So heißt es.

Nun ertönte an einem Frühlingsmorgen durch das Blätter- und Zweigedickicht des Waldes »Grünenacht« ein recht seltsamer Ruf. Es war nicht das richtige »Kuckuck« – oder »Wuggu«, wie manche es hören –, sondern ein sich förmlich überschlagendes »Kuckuckuck«, laut und schnell wie ein Mühlengeklapper ... dieses »Kuckuckuck«.

Was mochte das bedeuten?

Der ganze Wald geriet in große Erregung. Die Vögel erhoben sich von den Ästen und suchten beieinander Rat. Als erste traten die Spechte zu einer Sitzung zusammen. Der alte Jan Pikus, eingedenk der ungewöhnlichen Freundschaft seines Sohnes Pit mit der Möwe Leila, erklärte rundheraus, es handle sich hier um die mißlungene Kreuzung eines echten Kuckucks mit irgendeinem trillernden Feldvogel, um eine Art Mißgeburt, die den guten Kuckucksruf verunstalte und in Verruf bringe. Der Specht Blaukopf, der aus einem anderen Bezirk zugewandert war und sich grundsätzlich klüger dünkte, meinte jedoch: »Freunde, die Frage steht total anders! Hat einer von uns den Rufer je gesehen? Niemand hat ihn bisher gesehen! Also handelt es sich hier überhaupt nicht um einen Vogel, sondern um ein unsichtbares Wesen, um ein Gespenst, vielleicht bloß um das Echo des Windes aus einem hohlen Baum. Man darf also die Frage nicht so einfach stellen!«

Viele Spechte waren sehr beeindruckt von diesen weisen Worten und zollten ihnen lebhaften Beifall, indem sie mit ihren Schnäbeln gegen die Äste klopften, auf denen sie saßen. Doch jetzt hüpfte »Einauge«, der älteste der Spechte, der im Kampf mit einer Krähe sein linkes Auge verloren hatte, erregt in die Mitte der Versammlung. »Falsch!« rief der alte Einauge. »Man will hier aus einem deutlichen Kuckuck ein unbeweisbares Gespenst machen? Freunde, das ist ganz schlecht! Wozu die Käfer auf dem Monde suchen, wo sie doch gleich unter der Rinde sitzen? Der Vogel ist ein Kuckuck, so wahr ich der Einauge bin; bloß hat er einen Zungenfehler. Er stottert!«

Hier entstand zunächst ein Schweigen. Die Spechte waren verblüfft über diese kühne Behauptung. Noch nie hatte jemals ein Vogel einen Kuckuck »stottern« hören. Schließlich reckte sich der stets zweifelnde »Schiefkopf« — dem beim zu heftigen Hämmern gegen einen Eichenast ein Halsmuskel gerissen war, so daß sein Kopf nun schief stand — spöttisch hoch und fragte: »Woher weißt du, Einauge, daß er ... stottert? Und was soll das bedeuten?«

»Was das bedeuten soll?« wiederholte Einauge, indem er die erste Frage großzügig überhörte. »Was das bedeutet?« meinte der alte Specht noch einmal, um Zeit für eine Antwort zu gewinnen. »Ihr wißt, der Kuckucksruf hat für alle Lebewesen eine besondere Bedeutung. Wenn dieser Vogel im Frühling zu schreien beginnt, dann kann ein jeder, der mitzuzählen wagt, an den Rufen die Zahl seiner Lebensjahre feststellen. Bei uns dauert solch eine Spanne vom Frühjahr bis zum Herbst, beim Menschen vom Frühjahr zum Frühjahr; ist das klar?« wandte Einauge sich triumphierend an die Versammlung.

»Aber wenn er stottert?« fragte der Schiefkopf beharrlich.

»Wenn er stottert? Nun denke einmal selbst nach, mein Teurer, auch wenn dein Köpfchen dir etwas zur Seite verrutscht ist!« wies ihn Einauge zurecht. »Statt des ›Kuckuck‹ haben wir jetzt ein ›Kuckuckuck‹; das heißt: jeder, der rechtzeitig mitzählt, hat bei diesem Kuckucksruf eine um ein Drittel verlängerte Lebenszeit! Ist das nicht großartig?«

»Großartig! Wunderbar!« klopften die Spechte dem Alten Beifall. »Passen wir auf! Zählen wir! Und wir werden unser Leben verlängern!«

»Oder verkürzen!« warf der zweifelnde Schiefkopf ein.

»Verkürzen? Wieso? Natürlich der Schiefkopf! Er sieht alles schief! Er gönnt uns die Freude nicht!«

Schiefkopf legte sein Köpfchen noch schräger auf seinen rechten Flügel; und nun sah er wirklich sehr nachdenklich und gelehrt aus. »Es geht nicht um Freude oder Mißgunst«, sagte er. »Es geht um die Richtigkeit und den Verstand. Denn – schaut her – nehmt ihr einen kleinen Ast und teilt ihn durch drei, ist dann nicht jeder Teil kürzer, als wenn ihr ihn bloß durch zwei teilt? Genauso ist's beim zweimaligen und dreimaligen Kuckucksruf. Der stotternde Kuckuck mit seinem ›Kuckuckuck‹ verlängert nicht, sondern er verkürzt euer Leben.«

Nun entstand ein furchtbarer Tumult bei den Spechten. Die einen hielten zum alten Einauge, dem Lebensverlängerer, die anderen nannten den stotternden Kuckuck einen Lebensverkürzer. Trotz stundenlangen wilden Lärmens und Klopfens mit den Schnäbeln kam man zu keiner Einigung. Der Ast der mächtigen Kiefer, auf dem die Spechte saßen, war von den scharfen Schnäbeln der Vögel von seiner Rinde entblößt wie ein vom Zimmermann glattgehobelter Balken, als die Spechte in zwei Schwärmen sich trennten.

Der ganze Wald hatte sich in zwei Lager gespalten, da auch die andern Vögel an dem Streit teilnahmen und nunmehr eifrig die Rufe des stotternden Kuckucks zählten. Die, welche ein schönes Leben im bloßen Glauben an Einauges Prophezeiung genießen wollten – und das war die Mehrzahl –, zählten den Kuckucksruf als Lebensverlängerung. Die anderen hielten sich an Schiefkopfs Zweifel und stellten in des stotternden Kuckucks Ruf die Verkürzung des Lebens fest. So kam es, daß die beiden Vogelgruppen ganz verschieden jetzt ihr Leben einrichteten.

Also schlossen sich dem Propheten Einauge und dem größten Teil der gläubigen Buntspechte auch die flinken Buchfinken mit ihrem »Pinkepink«-Getriller an. Die kleinen am Mantel und der Schulter gelbgrüngestreiften Zeisige gesellten sich dazu und streiften wohlgemuter denn je mit ihren Locktönen »Tetterettet« und »Didlididlidei« durch den Nadelwald, während auf der angrenzenden Buchenhöhe die Stieglitze – bunt wie fliegende Ostereier – den stotternden Kuckuck noch zu übertrumpfen suchten und ihrem »Stiglitti« ein lachendes »Pickelnickelleia« hinzufügten.

Alle lebten so in dulci jubilo, sangen, lockten, schnäbelten und kümmerten sich nicht mehr um den Ausbau ihrer Nester. Das Weibchen des Bluthänflings Dodo mit seinem prächtigen karminroten Scheitel hatte auf dem Waldgrund den alten zerschlissenen Hut eines Landstreichers gefunden; darin legte es jetzt leichtsinnig seine Eier und brütete sie aus, da ihm das Nestbauen zu mühselig erschien.

Als nun der Marder Mintin in der frühen Morgenstunde ein seltsames hungriges Gezwitscher direkt am Boden hörte, erstaunte er nicht wenig. Ein Sprung genügte, und in jeder Tatze hielt er einen der »langlebigen« Bluthänflinge, die gar nicht mehr dazu kamen, dem Marder klarzumachen, daß ihr Leben nach dem Ruf des stotternden Kuckucks eigentlich doppelt so lang währen müsse wie bisher.

Sogar die Tiere, die immer am Boden lebten, waren in den Wirbel mit hineingezogen. Der alte Hamster Füllsack, der sonst nach seinem Winterschlaf gleich im Frühjahr alles in seinem Bau zu sammeln begann, aus Sorge, Hungers zu sterben, auch dieser alte erfahrene Bursche wurde jetzt sorglos und ließ Gott den guten Mann sein. Er lag in der Sonne und ließ sich morgens den rostbraunen Rücken und nachmittags den schwarzen Bauch leicht anrösten. Ja, er holte sogar aus den streng gehüteten Vorratskammern seines Baus alte Erbsen, Bohnen und größere Getreidekörner hervor, warf sie in die Luft und fing sie nicht in seinen breiten Backentaschen auf, wie sich's gehörte, sondern jonglierte mit ihnen auf seiner Nasenspitze. Dies tat er vor allem deshalb, weil zwei junge Hamsterweibchen ihm zuschauten. Diese lobten den alten Narren und fraßen die Körner und Erbsen, die ihm von der Nase rollten, schnurstracks weg. So waren die Vorräte des Hamsterbaus bald verzehrt. Wenn dem alten Füllsack einmal Zweifel kamen, dann horchte er in den Wald, wo der stotternde Kuckuck schrie. Und er ließ weiter die Körner und Erbsen zur Freude der jungen Hamsterweibchen auf seiner Nasenspitze tanzen; hierbei hopste er derart auf seinem Bau herum, daß der Eingang mehr und mehr verschüttet wurde.

Am Rande des Waldes »Grünenacht«, dort wo er an die Schilfwiesen und an das Meer grenzt, wohnten der Specht Pit Pikus und die Möwe Leila, von denen wir früher bereits erzählt haben. Sie hatten zwei junge Pikusse, oder wenn man will: Möwenkinder. Das war gar nicht so wunderbar, wenn man bedenkt, daß Pit Pikus von der Zauberin Tschitschischka drei weiße Schwungfedern der Möwe erhalten hatte und Leila umgekehrt drei schwarze Federn des Spechtes.

Die beiden Kinder von Pit und Leila hießen Pittje und Littje. Sie trugen in sich schon die Fähigkeiten ihrer Eltern: die höchsten Kiefernstämme hinaufzuklettern, aber auch im Sturmwind zu segeln und auf der See zu schwimmen. Das heißt, sie mußten diese Fähigkeiten erst entwickeln, so wie jeder junge Vogel das Fliegen und jedes kleine Reh die Anwendung seiner vier viel zu hohen Stelzbeine erst lernen muß: sonst fällt es — was anfangs oft geschieht — einfach auf die Nase. Alles im Leben will eben erprobt und gelernt sein.

Pit Pikus und Leila gaben sich nun große Mühe, ihren beiden Kindern das Klettern, das Segeln im Wind und das Schwimmen beizubringen. Auch sie hatten den seltsamen, verführerischen Ruf des stotternden Kuckucks vernommen. Doch sie sagten sich: mag dieses »Kuckuckuck« dreimal so lang an Zeit oder nur ein Drittel der Zeit bedeuten — gelernt ist gelernt! Wir wollen für Littje und Pittje keine Zeit verlieren. Wenn sie recht bald fliegen lernen, so ist das nicht schlecht; wenn sie fliegen und klettern können, um so besser; und verstehen sie auch noch zu schwimmen, so wird das bestimmt nichts schaden.

Littje und Pittje aber sahen, wie die anderen jungen Spechte an den Stämmen herunterrutschten und purzelten, ohne daß die Alten sich viel darum kümmerten. »Es ist ja noch so viel Zeit!« meinten die alten Spechte. »Wir leben doppelt so lange wie bisher; man braucht doch nur den Kuckucksruf zu zählen.«

Littje und Pittje sahen das lustige Spiel der jungen Spechte und das Auf-der-Nase-Jonglieren des Hamsters Füllsack. Das gefiel ihnen sehr. Littje liebte es gar nicht, zu klettern und sich die kleinen Krallen zu beschädigen. Pittje aber behauptete, daß das Wasser entschieden zu naß sei und man darin nicht schwimmen lernen könne. Sie sagten zu ihren Eltern: »Es hat noch Zeit damit! Die anderen Spechte treiben ja auch ihre Späßchen und quälen sich nicht mit so schwierigen Dingen.«

Doch dann erzählte ihnen Mutter Leila ihre Geschichte, wie Pit Pikus sie gerettet hatte und mit ihr ans Meer geflogen war, wie Pit zuerst den Atem verlor und im Wasser fast ertrank, bis er nach vieler Mühe im wildesten Sturm fliegen und

auf den schäumenden Sturzwellen schwimmen konnte. »Weiter! Weiter!« baten Littje und Pittje. Sie wollten immer mehr hören und wissen. Sie wollten es auch selbst probieren und hinter dem Vater nicht zurückstehen. Sie konnten den Morgen nicht erwarten, bis die Mutter Leila sie mit aufs Meer nahm.

Zwar plumpsten sie ein paarmal wie kleine Säcke auf die Wellen und schluckten gehörig Wasser. Doch bald machte es ihnen gewaltigen Spaß, den Wind unter den Flügeln zu fangen und am hohen Himmel in voller Fahrt zu segeln. Auch lernten sie von Pit Pikus, an den höchsten Ästen der alten Kiefern sich festzukrallen, ohne daß die Zehen schmerzten.

So kam der Sommer.

Der stotternde Kuckuck hatte längst aufgehört zu schreien. Aber die anderen Vögel lebten ihr vergnügliches Dasein, als müsse das tausend Jahre so weitergehen.

Es war an einem heißen, schwülen Sommertag, da zogen dicke Wolken am Himmel herauf. Es wurde plötzlich unheimlich still im Wald und auf dem Meer. Wie unter einem Druck duckten sich die Vögel unter den Zweigen. Auch der alte Hamster Füllsack suchte mit den beiden Weibchen einen Unterschlupf. Aber sein Bau war ganz verschüttet; er konnte den Eingang nicht mehr finden.

Schon begann es irgendwo seltsam zu sausen. Im Nu war der Himmel schwarz wie bei Nacht. Jetzt brüllte der Sturm. Die Bäume schlugen mit ihren Ästen wild um sich, als müßten sie das Wetter abwehren. Die stärksten Kiefern krachten in ihren Kronen. Überall fegte splitterndes Holz und Gezweig durch die kochende Luft. Hagel prasselte aus großer Höhe in eisigen Körnern nieder und zersprang funkelnd unterwegs in dem heißen Dunst.

Die älteren Vögel vermochten sich in die Luft zu schwingen und über dem Wirbel zu halten. Die jungen Vögel aber, die nicht so fliegen konnten, wurden von dem krachenden Geäst getroffen. Es war, als sei die Hölle los.

Pit Pikus und Leila hatten, als sie den Sturm herannahen hörten, sich mit Littje und Pittje in die Luft erhoben und der See zugewandt. Auch dort raste der Sturm. Aber sie breiteten ihre Schwingen aus. Und zwischen den Blitzen und Regenböen fingen sie den Wind unter ihren Flügeln und segelten furchtlos in großer Höhe dahin. Wohl wurden Littje und Pittje einige Male von Hagelschauern aufs Wasser niedergedrückt; doch sie verloren nicht den Kopf, sondern schwammen auf den weißschäumenden Wellenkämmen, so wie sie es in den letzten Wochen geübt hatten.

Einmal riß eine Böe die kleinere Littje ans Land. Sie schwang sich gleich wieder in die Luft empor und landete auf der Krone einer hohen, alleinstehenden Kiefer. Wie gut, daß sie ihre Krallen durch das Klettern, das sie anfangs gar nicht liebte, gestählt hatte! Sie hielt sich an der wild hin und her schaukelnden Krone so lange fest, bis der Wind wieder seewärts drehte und sie erneut zum offenen Meer hintrug.

Das ganze furchtbare Unwetter dauerte etwa eine halbe Stunde. Was war bloß in dieser kurzen Zeit alles geschehen! Als die schwarze Wolkenwand sich verzogen hatte und schon die Sonne vom Himmel schien, da flogen Pit Pikus und die Möwe Leila mit ihren Jungen an Land, um den Wald zu besichtigen. Doch der Wald war nicht mehr der Wald. Wie ein gemähtes Kornfeld, so lagen die Stämme am Boden. Zwischen ihnen sah man wie zerstreute Körner zu Hunderten die kleinen erschlagenen Vögel.

Auch viele größere hatte es gepackt.

Der alte Hamster Füllsack war in eine Bodensenke geschwemmt worden und wühlte sich gerade aus der versumpften Erde hervor wie ein dicker Aal; sein sonst so schönes braunrotes Fell triefte vom schwarzen Schlamm. Er fauchte und schimpfte auf den stotternden Kuckuck, der ihn betrogen habe und an allem schuld sei. Sonst hätte er nie und nimmer mit den Getreidekörnern und Erbsen jongliert und den Eingang zu seinem Bau verfallen lassen.

Auf einer umgestürzten, zerschmetterten Kiefer aber saßen völlig durchnäßt zwei Spechte: der alte Einauge und der kluge Schiefkopf. Sie stritten darüber, ob das Leben infolge des stotternden Kuckucks dreimal länger oder ein Drittel kürzer sei.

DIE BIENE CILIA UND DER KLEINE FRANZ

Es war ein heißer Vorsommertag. Die Linden standen in voller Blüte. Zu Zehntausenden hingen die winzigen gelbgrünen Glöckchen, welche die Kinder »Bimberlischen« nannten, im Blätterdach über der stillen Parkstraße. Zudem war es ein Samstagnachmittag. Die Straße war deshalb noch stiller als sonst. Sie gähnte förmlich vor Schläfrigkeit.

Das Haus Nr. 7, das der Kohlenhändler Koritke bewohnt, hatte die Jalousien herabgelassen. Denn Koritke und seine Familie befanden sich in ihrem Wochenendhaus am Schwanensee. Das Haus Nr. 7 mit seinen abgedunkelten Zimmern hatte die Augen geschlossen und schlief. Auch der Hausmeister war nicht auf seinem Posten in der Portierloge; er hatte die Tür ins Schnappschloß geworfen und war zum Angeln gegangen.

In der verschlafenen Stille der Straße hörte man plötzlich einen Ton. Nein, es waren viele winzige dunkle Töne, ein vielstimmiges Brausen, das von irgendwo aus der Höhe nach unten drang. Zuerst vernahm es die Milchhändlerin Schmandt, die gerade ihre Blechkannen zum Trocknen in die Sonne stellte. Sie schaute zum Himmel, ohne droben etwas zu entdecken. Doch jetzt kamen mehrere Leute, die alle nach oben blinzelten, bis der kleine zehnjährige Franz – der Sohn der

Schusterwitwe Nagel – zum Balkon des Hauses Nr. 7 zeigte und ausrief: »Da sind sie!«

Tatsächlich, da hingen sie, Tausende Bienen, ein ganzer Schwarm wie ein riesiger dicker Zapfen am äußersten Rande des Balkons des Kohlenhändlers. Sosehr auch der Schwarm zusammengeballt war, er schien immer noch in Bewegung. Dauernd fielen Bienen herab auf den Bürgersteig, wo die Menschen sie schnell zertraten; oder sie fingen sich im Fall in der Luft und flogen in die Zimmer der Nachbarhäuser.

»Mein Gott, sie kommen mir in die Milch!« schimpfte Frau Schmandt. »Und wenn so 'ne Biene einem Kind in den Mund gerät und sticht und das Kleine erstickt daran, wer ist es dann gewesen? Die Milchfrau!« schrie sie. »Das Zeug muß sofort herunter! Wo ist der Hausmeister?«

Aber der Hausmeister war bekanntlich zum Angeln gegangen. Und die Wohnung des Kohlenhändlers war abgeschlossen.

»Man muß die Polizei benachrichtigen!« rief jemand.

»Unsinn!« erklärte ein anderer. »Man muß es dem Bienenzüchterverein melden!«

»Richtig; aber wie soll der in die verschlossene Wohnung eindringen? Das wäre Hausfriedensbruch!«

Dieses furchtbare Wort erledigte vorerst jeden weiteren Vorschlag. Denn von außen, ohne Betreten der Wohnung an den frei am Balkon der zweiten Etage hängenden Bienenschwarm zu gelangen, das war ein Ding der Unmöglichkeit.

Da sagte einer: »Die Feuerwehr!«

»Jawohl, die Feuerwehr!« stimmten alle wie erlöst ein. »Die muß heran!«

Man eilte also zur Hauptwache der Feuerwehr. Der diensttuende Brandmeister ließ sich den Fall genau erklären. Dann sagte er: Gewiß, sie hätten in der letzten Woche schon zweiundzwanzig Bienenschwärme von Telefonmasten, Dachrinnen, Kirchtürmen und anderen unzugänglichen Örtlichkeiten heruntergeholt; aber für einen einfachen Balkon seien sie laut Dienstanweisung nicht zuständig, weil dieser Ort eben zugänglich sei.

Der Mann, der soeben vor dem Hausfriedensbruch gewarnt hatte, wies jetzt mit großem Ernst darauf hin, daß die Wohnung, zu der jener Balkon gehöre, abgeschlossen und der Mieter verreist sei. Wie aber solle man ohne Feuerleiter zu dem Schwarm gelangen? Etwa durch einen Einbruch, das heißt vermittels einer strafbaren Handlung?

»Das soll man nicht!« erklärte der Brandmeister der Feuerwehr. »In solchem Fall ist die Polizei am Platze!«

Man ging also zum nächsten Polizeirevier. Der Reviervorsteher wies zuerst einmal die Menge aus dem Lokal, da dies »Zusammenrottung« bedeute. Nur die Anliegerin zu Haus Nr. 7, Frau Milchhändlerin Schmandt, und der gelehrte Sprecher durften bleiben. Nachdem der Reviervorsteher sich den Fall angehört hatte, erklärte er: Laut Dienstvorschrift könne er einen Privatraum nur dann gewaltsam öffnen, falls der Verdacht eines drohenden oder bereits begangenen Verbrechens vorliege. Ob man also Hilferufe vernommen habe oder ein Leichengeruch aus dem Balkonzimmer dringe?

»Das gerade nicht«, erklärte der gelehrte Sprecher.

»Aber es droht die Gefahr von den in die Milch fallenden Bienen, Gefahr für die Kinder, die am Bienenstich im Hals ersticken!« wandte Frau Schmandt erregt ein.

»Wird notiert«, meinte der Reviervorsteher und schrieb dies mit den Personalien der Milchhändlerin in ein dickes Buch.

Der Bienenschwarm hing noch immer am Balkon Koritkes. Die Milchfrau, die zurückgekommen war, schimpfte: Wenn niemand ihr helfe, werde sie morgen früh mit dem kalten Wasserstrahl ihres Gartenschlauches die Bienen herunterspritzen und vernichten.

Inzwischen war es Abend geworden. Mit der untergehenden Sonne nahm die Kühle zu. Immer mehr Bienen fielen von dem großen dumpfsummenden Zapfen zu Boden. Die Menschen zertraten sie, als seien die Tierchen ihre Feinde. Der kleine Franz dagegen hatte sich eine Schachtel geholt, Luftlöcher hineingemacht und die heruntergefallenen Bienen darin gesammelt. Er wußte eigentlich nicht recht, was er mit ihnen anfangen sollte; aber die Tierchen taten ihm leid, und morgen würde sich schon Rat finden.

So nahm er die Schachtel mit in die kleine Kellerwohnung, in der seine Mutter hauste. Die Mutter war nach dem Tode des Vaters immer krank. Sie litt an einem dauernden Husten. Sie hielt mit einem alten Gesellen nur mühsam die kleine Flickschusterei in Gang. Auch der zehnjährige Franz verstand es schon, mit dem scharfen Schustermesser, mit Hammer und Ahle umzugehen. Lieber aber spielte er vor dem Haus im Laubengelände, auf den Schutthalden dort am Rande der Stadt.

Als er nun so spät heimkam und die Mutter die durchlöcherte Schachtel sah, fragte sie ärgerlich: »Wo hast du dich wieder herumgetrieben? Was ist da drin?«

»Bienen! Richtige Bienen! Hör nur!« Und er hielt die leise summende Schachtel an das Ohr der Mutter.

Die seufzte: »Nichts als Dummheiten! Was willst du bloß mit den Bienen?«

»Hörst du nicht, was sie sagen?« meint der kleine Franz erregt. »Hör doch, sie wollen ihre Königin und ihre Kameraden hierher holen! Hier bei uns wären sie doch sicher; nicht wahr, Mutter?«

Die Mutter schüttelte ihren Kopf und hustete. »Geh ins Bett, Kind!« sagte sie.

Franz hatte sich neben der Mutter ins Bett gelegt, dort wo vor Jahren seines Vaters Platz gewesen. Aber mitten in der Nacht wachte er auf. Er hörte ein leises Klopfen. Es kam aus der

Schachtel. Der kleine Franz stieg lautlos aus dem Bett und hielt sein Ohr an den Deckel der Schachtel.

Jetzt vernahm er ein Stimmchen: »Hörst du mich denn nicht, Franz?« sagte das Stimmchen. »Ich stoße mir den Kopf schon wund. Ich bin die Biene Cilia. Wie lange willst du uns denn noch in dem dunklen Gefängnis halten? Wir müssen zu unserem Schwarm!«

»Was willst du da?« fragte der kleine Franz.

»Wir müssen unsere Schwestern warnen. Hast du nicht gehört, wie die Milchfrau drohte, sie wolle alle Bienen mit dem kalten Wasserstrahl vernichten?«

»Aber die Feuerwehr oder die Polizei wird doch kommen und euch zu dem früheren Besitzer zurückbringen?«

»Das eine ist so schrecklich wie das andere«, klagte die Biene Cilia. »Kaltes Wasser ist unser Tod; und unser früherer Besitzer, der Großbauer Ziegenhals, der fünfzig Stöcke im Garten stehen hat, ist ebenfalls unser Tod; er nahm uns im Herbst allen Honig weg und gab uns statt dessen wenig schlechten Zucker, so daß viele von uns im Winter verhungerten. Deshalb flogen wir mit unserer jungen Königin von dem Geizhals weg. Keinesfalls wollen wir zu ihm zurück.«

»Und wenn du die anderen jetzt hierher holst?«

»Dazu müßte ich mich erst einmal umsehen, ob es bei dir gemütlich ist und ob wir unseren Bienenstock bei dir bauen können. Also laß mich heraus!«

»Aber flieg mir nicht fort!« bat der kleine Franz. Er öffnete vorsichtig die Schachtel.

Da stand eine zierliche Biene vor den anderen zwanzig Gefangenen, die leise summten. »Ich heiße Cilia«, sagte die kleine Biene. »Darf ich wohl ein bißchen Umschau halten?«

»Aber bitte sehr!« erwiderte der kleine Franz.

Cilia flog leise summend in der halbdunklen Kammer umher; dann folgte sie der Spur des Mondlichtes zum Fenster und roch nach draußen. »Oh«, meinte sie, »nicht schlecht! Das schmeckt nach Lindenblüten; dazu steht draußen noch irgendwo Klee und Lupine; hier könnte man leben!«

Auch vier andere Bienen waren auf das Fensterbrett geflogen, sahen sich um, nahmen Witterung nach draußen und summten: »Feine Gerüche! Blütenhonig! Es fehlt bloß ein alter Korb, und wir könnten hier bauen!«

Die Biene Cilia aber war auf das Ohr des kleinen Franz geflogen und wisperte ihm zu: »Wenn du Mut hättest ... zum Balkon hinaufzuklettern ... jetzt in der Nacht ...«

»Fein!« sagte Franz begeistert. »Laß uns gehen!«

So geschah es.

Die einundzwanzig Bienen aus der Schachtel flogen vor dem kleinen Franz, der einen alten Korb trug, her, bis sie mitten in der Nacht vor das Haus des Kohlenhändlers Koritke gelangten. Dort hing noch immer am Balkon der Bienenschwarm. Allerdings lagen schon Dutzende Bienen kalt und matt auf der Straße. Franz sammelte sie und legte sie in den Korb. Die einundzwanzig anderen aber waren nach oben geflogen. Plötzlich entstand im Schwarm ein gewaltiges Brummen. Und jetzt kam ein weißer Faden vom Balkon herab; dann fiel ein langes Stück Bindschnur auf die Straße, daran hing Cilia. Sie sagte zum kleinen Franz: »Warte noch zwei Minuten, hier unten liegt ein Strick.«

Eine ganze brummende Wolke kam nun nach unten; sie halfen Franz, die Schnur fein und fest mit dem Strick zu verknoten und zu verkleben. Jetzt band Franz die Schnur an den dünnen Faden. Diesen zogen Tausende Bienen – mit ihren kleinen harten Flügeln mit aller Kraft schlagend, so daß ein richtiger Wind entstand – nach oben zum Balkon. Dort befestigten sie die Schnur. Und jetzt zerrten sie mit der Schnur das eine Ende des Strickes hinauf und knoteten es an einem Pfeiler des Balkons fest.

»Siehst du, jetzt kannst du an dem Strick hinaufklettern und zugleich den Korb hinterherziehen«, sagte die Biene Cilia zum kleinen Franz.

Franz faßte den Strick mit beiden Händen und begann sich an ihm emporzuhangeln. Auf einmal tat es einen Ruck. Der Strick gab nach, und der kleine Franz lag unten auf der Nase … buchstäblich auf der Nase, aus der das Blut hervorschoß.

Die Bienen — voran Cilia — kamen herangeflogen und umfächelten mit ihren Flügeln den Jungen. Cilia aber sprach traurig zu ihm: »Ach, mein Kleiner, wir haben uns doch zuviel zugetraut. Der Knoten oben ist aufgegangen, unsere Kräfte reichten nicht.«

»Doch meine reichen!« entgegnete Franz, der schon wieder auf den Beinen stand. »Los, noch einmal!«

Die Bienen hielten oben eine Beratung ab. Dann teilten sie dem kleinen Franz mit, sie alle hätten zu ihm hinunterfliegen wollen; doch die Königin schlafe, und man dürfe sie nicht wekken. Ohne ihre Königin aber könne der Schwarm nicht fort.

»Und morgen kommt die Milchfrau mit Gottweißmitwem? Knüpft den Strick noch einmal und haltet alle oben fest!« befahl der kleine Franz.

Nach einigen Minuten kam Cilia wieder herabgeflogen und sagte: »Fränzchen, der Knoten ist geknüpft und fünfundzwanzigtausend Bienen halten droben den Strick. Ich werde dich beim Klettern noch mit meinem Kopf von unten stützen.«

»Mit deinem Kopf wirst du mich stützen? Das ist großartig!« lachte der kleine Franz.

Und dann ging's noch mal los.

Als der Junge die Hälfte der Höhe hinaufgeklettert war und am ersten Stockwerk zwischen Himmel und Erde hing, da plötzlich gab's wieder einen Ruck. Das Hinterteil des kleinen Franz stieß auf das Köpfchen von Cilia; die meinte, das Haus oder der Himmel stürze ein. Aber so sehr ihr Kopf auch brummte, sie stemmte sich noch fester gegen den kleinen Franz ... als es einen zweiten Ruck tat. Der Knoten oben, der dennoch zu locker geknüpft war, zog jetzt erst richtig an. Zudem hatten sich alle fünfundzwanzigtausend Bienen, die das äußerste Knotenende hielten, plötzlich auf den Rücken gelegt.

So gelangte der mutige kleine Franz auf den Balkon, wo nur eine geringe Leibwache von Bienen um die schlafende Königin hing und diese wärmte.

»Fein hast du's gemacht, Fränzchen«, sagte Cilia stolz zu ihrem jungen Freund. Dann wandte sie sich zu den anderen Bienen. »Aber jetzt, flugs, bindet unten den Korb an! Schnell, eh unsere Königin aufwacht!«

Bald war der Korb befestigt. Der kleine Franz zog ihn hinauf. Er nahm aus der Kommode von Frau Koritke ein Seidentuch, schlug es vorsichtig um die Königin und deren Wache und legte diese sanft in den Korb. Dann ließ er den Korb hinab und kletterte selbst am Strick nach unten.

Erst wollte er den ganzen Schwarm auch in den Korb pakken. Aber die Bienen sprachen: »Wir folgen dir auch so. Mach zu, ehe es Tag wird!«

So kam der kleine Franz mit seinem Korb, mit der Bienenkönigin und deren Gefolge zu Hause am Rande der Stadt an. Leise schlich er in die Kammer. Leise stellte er auf Cilias Rat den Korb auf eine Kiste mit dem Boden nach oben, schnitt mit dem scharfen Schustermesser ein kleines Loch in das Geflecht und band mit Draht außen ein Brettchen davor.

»So, mein Kleiner«, sagte Cilia, »das hast du fein gemacht, wie ein richtiger Bienenvater! Jetzt haben wir unseren Bienenstock und das Flugloch. Draußen stehen die Linden, die Lupinen und der Klee. Nun sollst du sehen, was wird!«

Als die Sonne aufging und ihre Lichtstrahlen wie Fäden durch das Zimmer zog, rieb sich die Schusterwitwe die Augen. »Was ist denn los?« fragte sie, da es vom Fenster her schon summte und brummte. »Deine Bienen sind aus der Schachtel geflogen, Franz!«

»Schau einmal genau hin, Mutter!« entgegnete lustig der kleine Franz.

Da waren die Bienen bereits voll bei der Arbeit. Zu Dutzenden flogen sie aus, Dutzende kamen mit gelben Hös-

chen — dem Blütenstaub, den sie an den Beinchen trugen — schon wieder nach Hause.

»Mein Bienenstock, Mutter!« erklärte Fränzchen stolz. »Bald haben wir den ersten Honig!«

Aber die Mutter meinte ängstlich: »Und wenn man die Bienen sucht?«

»Es sind *meine* Bienen!« erwiderte der kleine Franz. »Die Feuerwehr durfte nicht hinauf. Die Milchfrau wollte kaltes Wasser gegen sie spritzen und sie töten. Ich bin auf den Balkon geklettert und habe sie heruntergeholt. Soll ich sie dahin zurückbringen?«

»Mein Gott, nein, bleib!« sagte die Mutter.

Als am nächsten Morgen der Reviervorsteher der Polizei mit seinem Aktenvermerk in die Parkstraße zur Milchhändlerin kam und beide zum Balkon des Kohlenhändlers hinaufschauten, meinte der Reviervorsteher drohend zur Frau Schmandt: »Wo sind denn Ihre verfluchten Bienen? Haben Sie etwa eine Falschmeldung gemacht?!«

»Ich schwöre ...«, beteuerte die Milchhändlerin.

»Zu schwören haben Sie vorerst überhaupt nichts! Aber das nächste Mal erhalten Sie ein Strafmandat für fälschliche Alarmierung der Polizei! Ich verwarne Sie!«

Damit entfernte sich der Reviervorsteher mit wuchtigen Schritten. Frau Schmandt aber atmete auf, einmal weil sie dem Strafmandat entronnen, dann auch, weil der Bienenschwarm verschwunden war.

Im Herbst nahm der kleine Franz, der inzwischen das Leben der Bienen beobachtet hatte und ihr Freund geworden war, vorsichtig die ersten Honigwaben aus dem Korb. Er ließ sie aus; es gab fünf große Gläser voll schönsten duftenden Honig.

Die Mutter tat jeden Morgen und Abend einen großen Löffel voll in eine Tasse heißen Lindenblütentee. Und bevor es Winter wurde, war ihr Husten völlig verschwunden. Dabei hatte der junge Bienenvater auf Anraten seiner Freundin Cilia die Hälfte des Honigs für die Bienen als Winternahrung im Korb gelassen.

Als nun der Spätherbst mit seinen kalten Winden und ersten Frösten kam, deckte der kleine Franz den Korb mit ausgedroschenem Stroh sorgfältig zu, daß seine Bienen nicht frieren würden. Denn auch die Tiere wollen nicht frieren, ebensowenig wie der Mensch, und auch die Tiere können Freunde des Menschen sein — wenn der Mensch ein Freund der Tiere ist.

Bummi
TIERGESCHICHTEN

Denn auch die Tiere wollen nicht frieren, ebensowenig wie der Mensch, und auch die Tiere können Freunde des Menschen sein — wenn der Mensch ein Freund der Tiere ist.

Märchen: Die Biene Cilia

BUMMI UND BOLLE

Zwei junge Hunde — Bummi und Bolle — leben als Freunde in zwei Nachbarhäuschen der am See gelegenen Siedlung. Bummi ist ein kleiner grau-weißer drahthaariger Schnauzer. Er hat ein sehr empfindsames, aufbrausendes Temperament. Er fürchtet sich nicht vor dem starken Widder Ramm; senkt Ramm seinen Schädel mit den gefährlichen Hornbolzen, um den kleinen bellenden Teufel anzunehmen, so springt Bummi nicht etwa davon, sondern er flitzt gerade auf den Widder los, duckt mit einem blitzschnellen Satz durch dessen Vorder- und Hinterbeine hindurch und packt den mit gesenkter, mächtiger Stirn wartenden Starrkopf am Schwanz, wobei er ihn zum Spaß der umherstehenden Lämmer rückwärts über die Wiese zerrt.

Ja, Bummi liebt solche Späße. Er ist listig, mutig, ein kleiner Scherzbold. Allerdings, wenn man ihn beleidigt — und er ist sehr schnell beleidigt —, so ist er eine halbe Stunde lang tief gekränkt, eine weitere halbe Stunde traurig; dann aber hat er bereits eine andere Sache entdeckt, die interessanter ist als die Kränkung, eine Sache, mit der er neue Späße treiben kann.

Wenn etwa ein Specht oben an einer Kiefer hämmert, so springt er mit lautem Gekläff ein dutzendmal mit kurzem fe-

derndem Anlauf zwei Meter hoch, halb kletternd den Stamm hinauf, obschon er genau weiß, daß er den Specht nicht fangen kann; aber es macht ihm Spaß, und er hat so viel Leben in sich, daß er es einfach tun muß. Bummi ist auch ein ausgezeichneter Schwimmer. Sowie er eine Ente im See erblickt – platsch –, ist er im Wasser und paddelt mit seinen Beinchen drauflos. Er liebt das Wasser. Aber er liebt es auch, durchs hohe Gras zu jagen; dabei macht er plötzlich mit allen vieren Luftsprünge wie eine Gazelle, viel zu hoch für einen so kleinen Hund. Alles ist Leben und Freude an ihm. Und gleichsam der Gradmesser seiner Freude ist sein pinselartiges Stummelschwänzchen, das dann wie ein kleiner Propeller im Kreise wirbelt.

Das genaue Gegenteil zu Bummi ist sein Freund Bolle, ein junger, schwarzer, langhaariger, krummbeiniger Dackel; er sieht aus wie ein uralter, bärtiger Mann. Das kommt zum Teil daher, weil Bolle sich mit seinen kurzen, nach außen abgebogenen Laufstummeln nur wackelnd und langsam bewegen kann. Zudem hat Bolle stets einen nachdenklichen, ja traurigen Ausdruck in seinem von langen schwarzen Haaren fast zugewachsenen Gesicht. Bolle liebt es gar nicht, durchs hohe Gras zu jagen oder gar zu schwimmen. Er liegt vielmehr ruhig auf der Straße und rührt sich auch nicht, wenn ein Auto kommt. Weshalb soll er aufstehen, da er genau weiß, daß der Wagen vor ihm halten und der Fahrer fluchend aussteigen wird; es ist dann immer noch Zeit, dem Erzürnten die Zähne zu zeigen und zur Seite zu wackeln. Mehrmals erhielt er dennoch einen Tritt, einmal hat man ihm die Pfoten zerquetscht; aber Bolle besitzt Charakter, er besteht auf seinem Recht auf die Straße. Nach wie vor liegt er mit unerschütterlicher Ruhe mitten auf der Fahrbahn. Vielleicht hängt Bolles Straßenlage auch damit zusammen, daß er sich einfach so schnell nicht erheben kann, daß dies komisch wirken könnte und daß er dies nicht zulassen darf, wo doch alles an ihm so voller Ruhe und Würde ist.

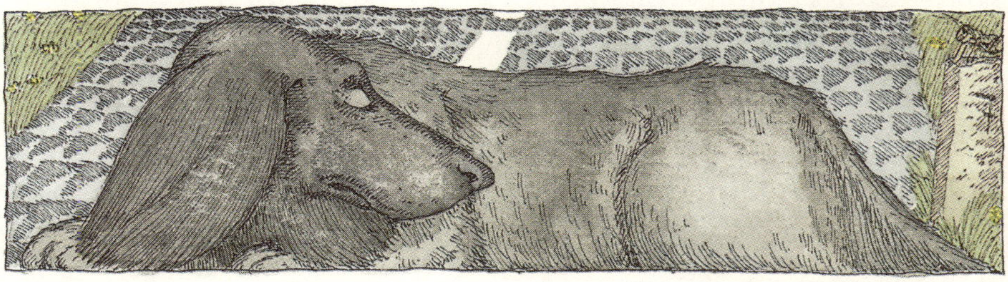

Trotz dieser Gegensätzlichkeit sind Bolle und Bummi die besten Freunde. Wenn der grau-weiße Bummi morgens laut bellend durch Hecken und Gräser davonspritzt, dann trottet der schwarze kurzbeinige Bolle schnaufend und knurrend hinterher. Da Bolle genau die Spur Bummis kennt, bleibt er geduldig an dem Punkt, wo am Landeplatz der Waldweg an den See stößt. Hat Bummi sich ausgetobt, so kommt er zu seinem Badeplatz am Landesteg, wo Bolle, im Sand liegend, ihn erwartet. Jetzt beginnt zwischen den beiden — und das ist so sicher wie der Umlauf der Erde um die Sonne — Tag für Tag das gleiche Freundschaftsspiel: Bummi hopst meterhoch über den schwerfälligen schwarzen Wollknäuel hinweg, ohne daß ihn dieser trotz seines Schnaufens fassen kann. Schließlich aber markiert Bummi dem Freund zuliebe den Erschöpften, fächelt mit seinem Stummelschwänzchen Bolle vor der Nase herum, läßt sich daran packen und herumzerren, bis er plötzlich mit einem Ruck den Dackel ins Wasser zu ziehen sucht. Nun läßt Bolle den grau-weißen Pinsel schleunigst los; denn Bolle hat vor dem Wasser einen heillosen Respekt, so gern er die Unterwasserglocke läuten hört, so gern er dieses geheimnisvolle Ding einmal bei Tage besehen und zwischen seinen Pfoten halten möchte.

Mit dieser seltsamen Glocke aber hat es folgende Bewandtnis. An der Landebrücke legen die Vergnügungsdampfer und auch kleineren Ruderboote an. Bummi, der leidenschaftliche Schwimmer, hatte nun eines Tages bei seinem Herumpaddeln im See ein Rundholz entdeckt, das er natürlich herauszuziehen suchte; plötzlich gab das Holz einen Ton von sich. Bummi ließ los, schwamm jedoch sofort wieder hin, zerrte nochmals an dem Holz, und wieder läutete es. Ja, es läutete. Bummi ließ sich nicht schrecken; er riß zornig an dem Holz, das ihn »anbellte«, hin und her. Dann tauchte er und stieß unter Wasser an das runde harte Ding, das nun mit hellem Bimbam in sein Ohr tönte. Doch es gelang ihm nicht, das merkwürdig klingende Etwas herauszuzerren, sosehr er sich Tag für Tag damit abmühte.

Natürlich hatte er seinem Freund Bolle von allem berichtet. So würdig Bolle diese Entdeckung seines Freundes auch zur Kenntnis nahm, er brannte im stillen vor Neugier, dieses Unterwasserwunder zu sehen. Oftmals bat ihn Bummi, mit zum Stegende zu schwimmen, daß sie mit vereinten Kräften diesen klingenden Schatz herauszögen. Bolle trottete ein paar Schritt zum See; sowie jedoch seine breiten Pfoten nur von einem Tröpfchen Wasser benetzt wurden, tapste er schnell zurück. Er würde lieber zwei Tage lang sich lebend unter der Erde eingraben, als nur eine Sekunde lang mit seiner Zehenspitze das feuchte Element berühren.

So blieb die kleine Glocke ungehoben an jenem Holzstück unter Wasser hängen. Und nur wenn ein Sturm daherfuhr und der See hohe Wellen warf, hörte man durch das Brausen des Wetters vom Landesteg her immer wieder jenen seltsamen Glockenton.

In jenen Herbsttagen, da der Sturm die braungelben und roten Blätter von den Bäumen riß und wie Tausende bunte Schmetterlinge durch die Luft wirbelte, trat auch in Bummis und Bolles Leben etwas Neues ein. Dieses Neue war eine überaus schlanke junge Dächsin mit einem rötlichgoldnen Fell, weich und glatt wie Seide. Sabine, die Dächsin — auch »Binchen« genannt — war eine Schönheit; und sie wußte es. Wenn sie zusammengerollt wie ein goldner Reifen auf dem Sessel lag und den schwarzhaarigen, struppigen Bolle aus schrägen Augen anblinzelte, dann erhob sich dieser schwerfällige Bursche auf seine krummen breiten Hinterpfoten, um an dem Näschen der schönen Dächsin seine bärtige Schnauze zu reiben. Aber im gleichen Augenblick sauste eine grauweiße Rakete dazwischen: Bummi, der ebenfalls Binchen auf Schritt und Tritt folgte. Und schon rollte ein bellender, ineinander verbissener Knäuel am Boden. Bummi hatte Bolles

Vorderpfote zwischen den Zähnen, während der zornige Bolle dem Freund die Ohrenspitze zerriß.

Aus war es mit der Freundschaft. Die beiden kämpften wie erbitterte Feinde. Binchen aber lag noch immer zusammengerollt auf dem Sessel und betrachtete geschmeichelt den Kampf der beiden Kavaliere.

Seither gingen sich Bummi und Bolle in weitem Bogen aus dem Wege. Lag der schwarze schwerfällige Dachshund wie üblich mitten auf der Straße, so knurrte er drohend, wenn er den ehemaligen Freund bloß von weitem sah. Bummi jedoch tat, als bemerke er das zottige Etwas überhaupt nicht und bog mit seinen eleganten Gazellensprüngen in die Gärten ab.

Doch eines Tages liegt der langhaarige schwarze Bolle nicht mehr auf der Fahrbahn. Und obschon die beiden jetzt Feinde sind und einander ausweichen, so vermißt der kleine grau-weiße, lustige Bummi dennoch seinen alten Kameraden. Er streicht um Bolles Haus und macht sich durch Bellen und Jaulen bemerkbar. Aber nichts rührt sich. Ein furchtbarer Verdacht kommt Bummi: Der ehemalige Freund befindet sich bei der kleinen Dächsin! Obwohl Bummis eingerissenes Ohrläppchen zur Vorsicht mahnt und der Kleine einen neuen blutigen Kampf erwarten muß, rennt er schnurstracks zum Nachbarhaus, stößt die Gartentür auf und springt hinein.

Dort liegt Binchen auf dem gewohnten Sesselplatz. Allein. Sie macht ein recht merkwürdiges Gesicht und hebt kaum das Näschen.

»Wo ist er?« fragt Bummi.

Binchen sieht ihn traurig an.

»Verzeihung ...«, meint Bummi und weiß nicht weiter.

»Er ist sehr krank«, erklärt jetzt Binchen, »sie sagen, er habe das Nervenfieber, die Staupe.«

»Er lebt?« Bummi will zur Tür.

Da aber ist Binchen vom Sessel gesprungen. »Du kannst nicht zu ihm. Bleib! Du steckst dich an! Keiner darf jetzt zu ihm!« beschwört sie den Freund.

Doch Bummi ist schon draußen. Er kennt Bolles Haus genau. Leise schleicht er unten durch den Kohlenkeller, den Karnikkelstall und die Waschküche nach oben. Er wartet, bis es ganz still ist; dann schnürt er lautlos wie ein Fuchs hinein.

Da liegt Bolle auf einem Sack hinter dem Herd. Schwer keucht die schwarzhaarige Brust, und traurig sehen ihn die hellbraunen Augen des Kameraden an. Ja, es ist trotz allem sein Kamerad und Freund; das spürt Bummi in dieser Minute.

»Siehst du mich?« fragt Bummi den Freund.

Doch der schweigt und blickt nur starr in des Fragenden Augen.

Es ist klar, Bolle hat hohes Fieber; sein Gedächtnis scheint gelähmt. In diesem Augenblick gibt es draußen ein Geräusch. Bummi ist schnell hinter den Ofen gekrochen; er hört jetzt, wie Emma, die Magd, eintritt, wie sie ihre schweren Schuhe auszieht und in die Hauspantinen schlupft; dann redet sie mit Bolle. Bummi versteht, daß der Fiebernde selbst sie nicht mehr erkennt.

»Es ist aus!« sagt die Magd und weint leise.

Auch Bummi kullern die Tränen aus den Augen. Er denkt nach: Gibt es denn wirklich nichts, was Bolle noch Freude macht und seine Erinnerung wieder erwecken kann?

Die Magd hat die Küche verlassen und das Licht ausgedreht. Doch der Mond scheint jetzt über die Steinfliesen und beleuchtet den kranken Dachshund. Bummi kriecht zu ihm hin und legt freundschaftlich seinen Kopf auf sein langes schwarzes, zottiges Fell.

Plötzlich spitzt Bummi die Ohren. Was ist das?

Er lauscht.

Und dann springt er weg, so wie er gekommen ist, durch die Waschküche, den leeren Karnickelstall, den Kohlenkeller ins Freie. Schnurstracks rennt er durch die windgepeitschten Gärten bis zum See.

Und ohne sich zu bedenken, springt Bummi ins dunkle kalte Wasser, in dem nur hier und da einzelne Wogenkämme weiß aufschäumen; schnaufend paddelt er zum Ende der Landungsbrücke, zu dem Rundholzknüppel, an dem drunten die Glocke hängt. Ja, drunten läutet deutlich im Wellengang die Glocke.

Mit aller Kraft beginnt jetzt Bummi an dem Holz hin und her zu rucken, so wie er nie zuvor an dem Knüppel gezerrt hat; wütend, wie rasend zerrt er an dem Holz, so daß es richtig laut bimmelt wie von einer kleinen Kirche ... bimbam, bimbam ... immer wieder schnickt der Knüppel zurück, trifft Bummis Maul oder schlägt ihm gegen die Rippen; er glaubt, alle Knochen brechen ihm entzwei. Aber der kleine Kerl stemmt sich jetzt mit seinen Vorderpfoten gegen den Pfosten des Landungssteges; er läßt nicht nach, bis es endlich einen Ruck tut und er den Knüppel mit der kleinen Glocke losgerissen hat.

Damit schwimmt er an Land und rennt atemlos zu dem Haus, wo sein kranker Freund liegt.

Mag sein, daß Bolle schon vorher die bei Bummis Lauf klingende Glocke gehört hat oder daß er den seltsamen Klang des hellen Schiffsglöckchens erst jetzt in der stillen Küche vernimmt; jedenfalls schaut er, wie Bummi das Holz mit dem Glöckchen hin und her schwingt, plötzlich mit lebhafteren, langsam begreifenden Augen auf seinen alten Freund; er schüttelt sich, als müsse er etwas abwerfen, er fährt sich mit den Pfoten über den Kopf, er dehnt sich wie nach einem Schlaf ... schwankend erhebt er sich, knickt zusammen, erhebt sich wieder, tapst noch unsicher auf Bummi zu und beschnuppert ihn freundschaftlich wedelnd wie in früheren Tagen.

Wie die Magd Emma, von dem seltsamen Gebimmel aufgeweckt, in die Küche kommt und das Licht anknipst, glaubt

sie zu träumen. Da steht der bisher kranke Bolle; er hat das Holz, daran das Schiffsglöckchen hängt, im Maul und schwingt es begeistert hin und her, daß es sich anhört, als wecke ein Schiff frühmorgens im Nebel die Mannschaft zum Ankerlichten und zur Weiterfahrt. Bummi aber sitzt vor dem läutenden schwarzen Freund und schaut glücklich und stolz auf seinen alten Kameraden.

Bolle wurde gesund.

Die kleine Glocke befestigte man jetzt draußen im Garten am Ast eines Apfelbaums zugleich mit einem dicken Strick, der nach unten hing. Oft läutete das Glöckchen, und man konnte sehen, wie Bummi und Bolle sich damit vergnügten, an dem Strick zu ziehen — manchmal jeder einzeln, während der andere zusah, manchmal auch beide zusammen.

Und nichts störte mehr ihre Freundschaft.

BUMMI, DER AUSREISSER

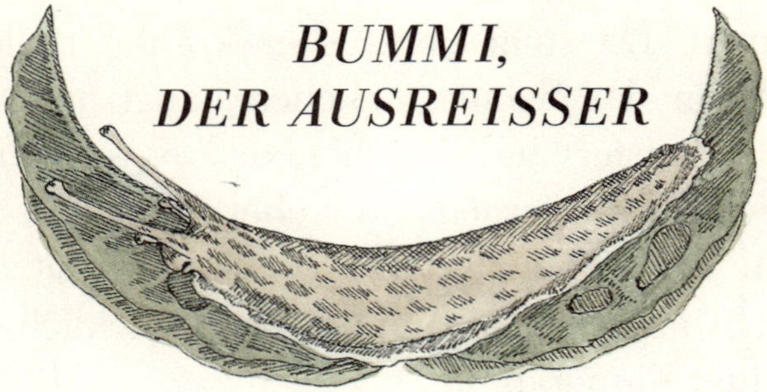

Es gibt Hunde, die sind kaum Hunde; sie sind wie die Hauskatzen und Portiers; sie verlassen freiwillig nicht den Bereich ihres Wohnraums, höchstens daß sie einmal kläffend auf die Straße springen, wenn der Briefträger oder der Herr draußen über dem Pflaster sich nähert.

Es gibt ferner gut dressierte Hunde — Wolfshunde, baumstarke Dobermanns und Doggen —, die mit einem einzigen Ansprung einen Mann umwerfen können und die ohne einen Blick zur Seite lautlos »bei Fuß« hinter ihrem Besitzer hergehen.

Schließlich gibt es Foxe, Rehpinscher, Spitze und Promenadenmischungen, die zwar in einem Durchmesser von zwanzig Metern ihr Herrchen umkreisen, keinen Eckstein und Laternenpfahl auslassen, einen alten Mann, der einen Stock trägt, ebenso anbellen wie jeden Kinderwagen, die dann aber prinzipienlos bei einer drohenden Geste des Menschen flüchten.

Zu diesen Hunden gehört Bummi natürlich nicht. Wir entsinnen uns, Bummi ist ein grau-weißer, drahthaariger Schnauzer mit einer angedeuteten braunroten Gesichtsmaske. Er ist empfindsam wie ein Mädchen im Frühling und hart wie ein Steinklopfer. Er ist verträumt wie ein Dichter und kühn und kaltblütig wie ein Räuber ... wenn es gilt, die Freiheit zu erlangen. Unter Freiheit aber versteht Bummi: die nahrhafte Küche und sein weiches Körbchen zu vertauschen mit der Unsicherheit der Straße, den kalten Winden am See und dem Wald, wo die Wurstpellen nicht an den Ästen hängen, das heißt: die gewohnte bequeme Umgebung mit einem viel rauheren und oft völlig unbekannten Dasein.

Wie gesagt, Bummi liebt die Freiheit über alles. Er ist ein Naturkind geblieben, so viele seiner Vorfahren auch ihre schnauzbärtigen Köpfchen auf die Schlummerrollen und Fußkissen alter Professoren und Kanzleiräte gelegt haben mögen. Vielleicht ist Bummi eine Ausnahme unter den heutigen drahthaarigen Schnauzern, ein Rückfall in die Wildnis. Jedenfalls hungert und friert er gern drei Tage, wenn er sich bloß draußen in Freiheit herumtreiben kann. Er nimmt es sogar auf sich, seinen Herrn – besser gesagt, seinen Freund, an dem er mit heißer Liebe hängt; es handelt sich um den Schauspieler Peter Pons – mehrmals im Monat durch seine Abwesenheit zu betrüben und sich selbst schweren Gewissensbissen auszusetzen. Indessen, wenn Bummi seinen Freiheitstrieb drei bis vier Tage lang befriedigt hat, dann taucht gleichsam nach lang genossenem grellem Sonnenschein wie der sanfte Mond das Gesicht seines menschlichen Freundes, des Schauspielers Pons, an seinem Hundehorizont wieder auf; dann erscheint am späten Abend auch Bummi, der Ausreißer, wieder am häuslichen Horizont, auf der rechten Hinterpfote »hinkend« – denn Bummi ist selbst ein großer Schauspieler –, ferner »hustend« und »niesend«, jedoch echt verschmutzt bis hinter die Ohren, oft auch mit neuen blutverkrusteten, ehrenvollen Narben versehen und pudelnaß, ein Bild des Jammers und des Heldentums zugleich.

Und wenn sein Freund, der Schauspieler Pons, ihn jetzt mit furchtbarer Stimme fragt: »Wo warst du wieder, du scheckiges Scheusal, du gestreifter Teufel?«, dann setzt sich Bummi auf sein Hinterteil, streckt — was er sonst für eine ganze Leberwurst nicht tut — seine leicht eingewinkelte Pfote in die Höhe und blinzelt seinen Freund an, als wolle er sagen: Na, laß schon gut sein, Peter, gib mir deine Pfote, wir sind doch Freunde!

Und Peter Pons, der noch vor einer halben Stunde vor Tante Annemarie, die ihm die Wirtschaft führt, sich verschworen hat, diesmal geschähe bestimmt etwas Schreckliches, er werde Bummi wie eine gluckende Henne im Sack mit den Beinen nach oben an der Teppichstange aufhängen ... Peter Pons nimmt auch diesmal, von Bummis schauspielerisch vollendeter Geste überwältigt, die Friedenspfote in seine große haarige Faust und drückt die Pfote, bis der Ausreißer halb vor Schmerz, halb vor Wonne aufheult.

Dieses Spiel: daß Bummi nach Tisch »verträumt« auf die Terrasse geht, um plötzlich wie vom Erdboden verschluckt zu verschwinden, während der Schauspieler Pons die Tante Annemarie mit den grimmigsten Vorwürfen überschüttet, sie habe die Balkontür aufgelassen, indessen die Tante dem Neffen Peter nachweist, daß er — und immer nur er — die Türen offenläßt, worauf Peter als Gegenbeweis die Tür zum Flur donnernd zuknallt und schwerbeleidigt in seinem Arbeitszimmer verschwindet ... dieses Spiel wiederholt sich im Monat einige Male mit großer Regelmäßigkeit. Auch daß nach Bummis Verschwinden einen Tag tiefes Grabesschweigen im Hause herrscht wie nach einem Todesfall, wobei der Hausherr Bummis Körbchen feierlich in die Rumpelkammer trägt — »für ewige Zeiten«; auch daß dann nach Bummis

Rückkehr eine ungestüme Freude ausbricht wie nach der Heimkehr des verlorenen Sohnes.

Dieses Mal aber, es ist in den ersten Frühlingstagen, liegt der Fall wirklich äußerst ernst. Seit Bummis Verschwinden sind schon vier Tage vergangen, und noch immer gibt es kein Anzeichen seiner Rückkehr. Peter Pons, der auch im Theater Ungutes erlebte, da man ihm seine Rolle wegnahm, Peter Pons murmelt, während er ohne Appetit an einem Kartoffelpuffer stochert: »Der Hundefänger ... gewiß hat man ein paniertes Schnitzel aus ihm gemacht.« Tante Annemarie schneuzt sich in ihr Taschentuch und verschwindet. Auch Peter läßt das Essen stehen und geht aus dem Zimmer. Abends streicht er durch die Siedlung. Doch selbst sein weithin bekannter gellender Pfiff auf den Fingern vermag diesmal Bummi nicht herbeizulocken.

Bummi bleibt verschollen.

Was ist geschehen?

Hier müssen wir erwähnen, daß Bummi, wenn er sonst umherstreift, seine feste Marschroute hat. Er streunt durch die Wege zum Wald, spürt unterwegs die jungen Hasen auf und jagt ihnen mit ungeheurem Schwung nach, während sie plötzlich einen Haken schlagen und ihren Verfolger weit an sich vorbeischießen lassen; er springt die Baumstämme hoch nach ihn neckenden Eichhörnchen und gräbt nach wilden Kaninchen. Diese sehr anstrengende Arbeit kann ihn einen ganzen Vormittag beschäftigen. Wenn er dann Augen, Ohren und Schnauze voll Erde hat, rennt er hinunter zum See, wobei er noch schnell ein kurzes Gefecht mit dem Hammel Ramm besteht, und nimmt ein ergiebiges Bad; hierbei schwimmt er laut heulend den Tuckentchen nach und versteht bis heute noch nicht, wie sie durch ihr

Tauchmanöver plötzlich ihm völlig aus den Augen verschwinden können.

Seltener begibt sich Bummi, indem er meist einen Bekannten begleitet, zur Bahnstation. Aber gerade in jener Woche, von der wir sprechen, geschah dies. Dort mußte es auch geschehen, daß er dem großen glatthaarigen Metzgerhund Pluto begegnet, diesem hochnäsigen Fleischberg. Pluto sieht, sooft er Bummi trifft, über den kleinen Schnauzer hinweg, als sei er Luft. Er macht auch heute nicht einmal die Andeutung eines Schwanzwedelns, während Bummi trotz aller früheren Nichtachtung des großen Pluto mit einem höflichen Gewedel seines Pinselchens grüßt. Doch Bummi, so klein er ist, weiß sich Achtung zu verschaffen. Mit einem Satz springt er an dem groben Fleischberg hoch, fetzt ihm einen gehörigen Riß ins rechte Ohr und ist, ehe Pluto mit wildem Geheul sich auf ihn

stürzen kann, durch einen engen Staketenzaun verschwunden.

Bummi streicht jetzt durch einige der dicht von Blumen und Bohnenstauden bewachsenen Vorgärten, wobei er von dem noch frischen Gras den Tau leckt. Er will zur Bahnstation, um sich wieder einmal die Züge und die Reisenden anzuschauen.

Da plötzlich hört er vor sich ein schreckliches Fauchen. Eine große graue Katze mit schwarzen Streifen über dem Rücken sitzt sprungbereit vor ihm, mit drohend gekrümmtem Buckel. Bummi hat nicht gern mit Katzen etwas zu tun. Katzen sind unberechenbar. Manchmal flüchten sie auf sein Gebell einen Baum hinauf; manchmal stellen sie sich zum Kampf; ein drittes Mal tun sie bloß so, fauchen wütend, um dann über den Angreifer hinweg auf die nächste Mauer zu springen und sich mit ihrem Pfötchen und der Zunge vornehm das Gesicht zu waschen und die Augen zu putzen.

Wenn Bummi nun die große schwarzgestreifte Katze so plötzlich vor sich sieht, ist er sich nicht klar, zu welcher der drei Klassen dieses dumpf fauchende Geschöpf gehört. Er macht also mit drohendem Geknurre einen Versuchsschritt vorwärts. Die Katze weicht nicht zurück. So etwas! Bummi ist ein Held. Er hat dem starken Metzgerhund das Ohr zerbissen; das verpflichtet. Also geht er auf die Katze los. Die schnellt jetzt zu einem Sprung hoch, und zwar nicht auf die Gartenmauer, sondern direkt auf Bummis Rücken. Und ehe Bummi es sich versieht, erhält er von den krallenbewehrten Tatzen rechts und links eine ganze Serie furchtbar spitziger Ohrfeigen. Bummi, so tapfer er ist, heult auf; er springt mit allen vieren in die Luft, er sucht den Kopf in die Erde zu graben, er rennt los; aber das Krallentier hockt fauchend auf ihm

und versetzt ihm immer wieder diese schmerzhaften, nicht abzuwehrenden Hiebe. Jetzt rennt Bummi durch den Garten auf das Haus zu.

In diesem Augenblick kommt ein alter Herr die Treppe herab, der Rentner Klippfisch, der Retter. Wie der den kleinen Schnauzer in so großer Not sieht, ergreift ihn Mitleid und Zorn; er faßt seinen Krückstock aus schwerem Ebenholz mit der silbernen Krücke fester und schlägt mit aller Wucht gegen die blutdürstige Katze auf Bummis Rücken. Aber entweder hatte der sechzigjährige Herr nicht genau gezielt, oder das Katzentier war schneller ... jedenfalls ist es bereits auf der Gartenmauer, wie der Stock auf Bummis Rücken niedersaust, wobei das Ebenholz in der Mitte zerbricht. Bummi aber, den jeder stocktragende Mensch schon im Friedenszustand reizt, Bummi springt nunmehr außer sich vor Wut seinen »Retter« an und reißt ihm einen großen Fetzen aus dem Hosenbein. Jetzt schreit der Rentner Klippfisch zetermordio: »Zur Hilfe! Ein tollwütiger Hund! Polizei!«

Bummi, der das halbe Stockende und den Hosenfetzen am Boden liegen sieht, erkennt klar, daß er für heute genug Heldentaten vollbracht hat; er verzieht sich also schleunigst in das Dickicht der Buschbohnen. Da hört er plötzlich neben sich eine leise maunzende Stimme: »Schnell, mein kleiner Held, komm mit mir! Schnell! Keine Angst!« Die große Katze läuft vor ihm her.

Und Bummi folgt ihr; sie ist in der Wildnis hier jetzt seine einzige Bekannte. Es geht nun nochmals durch zwei Gartenzäune und wieder durch einen großen Gemüsegarten; dann schlüpft die Katze in einen Holzschuppen, in dem es gar nicht recht hell ist. Hier setzt sich dieses unheimliche schwarzgestreifte Wesen auf einen umgestülpten Korb und beginnt behaglich zu schnurren, während ihre grünen Augen aus dem Halbdunkel seltsam funkeln. »Vorerst schönen Dank, mein kleiner Draufgänger«, sagt das Katzentier, »daß du an meiner Stelle — wenn auch nicht freiwillig — die Prügel auf dich genommen hast. Mir hätte dieser Schlag vielleicht das Rückgrat gebrochen.«

»Und du meinst, mein Rücken ist aus Eisen?« knurrt Bummi.

»Komm ein bißchen näher, mein kleiner Held«, maunzt die Katze mit leichtem Spott, obschon sie selbst nicht größer ist als Bummi, »ich werde dir mit meinen Pfoten den Schmerz wegstreichen.«

Bummi weicht erschrocken zurück. »Danke bestens!« sagt er. Sein Gesicht brennt ihm noch wie Feuer von den Krallenhieben.

»Oh, ich kann auch ganz anders sein«, flüstert die Katze, »ich heiße nämlich Mimmi, Mimmi Sammetpfote; und wie heißt du?«

Bummi ist seltsam zumute. Soll er knurren oder mit seinem Pinselchen wedeln? Schließlich brummt er: »Bummi ist mein Name, Bummi.«

»Ein schöner und interessanter Name ...«, schmeichelt die Katze Mimmi und gleitet geschmeidig von dem Korb herab. »Bummi, das bedeutet bei euch bestimmt: der Held! Ich habe beobachtet, wie kühn du Pluto, den großen Metzgerhund, angingst. Bewundernswert! Und so viel Schrammen und Narben hast du, mein tapferer Freund!« Dabei streicht sie Bummi, der hilflos vor so viel Lob vor ihr steht, ganz zart mit ihrer Pfote über den Kopf und den Rücken, wobei sie ein wohliges Schnurren hören läßt.

Und Bummi muß nun seiner Freundin von allen seinen Heldentaten erzählen, was ihm sehr gefällt. Hier aber zeigt sich, daß Bummi eine geradezu gewaltige Phantasie besitzt; denn um alle die berichteten Großtaten ausgeführt zu haben, dazu müßte er schon jetzt über neunzig Jahre alt sein. So gut nun Bummi zu erzählen versteht, so ausgezeichnet versteht die Katze Mimmi zuzuhören. Nur ab und zu unterbricht sie den Freund mit Ausrufen der Bewunderung: »Das ist ja fabelhaft! — Und du lebst noch, mein tapferer kleiner Schnauzer?« Aber dann erklärt sie plötzlich »Nun genug! Mein Magen läutet Mittag! Gehen wir ins Haus!«

»Ich kann doch nicht ...«

»Du kannst, wenn ich es sage!« erklärt Mimmi. »Nebenan ist die Küche; dort steht schon meine Milchschale und mein Freßnapf; es reicht für uns beide.«

Damit zieht Mimmi ihren Kameraden aus dem halbdunklen Schuppen und führt ihn in die Küche. Die Küche ist gerade leer, weil die Hausfrau — die Ladenbesitzerin Mutti Flasche — in ihrem Laden für Haushaltungsgegenstände eine Kundin bedienen muß. In der Küche aber steht eine Tonschüssel mit Milch und hineingebrockten Brotstückchen.

»Komm näher, mein Kleiner«, sagt die Katze, »und bediene dich!« Sie beginnt an einem Rande der Schüssel die Milch zu lecken.

Bummi zögert. Bisher hat er in seinem Leben die Katzen als seine Hauptfeinde betrachtet und stets angeknurrt. Und jetzt soll er mit der großen Katze aus einer Schüssel fressen? Während er noch überlegt, hat Mimmi schnurrend ihre Pfote um seinen Hals gelegt und ihn zum Milchnapf herangezogen. »Aber, mein Kleiner, wenn du noch lange wartest, schlappre ich dir die ganze Milch vor der Nase weg!« spottet sie.

Zögernd beginnt Bummi ebenfalls die Milch aus dem Napf zu lecken ... eigentlich ist das unmännlich, Milch statt Knochen; doch schleckert er weiter, an dem einen Rand des Napfes er, an dem andern Mimmi. Und zugleich muß er denken, daß Mimmi mit Recht ihren Zunamen »Sammetpfote« trägt.

In diesem Augenblick ertönt von der Wohnzimmertür ein Freudengeheul. Lotti und Lothar, die Kinder von Mutti Flasche, haben Bummi entdeckt. »Was für ein süßer weißer Spitz!« schreit die fünfjährige Lotti und will Bummi gleich an den Ohren fassen. Doch Bummi beginnt zu knurren, einmal weil er gegen Kinder, die stets an ihm herumzerren wollen, ein gesundes Mißtrauen hat; dann aber auch, weil es für einen echten Schnauzer eine schwere Beleidigung ist, für einen Spitz gehalten zu werden.

»Vorsicht«, sagt der siebenjährige Lothar, »vielleicht hat er die Tollwut!« Dies Wort hat er von seinem Vater gehört.

Jetzt schiebt sich die Katze Mimmi zwischen die Kinder und ihren Kameraden. »Nicht knurren, mein Kleiner!« sagt sie leise zu Bummi. »Es passiert dir nichts; lecke ruhig den Napf leer! Ich werde solang mit Lotti und Lothar spielen.« Und Mimmi reibt sich schnurrend an der kleinen Lotti; dann springt sie los, als habe sie eine Maus entdeckt oder stolpere über einen Wollknäuel. Doch die Kinder wollen ihre Späße lieber mit dem Hundchen treiben.

Lothar hat seinen Pferdewagen herangeholt, und nun wird Bummi, nachdem man ihm vorsichtig eine Wurstscheibe gegeben hat, wie ein Pferd vor den Wagen gespannt. Die Kinder juchzen vor Vergnügen, wie ihr »Pferd« den Wagen zieht.

Doch das ist noch nicht alles. Nachdem die kleine Lotti Vertrauen zu dem Hundchen gewonnen hat, zerrt sie ihm die Kleider und Haube ihrer großen Puppe Berta über und trägt ihn so in das Puppenbett. Natürlich wirft Bummi das Bett gleich um und springt in seinem komischen Puppenkostüm über Stühle und den Tisch, bis er auf dem mächtigen Holztopf der Zimmerpalme landet, wo er vor Aufregung sein Beinchen hebt und am Palmenstamm seine Visitenkarte abgibt.

In diesem Augenblick betritt Vater Fritz Flasche, der eben vom Wareneinkauf zurückkommt, das Zimmer. Er schlägt wegen des »fremden Hundebiests« einen solchen Krach, daß Mutti Flasche aus dem Laden herzustürzt; sie stellt sich sofort schützend vor »das niedliche Tierchen« und die weinenden Kinder, indem sie den Angriff Vater Flasches siegreich zurückweist und den in seinem Puppenkleid völlig hilflosen Bummi aus seinem Kostüm befreit.

Dankbar wedelt Bummi mit seinem Pinselchen und leckt seiner Retterin die Hand. »So ein gutes Hundchen! So ein kluges Tierchen!« lobt diese den kleinen Kerl und streichelt ihn. Bei Tisch sitzt dann Bummi bereits wie ein Familienglied neben der Katze Mimmi und erhält von den Kindern nicht die schlechtesten Bröckchen.

In Vater Flasche, der sich beiseitegeschoben fühlt, brodelt indessen der beleidigte Ehrgeiz. Er, der oft erzählt hat, wie er die wildesten und bissigsten Hunde allein durch seinen »hypnotischen Blick« bändigte, Vater Flasche kommt plötzlich auf den Gedanken, auch an Bummi seine Kunst und Kraft zu zeigen. Er setzt Bummi neben sich auf den Stuhl und blickt ihm starr mit weit aufgerissenen Augen in das Schnauzergesicht. Bummi findet das lächerlich. Da er aber keinen Streit wünscht, wendet er einfach seinen Kopf ab. Vater Flasche, da aller Augen an ihm hängen, dreht Bummis Kopf wieder sich

zu und befiehlt, während er ein Stückchen Braten vor Bummis Nase legt, mit schrecklich rollenden Augen und grabesdumpfer Stimme: »Das frißt der Hund *nicht*! Das ist für den Hund *verboten*!« Bummi, dem dies uninteressante Spiel lange genug erscheint, will sich den Braten schnappen; doch da fährt Vater Flasches Hand dazwischen und Bummis Gebiß in diese Hand.

Vater Flasche, mit solcher Wucht aufspringend, daß alles auf dem Tisch durcheinanderstürzt, schreit wie am Spieß: »Der Hund hat die Tollwut! Ich bin gebissen! Ein Arzt, ein Arzt!«

Die Kinder weinen. Mutti Flasche sagt leise zu ihrem Mann: »Nimm dich zusammen vor den Kindern! Die Sache ist halb so schlimm!«

»Halb so schlimm?!« stöhnt Vater Flasche, indem er den gebissenen Finger mit dem Tischtuchzipfel umwickelt. »Mir ist schon, als müsse ich bellen ...« Dabei verdreht er die Augen und stößt einige wauwauartige Laute aus. Nun telefoniert Mutti Flasche wirklich nach dem Arzt.

In diesem Tumult haben Bummi und Mimmi, die Katze, schleunigst das Haus verlassen.

»Da hast du ja was Schönes angestellt, mein Kleiner!« sagt Mimmi, während sie durch etliche Zäune schlüpfen. Doch Bummi erwidert: »Bei meinem Bart, ein Glück, daß wir wieder frei sind!«

Bummi hat nun ein großes Verlangen zu baden. Er will zum See. Mimmi ist das unheimlich. Bisher war sie noch nie außer Sichtweite des Hauses gekommen. Doch wie Bummi ihr die Schönheit des Seeufers schildert mit den silbrigen Sandkuhlen, den uralten knorrigen Weiden, die weithinaus übers Wasser hängen, und den oft in die Luft springenden glitzernden

Fischchen, da vertraut sie sich dem Kameraden an und beginnt, mit ihm zu streunen. Jetzt ist Bummi der Anführer. Er kennt im Schlaf alle kleinsten Durchlässe durch Zäune und Drahtgitter. So streichen sie durch ein Dutzend Gärten, ohne die Straße zu berühren, und weiter über sanft abfallende Wiesen und Sandkuhlen; und dann sind sie am See.

»Schön?« fragt Bummi stolz seine Freundin.

»Wunderschön, mein Kleiner!« sagt Mimmi.

Nun führt Bummi die Katze auf einen Holzsteg, der weit in den See vorspringt. Mimmi ist nicht ganz wohl dabei; denn die Katzen fürchten bekanntlich das Wasser. Doch Bummi tritt wie ein Held ganz vorn an den Rand, und — platsch, pardautz — mit einem gewaltigen Sprung, daß die Wellen nur so hochspritzen, ist er im See. Mimmi stößt einen Schrei aus. Wo soll sie Hilfe holen?

Aber schon hört sie wieder Bummis lustige Stimme: »Wunderbar ist's! Willst du nicht kommen, Mimmi?«

Wie ein kleiner Schraubendampfer bewegt sich Bummi draußen durchs Wasser; blitzschnell paddeln seine Pfoten, und das Pinselschwänzchen steuert dazu. Jetzt klettert er an Land und schüttelt das Wasser von seinem Fell, daß es in der Sonne aussieht, als regnete es Diamanten.

»O du mein Held!« miaut Mimmi bewundernd.

Bummi schlägt der Freundin jetzt vor, da sie nicht schwimmen will, daß sie wenigstens mit ihrem buschigen Schwanz, indem sie ihn ins Wasser hängt, fischen solle. Doch Mimmi ist

auch das unheimlich; wie leicht kann an Stelle eines Fischchens ein großer Krebs anbeißen und ihr mit seiner Schere den Schwanz abknipsen.

»Nun, dann ziehen wir in den Wald!« sagt Bummi. Unterwegs nimmt er in der Kuhle noch ein Sandbad. Mimmi ist es zu heiß. Sie klettert im Nu auf eine der nahen Kiefern und beginnt ganz oben in der Krone auf einem dünnen Ast sich zu schaukeln, so daß Bummi jeden Augenblick glaubt, sie stürze aus der Höhe mit dem Ästchen herab. »Komm herunter! Ich kann das nicht sehen!« ruft er ihr zu. Doch Mimmi schaukelt noch wilder. Da — das Ästchen ist wirklich abgebrochen, und die Katze saust durch die Luft ... auf einen tieferen, soliden Ast, wo sie wieder zu schaukeln beginnt.

»Ich kriege Herzkrämpfe!« heult Bummi.

Schon ist Mimmi wieder unten.

Dann streunen die beiden durch den Wald, wo die Birken und Kiefern sich mit ihren Häuptern berühren, wo drunten das Zittergras mit dem rosa Storchschnabel flüstert und wo die wilden Kaninchen ihre unterirdischen Höhlen haben. Als Bummi plötzlich sich in solch ein Zugangsloch bis zur Brust hineinwühlt, glaubt Mimmi, der Wahnsinn habe ihn erfaßt; mit aller Kraft zieht sie ihn an den Hinterpfoten wieder heraus und — ihm mit ihrer Zunge und Pfote das völlig erdverklebte Gesicht säubernd — sagt sie: »Mein Gott, das nennst du ein freies Leben?«

Bummi will erregt ihr etwas erwidern; doch er erkennt, daß Mimmi, die Katze, bei aller Zuneigung ihn am Ende niemals verstehen wird.

Schade, zu schade.

Nun suchen die beiden sich am Waldrand im duftigen, trocknen Honiggras ihr Nachtlager. Es ist sehr warm. Die Sterne funkeln am grünen Himmel wie große blanke Silberstücke. Die zwei können nicht schlafen. Bummi denkt, daß er in der Frühe Mimmi heimbegleiten, selbst aber noch einen Tag lang allein umherstreunen und die Freiheit genießen will.

Da fragt plötzlich die Katze, die sich aufgerichtet hat: »Was ist da vorne für ein Licht?«

»Es ist ein Haus«, sagt Bummi.

»Laß uns sehen!« fordert die Katze.

So kommen sie zu dem Haus des Schauspielers Peter Pons, zu Bummis Wohnstätte. Bummi wundert sich, daß droben so spät noch Licht brennt; er bittet Mimmi, die am Haus stehende Birke hochzuklettern, um ins Zimmer zu schauen. Und die Katze berichtet, ein Mann sei am Tisch eingeschlafen über einem Blatt Papier; die Tinte darauf aber sei verwischt durch zwei Tränen. Da wird es Bummi klar, daß er viel zu lange schon weg war und seinen Freund Peter vergessen hatte.

»Ich habe Peter noch nie weinen gesehn«, sagt er zur Katze, »er ist mein Freund, ich muß zu ihm; verzeih mir, Mimmi, leb wohl!«

»Leb wohl, mein Kleiner!« Mimmi streicht ihm noch einmal mit ihrer Pfote über den Kopf.

Unter Peters Fenster hockt Bummi; er heult leise. Da öffnet sich das Fenster.

»Bummi?«

Den Rest der Nacht sitzen der Schauspieler Peter Pons und Bummi beieinander. Und Bummi erfährt, wie Peter in einer Rolle durchfiel und keine weitere Arbeit mehr bekam, wie er sich zurückzog und mit niemandem mehr sprechen wollte, weil er sich zu sehr schämte; und wie das für einen Menschen wie Peter schlimmer sei als der Tod. Das alles hatte Peter gleichsam zum Abschied auf das Blatt Papier geschrieben, weil er es niemandem sagen konnte. Aber seinem klugen kleinen Freund Bummi kann er es jetzt sagen, weil Bummi ja auch eine Trauer kennt, jene gar nicht so leichte Trauer, wenn man ihn am Bein des Küchentisches anbindet und ihm die Freiheit stiehlt.

Jetzt aber ist Bummi freiwillig zu seinem Freund Peter zurückgekehrt, um mit ihm traurig zu sein. Doch als der Schauspieler seinem kleinen Freunde, der ihm mit seinen klugen Augen geduldig zuhört, alles erzählt hat, ist die Trauer von Peter plötzlich gewichen. Der frische Morgenwind weht schon ins Zimmer. Da nimmt Peter das Blatt Papier mit den zwei Tränenspuren, zerreißt es und läßt die Schnitzel wie kleine weiße Vögel zum Fenster hinausflattern. Und lächelnd meint er: »So, Bummi, nun sag mir schnell noch was ins Ohr!«

Bummi legt wie gewohnt die Vorderpfoten auf Peters Schultern und drückt sein feuchtes Schnäuzchen an dessen Ohr. Freilich, was er dem Freund gesagt hat, war nicht zu erfahren.

Am gleichen Morgen eilt Peter ins Theater und fordert energisch seine neue Rolle. Da ist sie, eine schöne, interessante neue Rolle, in die er sich gleich so vertieft, daß er die nächsten Wochen sonst nichts sieht noch hört.

Auch Bummi nimmt seine Rolle wieder auf, allerdings seine alte Rolle. Schon am nächsten Tag ist der Ausreißer verschwunden. Diesmal jedoch streunt er nicht in Richtung des Ortes und des Bahnhofes, auch nicht in Richtung des Hauses der Katze Mimmi Sammetpfote; sondern er rennt sogleich mitten in den Wald hinein, dorthin, wo er zwischen alten Kiefern und Eichen, zwischen Ginstersträuchern, Wacholderbüschen und dem gelben Zittergras auf den Lichtungen, zwischen Felsen und Erdhöhlen in voller Freiheit seine Wege gehen kann.

STRUPPS, DER HUND, DIE HENNE HANNE UND DER HAHN HALLO

In alten Chroniken wie auch in neueren Berichten findet man Fälle – oft mit Abbildungen –, wo Tiere sonst einander widerstrebender Art miteinander gute Freundschaft schlossen. So wurde beobachtet, wie eine Katzenmutter zugleich mit ihren Kätzchen kleine Doggenbabys säugte, ebenso, wie junge Bären, Wölfe und Ziegen miteinander in einem Gehege aufwuchsen und auch später Kameraden blieben, ja in der Not einander beistanden. Jüngst wurde von einem Landwirt berichtet, daß ein großer Schäferhund mit einer Henne derart sich anfreundete, daß diese öfters in die mit Stroh ausgelegte Hundehütte kam. Schließlich bemerkte man, daß die Henne dort auch ihre Eier legte, die der Schäferhund gewissermaßen als Quartiergeld sich zu Gemüte führte.

Nicht zufällig haben wir in einigen unserer Tiergeschichten jene Zuneigung einander sonst »von Natur feindlicher« Geschöpfe gezeigt, ebenso wie die Freundschaft zwischen Tier und Mensch. In dieser Geschichte soll von der seltsamen Kameradschaft zwischen der Henne Hanne und dem Hunde Strupps die Rede sein.

Die Sache verhielt sich nun so.

In den ersten warmen Apriltagen, als die Ranunkeln auf den noch feuchten Wiesen ihre gelben Blüten aufsteckten und die Hühner des Bauern Butterweck nicht bloß die neugierig aus der Erde auftauchenden Würmer pickten, sondern zur Darmreinigung auch die jungen Grasspitzen rupften und im warmen Sand sich badeten – in diesen ersten wirklichen Frühlingstagen lag Strupps, eine Art grauschwarzer zottiger Schäferhund, draußen an der Laufkette vor seiner Hütte und ließ sich von der Sonne das struppige Fell wärmen. Die Hennen scharrten und kratzten überall im Hof die Erde auf. Hallo, der Hahn, mit seinem in allen Regenbogenfarben schillernden Schwanz, stolzierte die Front seines Volkes ab, sprang dann auf die höchste Kante des Hühnergatters und ließ von dort, da die Amseln und der Kuckuck noch schwiegen, seinen »Gesang« erschallen:

»Hallo, hallo, ich bin allhie,
Singe den Tag euch, Mensch wie Vieh,
Im schönsten Kikeriki.
Hallo, hallo, Haus, Hund und Hennen,
Ihr sollt mein Lied jetzt täglich kennen!«

Strupps, der Hund, blinzelte zu dem Hahn hinauf und knurrte: »Wenn mir die Nacht zu lang wird, der Mond übers Dach geklettert kommt und ich dann leise vor mich hin heule, so könnte man das wohl eher einen Gesang nennen als dein ohrenkrächzendes Gekrähe, von dem allein schon in der Küche die Milch sauer wird. Überhaupt, wenn man singt, so tut man das für sich allein, weil man sein Herz erleichtern will, wenn einem die Kette um den Hals schwer wird, aber nicht mit solchem Hallo mitten am Tag vor dem ganzen Hofgesindel.«

Kaum hatte Strupps dies gesagt, da entstand ein gewaltiger Proteststurm unter dem Hühnervolk. »Hofgesindel! – Solch eine Unverschämtheit! – Mit welchem Recht beleidigt er unsern Chef Hallo? – Sein Hundeknurren klingt, als ob man einem mit einem Reibeisen übern Kopf fährt.« Und Adelheid, die beste Legehenne, indem sie zornig mit ihren Zehen den Boden scharrte, daß die Erdbatzen nur so flogen und ihr Kämmchen geradezu hahnenmächtig anschwoll, Adelheid schrie: »Gesindel hat er uns genannt! Ich betrete den Hof nicht eher wieder, bis er dieses Wort zurückgenommen hat!«

»Hohoho!« lachte da Strupps, der Hund, und reckte sich auf seinen breiten Pfoten auf. »Ich soll wohl auch euer Gegakkere für Gesang erklären sowie das Gekrähe eures Kikeriki mit seiner roten Nachtmütze auf dem Kopf?«

»Rote Nachtmütze?!« – jetzt flatterte der Hahn Hallo vom Gatter herab, stellte mit seinem drohend erhobenen spornbewehrten Fuß sich vor den Schäferhund und fuhr los: »Rote Nachtmütze belieben Sie meinen blutroten, erstklassigen geschwollenen Kamm zu nennen? Mein Herr, das ist eine unvorstellbare Beleidigung nicht bloß meiner Person, sondern auch all der noblen Damen des Hofes! Mein Herr, ich fordere Sie zum Zweikampf heraus!«

Während sämtliche Hennen mit ihren Flügeln begeistert Beifall klatschten, so daß ein richtiger Wind den Staub des Hofes aufwirbelte, erwiderte Strupps mit seinem lustig-heiseren Lachen: »Einen Zweikampf wünschen Sie, Herr von Kammgeschwulst? Einverstanden! Es fehlt mir grad noch ein Appetitshappen von Hühnerpastete zu meinem Abendbrot ...« Und damit machte der Hund einen mächtigen Sprung auf den Hahn zu; doch die Kette der aufflatternden Hühner nahm ihm die Sicht, einzelne scharfe Flügelschläge

trafen seine Augen, während Hallo, der Hahn, sich bereits wieder auf das Stallgatter geschwungen hatte.

In diesem Augenblick kam etwas großes Schwarzes auf den untersten Ast der vor dem Haus stehenden Birke herabgeschwirrt — Max, der alte Rabe, der bei allen Tieren wegen seiner Weisheit das größte Ansehen genoß.

»Meine Freunde«, sprach er, »was tut ihr? Ihr seid doch keine Menschen, daß ihr einander vernichten wollt! Wenn ihr einen Wettkampf auszufechten begehrt, so doch nur einen solchen, der zu einer nützlichen und sinnvollen Entscheidung führt. Da aber Hallo der Beleidigte ist, so hat er das Recht, die Waffen zu wählen.«

Der Hahn, der sich bereits ungeduldig seine scharfen Sporne an der Steintreppe wetzte, rief jetzt: »Sei's drum! Hallo, ich bin bereit! Möge das Kettentier ...«

»Still! Kein solches Wort!« verwies ihn streng der alte Rabe. »Ich denke, da der Streit wegen eures beiderseitigen Liedes entstand, so kann der Kampf auch nur auf dieser Ebene ausgefochten werden, auf dem Kampffeld des Gesanges; ist das klar?«

Alle bewunderten diesen scharfsinnigen Vorschlag des Raben Max; sogar der sonst so knurrige Strupps erklärte sich einverstanden, falls der Rabe den Schiedsrichter spielen wolle.

Und nun begann der Wettstreit zwischen Hallo, dem Hahn, und dem Schäferhund. Hallo hatte als erster zu beginnen. Er reckte sich oben auf dem Stallgatter, streckte seinen Hals, so daß seine Größe sich fast verdoppelte, und krähte alsdann mit voller Kraft sein Lied:

»Hallo, hallo, ich bin allhie,
Singe den Tag euch, Mensch wie Vieh,
Im schönsten Kikeriki.
Hallo, hallo, Haus, Hund und Hennen,
Ihr sollt mein Lied jetzt täglich kennen!«

Wieder klatschten die Hennen mit ihren Flügeln stürmischen Beifall. Doch der alte Rabe verwies sie zur Ruhe, während er mit seinem Schnabel geheimnisvolle Striche und Punkte in die Rinde der Birke ritzte.

Dann war Strupps, der Schäferhund, an der Reihe. Er setzte sich auf seine Hinterpfoten, schloß die Augen, als ob er träume, und heulte in geradezu erschütternden Tönen:

»Hohoho,
Hallo macht mich nicht froh.
Doch Huhuhuhuhu,
Wenn nachts in tiefster Ruh
Der Mond mich aus dem Schlaf aufweckt,
Die Eule um die Hauswand eckt –
Ach, wär so frei ich wie die Eulen,
Ich brauchte nicht zu heu-heu-heulen…«

Es trat eine große Stille ein. Sogar die Hühner vergaßen zu gackern. Der jungen Henne Hanne aber, die am nächsten bei dem Schäferhund stand, fiel eine Träne aus den Augen. Adelheid, das alte Legehuhn, stieß sie an, daß sich das nicht schicke. Hanne schaute jetzt an Strupps, dem Heulkünstler, vorbei in dessen halbdunkle Hütte; und dort erblickte sie etwas, das sie noch mehr bewegte als dessen ergreifender Gesang: Sie sah da einen Napf mit Grießbrei und zerquetschten Kartoffeln. Verträumt näherte sich Hanne diesem Futterpunkt.

Inzwischen aber war Max, der Rabe, obschon er als unparteiischer Schiedsrichter wirken sollte, recht eifersüchtig auf den Erfolg der beiden Sänger. Und da er sich nicht entscheiden konnte, einen der beiden zum Sieger zu erklären, und da er selbst sich gern produzieren wollte, so urteilte er, der Hahn habe viel zu hoch gesungen, der Schäferhund aber entschieden zu tief. Die Sache müsse im übrigen ganz anders angefaßt werden: nicht mit dem leichtfertigen Kikeriki und erst recht nicht mit dem schwermütigen Huhuhuhuhu, sondern mit einem soliden Rabrabrab; etwa so:

»Die Sonne rollt zum Tal hinab,
Rabrabrabrabrab,
Schnell einen Käs ich mir noch schnapp,
Rabrabrabrabrab,
Und wo nichts ist, danach ich grab,
Ich grapsche mir, was ich nicht hab,
Ein echter Grapscherschnappdiewapp —
Rabrabrabrabrab!«

Über dieses Rabenlied entbrannte ein heftiger Streit, sowohl über den äußerst anfechtbaren Inhalt wie auch über die rein lautmalende Form.

Strupps, der Hund, bemerkte mit Recht, weshalb er denn als Wachperson Tag und Nacht an der Kette liegen und das Haus bewachen müsse, wenn man andererseits den Diebstahl verherrliche? Der Hahn Hallo aber meinte, dieses monotone Rabrabrab erinnere an den Weltuntergang, während sein Kikeriki wie die Silberfanfare der Auferstehung und die Sphärenmusik der Morgenröte erschalle. Die Henne Adelheid bestritt dem Raben zudem das Recht, als Schiedsrichter mit eigenem Gesang hervorzutreten.

Schon ist ein neuer Zwist ausgebrochen. Und erst die Dunkelheit und die Abendkühle trennen die Streitenden.

Wie Strupps, der Schäferhund, sich nun in seine warme Hütte, die mit Stroh und Säcken ausgelegt ist, zurückzieht, hört er im Hintergrund ein seltsames Geräusch, ein leises Gackern. »Nanu, befindet sich auch hier jemand von dieser Teufelsbrut?« knurrt Strupps unwillig.

»Verzeihen Sie, Herr Strupps, aber es war mir draußen zu kalt und auch zu langweilig; zudem verspürte ich Hunger und habe ein bißchen an Ihrer Grütze gepickt.«

»Wer bist du denn?«

»Ich bin die Henne Hanne.«

»Und was soll jetzt geschehen?« fragt Strupps. »Man hat am Hühnerstall schon die Stiege weggezogen und die Klappe herabgelassen.«

Einen Moment herrscht Schweigen.

Dann meint die Henne Hanne: »Wenn Sie erlauben, bleibe ich die Nacht in Ihrer Hütte; hier ist es wenigstens warm, oder nicht?«

»Eine nette Bescherung!« knurrt Strupps, der Hund. »Wenn ich dich über Nacht totdrücke, dann entschuldige bitte!«

Zum Totdrücken kam es freilich nicht. Im Gegenteil, der Henne Hanne gefiel es recht gut in der Hütte. Hier war es warm, hier hatte Hanne ihre Ruhe und brauchte nicht anzu-

stehn, bis das Nest frei war, um ein Ei zu legen. Sehr bald hatte auch der Schäferhund sich an die Henne gewöhnt, obschon er ab und zu ruppig fragte: »Sag mal, du Federvieh, wie lange willst du eigentlich noch in meiner Hütte herumgakkern?«

»Wenn es dich weiter nicht stört, bleibe ich vorerst bei dir«, erwiderte die Henne Hanne freundlich. »Es soll dich nicht reuen!«

Übrigens wäre es furchtbar gewesen, wenn Hanne die Hütte verlassen hätte. Denn jeden zweiten Morgen legte sie dort ein Ei, das Strupps gleichsam als Mietzins sich einverleibte. Auch an diese Schleckerei hatte der Hund sich bald gewöhnt. Da die andern Hennen aber und der Hahn Hallo noch immer in den Diskussionen über die Güte des Gesanges ihre Hauptkraft vertaten, bemerkten sie kaum die Abwesenheit der Hanne.

Eines Morgens hörte man wieder die Henne Hanne in der Hütte gackern. »Das ist der schönste Gesang!« erklärte Strupps, der Hund.

»Gesang nennst du das?« fragte von oben der Hahn.

»Jawohl, und zwar weil er nicht bloß die Luft bewegt, sondern auch zu einem schmackhaften Ergebnis führt.«

»Das ist noch die Frage!« stritt der Hahn. »Denn — kommt das Ei vom Gackern, oder kommt das Gackern vom Eierlegen?«

»Sehr einfach«, spottete der Hund, »gackere du einmal, und wir wollen sehen, ob ein Ei kommt?«

Der kluge alte Rabe Max aber hob sein rechtes Bein mit der langen Zeigekralle und belehrte die Umstehenden. »Freunde«, sprach er, »die Frage steht total anders: Die Hanne soll ein Ei legen, *ohne* zu gackern!«

»Ja, das soll sie, die Hundedame!« ereiferten sich die neidischen älteren Hennen. »Vielleicht wird sie demnächst vor dem Eierlegen noch bellen!«

Doch die Henne Hanne, die sich in den ganzen Streit nicht eine Minute eingemischt hat, sitzt seit acht Tagen in der Hütte; man hört sie dort weder bellen noch gackern. Aber sie hat mit Strupps, ihrem Freund, ein ernstes Gespräch; denn die nächsten Eier bleiben jetzt unberührt in ihrem Nest. Und plötzlich ertönt ein ganz andrer Laut aus der Hundehütte ... ein Gluckgluckgluck, ein deutliches Glucken.

Aus der Henne Hanne ist eine Glucke geworden, die über ihren Eiern brütet.

Wie nun die Bäuerin Berta Butterweck nach der gluckenden Henne sehen will, da stellt sich Strupps, der Hund, zum erstenmal drohend und zähnefletschend vor die Hütte. »Jetzt weiß ich, wo die Eier die ganze Zeit geblieben sind«, sagt die Bäuerin zum Bauern. »Ich bin nur gespannt, wie lange Strupps die Henne brüten läßt? Und die Küken werden wir wohl kaum zu sehen bekommen.«

Strupps liegt mit doppelter Wachsamkeit vor seiner Hütte; und wenn die Hanne einmal für wenige Minuten von ihrer Brutstätte ins Freie geht, so begleitet sie Strupps an seiner langen Laufkette wie ihr persönlicher Adjutant.

An einem schönen sonnigen Morgen aber wackeln aus der Hundehütte zehn goldgelbe Küken, vor ihnen schreitet stolz die Henne Hanne, und ihnen folgt, nicht weniger stolz, Strupps, der Schäferhund.

»Schöne Kinderchen!« sagt eine junge Henne.

»Und fleißig war die Hanne!« lobt eine andere.

Die alte Adelheid jedoch sagt: »Erst abwarten, ob diese Hundeflöhe später Federn oder Haare bekommen!« Sie muß

schleunigst davonflattern, sonst hätte Strupps ihr selbst die Federn gerupft.

Aus respektvoller Höhe des Stallgatters aber betrachtet Hallo, der Hahn, das Gelände. »Ich habe unsern Herrn Strupps lange nicht mehr heulen und singen hören«, sagt er von oben herab, »er muß jetzt wohl Kindsmagd spielen!«

Strupps, der Hund, ist in diesem Augenblick viel zu sehr mit den kleinen, über seine großen Pfoten stolpernden Küken beschäftigt, als daß er auf all das Gerede hören oder gar antworten könnte. Breit liegt er in der Sonne vor seiner Hütte und dirigiert die herumpiepsenden goldgelben Knäuel liebevoll und stolz mit seiner mächtigen Schnauze und den nicht weniger massiven Pfoten hierhin und dorthin.

Die Henne Hanne jedoch kann sich nach der anstrengenden Brutzeit endlich ausruhen und die Federn putzen. Ab und zu blickt sie zu den Küken hinüber. Sie darf ganz ruhig sein. Denn niemand wird ihre Kleinen besser behüten als ihr Freund Strupps, der große Schäferhund.

DIE AFFENSTADT

In dem kleinen indischen Ort Sindahabad war ein Streit ausgebrochen zwischen zwei religiösen Sekten: welche von ihnen die heiligen weißen Kühe am Tage der Wasserweihe als erste an den Fluß zur Reinigung führen dürfe. Der Streit nahm alsbald solche Formen an, daß die Sekte des grünen Turbans die des weißen überfiel, ihre Töpfe zerschlug, ihre Hütten verbrannte und einzelne des weißen Turbans in den Fluß warf. Auch die weißen Turbanträger blieben den grünen nichts schuldig. Sie banden diese an die Schwänze der Ochsen und schleiften sie durch den Kot.

Am Rande der Stadt lebte eine große Affenherde. Sie hatte sich bisher damit begnügt, auf Palmen und Mangobäumen herumzutollen, den Menschen zuzuschauen und neugierig und gelehrig – wie Affen nun einmal sind – die verschiedensten Handlungen den Menschen nachzuahmen. So ahmten einige Äffchen alte Männer nach, indem sie sich einen Bambusstock abbrachen und, auf ihn gestützt, hustend und spuckend einherhinkten; andere wieder glätteten sich wie die jungen indischen Frauen mit Kokosmilch das Haar, hingen sich Palmenblätter um die Lenden und schlenderten Arm in Arm über die Feldwege, wobei sie singende Töne ausstießen.

Das alles waren für die Affen, die es ihren erlauchten Vettern gleichtun wollten, bekannte Dinge. Jetzt aber kam ein Neues hinzu – der Kampf der beiden Sekten um die weißen Kühe.

Zwei Tage beobachteten die Affen, zu denen sich infolge des Lärms noch viele Hunderte neugierige Brüder aus den Wäldern gesellt hatten, dieses merkwürdige Spiel der Menschen. Gewiß, ab und zu hatte auch ein Äffchen dem andern schon eine Kokosnuß an den Kopf geworfen, oder ein älterer Mandrill hatte einen Kollegen, der ihm eine Banane wegnahm, zornig in den Popo gebissen oder am Ringelschwanz durch die Luft gewirbelt. Doch daß sie ihre eigenen Wohnbezirke zerstörten, ihre Bäume umrissen oder verbrannten, auf diesen Gedanken waren sie nie gekommen. Aber da die klugen und erlauchten Menschen es taten, mußte wohl ein tieferes Geheimnis dahinterstecken, ein großer Spaß. Denn so etwas konnte man doch nur zu seinem Vergnügen tun.

Also begannen die Affen um Sindahabad zu Hunderten von allen Seiten in die Stadt einzudringen, um sich am Spiel der Menschen zu beteiligen. Und da sie nicht weniger stark, aber viel gewandter und spielfreudiger als die Menschen waren, gelang es ihnen, noch mehr Hütten einzureißen und mit Bambusknüppeln in gleicher Weise die grünen wie die weißen Turbane aus der Stadt zu vertreiben. Hei, wie flogen da die letzten noch unzerbrochenen Tonkrüge an die Köpfe der Menschen! Wie tanzten die Bambusstöcke auf den Rücken

der grünen und weißen Turbanträger! Zu Dutzenden banden die Affen — zu denen Tausende neuer Kameraden aus den Wäldern gestoßen waren — die miteinander kämpfenden Inder an die Ochsenschwänze und jagten sie durch Kot und Schlamm.

Jetzt wollten die Menschen sich gegen die Affen verbünden; aber es war zu spät. Die Affen hatten von der Stadt Sindahabad Besitz ergriffen.

Gewiß, die halbe Stadt war vernichtet. Aber in dem unzerstörten Teil am linken Ufer des Flusses richteten sich die Affen jetzt recht menschlich ein. Sie hatten noch eine Anzahl Menschen in diesem Stadtteil entdeckt und besetzten dort die Wohnplätze. Die Menschen aber wagten es nicht, gegen die gewaltige Zahl der streitbaren Affen, die mit Bambusknüppeln, Äxten und Elefantenstacheln bewaffnet waren, sich zur Wehr zu setzen. So blieben die Affen gemeinsam mit den Menschen in den Häusern. Und sie taten alles, was die Menschen taten, und sehr bald nicht schlechter als diese. Sie — die Affen — aßen jetzt auch aus den Schüsseln, tranken aus den Krügen, badeten im Fluß, melkten die Kühe, webten Leinengewänder und Matten, bauten neue Hütten; einige lernten sogar die Schrift. Und das kleine Schimpansenäffchen Ra saß an der Schreibmaschine in der Amtsstube des Ortes und klapperte mit allen vieren auf den Tasten herum, daß einem Hören und Sehen vergehen konnte.

Aber nicht bloß das Äffchen Ra machte den Menschen alles nach. Auch seine Freundin Ri tat desgleichen, ebenso Ras Eltern, die mächtigen Schimpansen Ramu und Rama. Sie lebten mit der Witwe Tandra und ihrem zehnjährigen Sohn Tuku in einer Hütte. Und wenn Tandra der großen Schimpansin Rama zeigte, wie man den Besen handhabte und die Hütte reinigte, so unterwies der kleine Tuku den Jungaffen Ra, wie man durch Reibung verschieden harter Hölzer Feuer entzündete, ein Loch in ein viereckiges Stück Holz brannte und dort den Hammerstiel einfügte. Andererseits nahm Ra den Tuku mit auf die höchsten Palmenwipfel. Und wenn sie dort die Kokosnüsse geerntet und heruntergeworfen hatten, so lehrte Ra den kleinen Inder, daß man nun nicht erst die Palme hinab- und die nächste wieder hinaufklettern müsse, sondern daß es viel einfacher sei, den Palmenwipfel wie eine Schaukel in Bewegung zu setzen und sich dann in kühnem Schwung auf den Nachbarbaum hinüberzuschwingen. Der alte mächtige Schimpanse Ramu aber konnte so täuschend das furchtbare Trompetengeheul eines wütenden Elefantenbullen nachahmen, daß ein Tiger, der nachts im Ort in der

Witwe Tandras Hütte einbrechen wollte, entsetzt aus der Wohnstätte floh.

So halfen die Affen und die Menschen einander, ohne daß es zu einem größeren Streit kam, wie er dauernd zwischen den Sekten des grünen und des weißen Turbans geherrscht hatte. Einmal zankte sich der kleine Schimpanse Ra mit seiner Freundin Ri, wem eine Trinkschale aus Ton gehöre. Ramu, Ras Vater, fand hierfür eine einfache Lösung: Er nahm die Schale, schlug sie auf Ras Schädel in Stücke — was eine sofortige Beruhigung bei dem erregten Ra erzeugte — und befahl den beiden Jungaffen, unter Tukus Anleitung bis zum nächsten Tag zwei neue Schalen zu töpfern, so daß jeder eine haben könne.

Die Affen aber, denen das Hüttenleben nicht behagte, zogen wieder in den Kokoswald auf die Bäume. Und die Menschen des Ortes, da sie die mächtigen, zahlreichen Schimpansen nicht mehr aus ihren Hütten vertreiben konnten, nannten diese ihre Wohngenossen »Atas«, das heißt »heilige Väter«. Weshalb sollten die Affen nicht heilig sein, da die weißen Kühe als heilig galten. Jedenfalls lebte man so in bestem Frieden. Die Affen und Menschen bauten sogar gemeinsam den von der grünen Sekte zerstörten Stadtteil jenseits des Flusses wieder auf.

Das heißt, eines Tages war es doch ruchbar geworden, daß in der Stadt Sindahabad etwas nicht in Ordnung sei. Ein indischer Steuereintreiber, der im Auftrag der weißen Regierung auf seinem Reitochsen durchs Land zog, sei in Sindahabad gar seltsam empfangen worden. In der Amtsstube, wo er stets die Personenlisten kontrollierte, fand er einen jungen Schimpansen — es war der gelehrige Ra — an der Schreibmaschine sitzen und auf einem eingespannten Papierbogen mit allen vie-

RATIO
Duden

ren eifrig Zahlenreihen tippen. Er glaubte zu träumen. Doch er mußte sich bald vom Leben in der »Affenstadt« — wie er in seinem Bericht Sindahabad bezeichnete — überzeugen. Es war für ihn schlechthin unmöglich, eine richtige Einwohner- und Steuerliste aufzustellen. So kehrte er schleunigst in die Kreishauptstadt zurück und meldete dort, was er gesehen hatte. Nun machte sich ein Obersteuerkontrolleur auf den Weg; aber auch er mußte dasselbe berichten, zumal die Bewohner von Sindahabad es ablehnten, die Steuern nach der dort vorhandenen, sehr zahlreichen »Kopfzahl der Bewohner«, die sich aus Menschen und Affen zusammensetzte, zu entrichten.

Die Sache ging weiter an die Regierung. Und da die Regierung des Landes — wie jede Regierung — strengstens auf Ordnung und Entrichtung der Steuern zu sehen hatte, wurde eine bewaffnete Expedition ausgerüstet, um die Steuern einzutreiben und den Affen den »Zuzug« in die Menschensiedlung zu untersagen.

Nun lag aber Sindahabad in einer sehr entfernten Gegend, die rings von dichtem Wald umgeben war. Die Expedition kam daher nur sehr langsam voran, da sie Proviant und Munition auf Tragbahren mit sich schleppen mußte. Die Affen des ganzen Kreises hatten inzwischen ihre Freunde in der »Affenstadt« durch Rufe, die Tag und Nacht durch den Urwald hallten, schon lange von der drohenden Gefahr benachrichtigt. So eilten denn alle vierbeinigen Stammesgenossen aus den Wäldern ihren Freunden in Sindahabad zur Hilfe. Sie rissen unterwegs die Brücken über den Flüssen und Bergschluchten ein und bombardierten die Soldaten der Expedition von hoch oben aus ihrem Palmenversteck mit wohlgezielten Würfen der harten Kokosnüsse. Nicht wenige Soldaten wurden verwundet und mußten davongetragen werden. Die anderen, denen der Proviant auf dem langen Marsch ausgegangen war, stritten sich um die Nüsse und schlugen aufeinander ein — auch hierbei gab es erneut Verletzte. Die Offiziere konnten keine Ordnung mehr halten und führten schließlich die Expedition zu ihrem Ausgangspunkte zurück, indem sie meldeten, die sogenannte »Affenstadt« Sindahabad existiere überhaupt nicht. Konnten sie doch unmöglich zugeben, was wirklich geschehen war.

Den Steuerkontrolleur aber warf man als einen Falschmelder und Lügner ins Gefängnis. Der Bericht selbst wurde an die Zentrale Obersteuerkontrollkommission zu deren Akten weitergeleitet.

Indessen nach einiger Zeit kamen immer wieder Nachrichten in die Hauptstadt von der seltsamen Stadt Sindahabad, in der Menschen und Affen friedlich miteinander hausten. Die Obersteuerbehörde durfte diese Sache nicht auf sich beruhen lassen. Denn dort, wo Menschen leben, muß auch eine Behörde sein, und wo eine Behörde ist, da müssen auch Steuern eingetrieben werden, und wäre es im tiefsten Urwald oder am kältesten Nordpol.

Um nun sicherzugehen, rüstete man diesmal ein Flugzeuggeschwader aus, das mit Hilfe von Photoapparaten erst einmal die genaue Lage und Beschaffenheit der umstrittenen »Affenstadt« feststellen sollte.

Doch auch hiervon hatten die Affen durch ihr Urwaldsignalsystem rechtzeitig Kenntnis erlangt, da die Flugzeuge staffelweise in einzelnen Etappen flogen und mehrfache Zwischenlandungen vornehmen mußten. Nun eilten viele Hunderte Affen aus den Wäldern nach Sindahabad, schleppten Tausende Palmenzweige, Schilf und Lianenranken herbei, steckten diese im Nu auf den Strohdächern der Hütten auf und maskierten die Stadt so vollkommen, daß nicht die Spur einer Hütte zu erkennen war, sondern von oben das Ganze aussah wie ein dichter Urwald. Andere hundert Affen bauten mit Hilfe der Menschen von Sindahabad eiligst Flöße, auf die sie schnell geflochtene Hütten mit Masken von Dächern stellten; diese Floßstadt ließen sie stromabwärts treiben.

Als nun die erste Flugzeugstaffel, die sich nach dem Flußlauf richtete, plötzlich die Stadt sah, war sie hoch erfreut, die »Affenstadt« am Fluß zwischen den Palmen gefunden zu haben; so machte also diese erste Staffel ihre Photoaufnahmen, drehte um und kehrte heim. Nach zwei Stunden erschien die zweite Staffel, machte ebenso ihre Aufnahmen und ebenso nach weiteren zwei Stunden die dritte Staffel und ebenso die vierte.

Als man nun in der Bildstelle die Aufnahmen entwickelte, stellte sich heraus, daß alle vier Aufnahmen merkwürdig verschieden waren. Es schien zwar dieselbe Stadt zu sein, aber sie lag jedesmal an einer anderen Stelle – einmal an einer Flußkrümmung, das andere Mal an einer breiten Stelle, wo der Fluß sich in zwei Arme spaltete, gleichsam auf einer Insel, das drittemal zwischen einem Palmenwald, das viertemal zwischen Reisfeldern. Man schickte die Aufnahmen an die Zentrale Luftfahrerbildstelle, gemeinsam mit der Zentralen Obersteuerkontrollkommission diese Sache zu überprüfen. Die beiden Kommissionen beschlossen, für solche Fälle eine Zentrale Luftsteuerkontrollbildstelle aus gleichberechtigten Mitgliedern beider Instanzen einzusetzen.

Die Bewohner von Sindahabad aber feierten die gelungene List mit einem großen Fest. Die Menschen tischten ein Gemisch von Reisschnaps und Bananenwein auf, und die befreundeten Affen der Stadt und die Kameraden aus den Wäldern taten sich daran mehr als gütlich. Dazu wurde getanzt, die Menschen bliesen die Flöte und schlugen die Handtrommel, während die Affen ein Bananenblatt zwischen die Handballen nahmen und das Rollen des Donners und das Trompeten des Elefantenbullen nachahmten.

Der junge Schimpanse Ra aber hatte seine Freundin Ri mit einem gelbroten Seidengewand bekleidet, ihr kupferne Armringe übergestreift und forderte sie nun auf zu tanzen. Ri ver-

suchte es zuerst nach Menschenart; aber mit ihrem Ringelschwänzchen griff sie den dünnen Seidenstoff, zog sich das Kleid nach unten, trat mit ihren Hinterpfoten darauf, stolperte und lag am Boden. Die Menschen und Affen lachten. Ra aber war wütend. Vom Reisschnaps erregt, gab er einigen Menschen ein paar schallende Ohrfeigen, während die verwirrte junge Ri jetzt mit dem Kleid durchs Fenster setzte und auf die nächste Palme sprang, wo sie wie ein großer bunter Papagei an einem Ast hin und her schaukelte. Den anderen Affen gefiel das großartig. Sie schrien: »Papagei! Papagei! Wir wollen alle Papageien sein!« Sie stürzten sich auf die Inderinnen, um ebenfalls in den bunten Kleidern als »Papageien« in den Palmenzweigen hin und her zu fliegen. Ra hatte sich jetzt zu seiner Freundin hinaufgeschwungen, ihr das bunte Kleid herabgerissen und eine Kampfstellung eingenommen, wobei er die Zähne fletschte.

Die Sache sah nicht gut aus.

In diesem Augenblick erhob der Schimpansenvater Ramu das Trompetensignal des wütenden Elefantenbullen. Sofort trat Ruhe ein.

Alle Affen kamen herbei und stellten sich im Kreise um den alten Schimpansen. Der aber sprach: »Wir wollten ein Fest mit unseren Freunden – den Menschen – feiern, aber keinen neuen Kampf entfachen. Nun sahen wir, was den Menschen gefällt, ist doch nicht unsere Sache. Das Papageienfell ist nicht unsere Sache, der Feuertrunk ist nicht unsere Sache.« Und zu den Menschen gewandt, fuhr er fort: »Freunde, wir haben euch beigestanden, helft nun auch uns!«

Da trat die alte Inderin, die Witwe Tandra, in deren Hütte Ramu mit den Seinen wohnte, in den Kreis; sie sprach: »Ja, ihr habt uns beigestanden, ihr Freunde vom Walde, daß wir Frieden hatten; deshalb wollen wir den Anlaß des Unfriedens beseitigen.« Und sie zerriß ihr Gewand und schüttete den Reisschnaps und Bananenwein in den Sand. Auch die anderen Inder taten so wie die Witwe.

Und das Fest endete ohne Streit.

In der Stille der Nacht aber kehrte die Mehrzahl der Affen in die Wälder zurück. Als der Fluß vor dem Erblassen des Morgensterns vom Widerschein des Himmels nach dem Blaugrün der Nacht jetzt im Rosalicht zu spiegeln begann, da verabschiedete sich auch Ramu von der Witwe Tandra. »Es ist Zeit zu gehen«, sagte er. »Es war eine gute Zeit zwischen euch und uns; sie soll nicht verdorben werden.«

So ging er aus der Hütte. Bevor die jungen Schimpansen Ra und Ri dem Alten folgten, gab Tuku, der Sohn der Witwe, der jungen Ri einen glänzenden breiten Kupferring. Diesmal lächelte der Schimpansensohn dazu, er rieb freundschaftlich seine Nase an Tukus Nase. Dann verschwand auch er aus der Hütte. Er sprang mit seiner Freundin Ri auf die nächste Palme, und beide schaukelten in mächtigen Schwüngen von Wipfel zu Wipfel, bis sie im tiefen Walde verschwanden.

Tuku stand in der Morgenstille und schaute ihnen nach.

Die alte Tandra aber neigte sich in der Hütte zur Erde und betete leise den altindischen Spruch: »Alle lebenden Wesen mögen ohne Schmerzen sein!«

DER GOLDFISCH »THE KING« UND DER KATER PIERRE

An der azurblauen Küste Südfrankreichs lag eine große silbergraue Motorjacht. Sie gehörte dem reichen jungen Amerikaner Blackwood, Harry Blackwood. Die Jacht war nicht wie die anderen Luxusboote mit vielen Wimpeln über die Toppen geflaggt; sie trug außer dem Sternenbanner nur noch die chinesische Fahne mit einem seltsamen Schriftzeichen. Dies aber war »The king« zu Ehren.

Die ganze Jacht hatte man eigentlich nur für »The king« gebaut. Auch daß sie die tausend Meilen von Amerika nach Südfrankreich gefahren war, geschah wegen »The kings« Gesundheit, der nach dem Urteil hervorragender Ärzte diesen Klimawechsel brauchte.

»The king« war ein Goldfisch.

Natürlich kein gewöhnlicher Goldfisch — das besagt schon sein Name »The king«: der König. Er war Mr. Blackwoods Gattin Maud in Hongkong von einem uralten Chinesen namens Fung, wie dieser sagte, »mehr geschenkt als verkauft« worden, obschon der Preis für das Fischchen immerhin zehntausend amerikanische Dollar betrug.

Damit hatte es nun diese Bewandtnis.

Mr. Blackwood, der sich ebenso wie Maud zu Hause furchtbar langweilte, war mit seiner jungen Frau in Hongkong in einen Antiquitätenladen getreten, um irgendeinen Gegenstand aus der Tsin oder Mingdynastie zu erwerben: einen Silberspiegel mit einer Fassung aus metallenem Filigran, das wie glitzernde Spinnweben um ihn lag, eine Mandarinmütze mit einem Edelsteinknopf aus violettem Amethyst, gelbem Beryll und blauem Saphir oder einen Kimono aus schwarzer Seide mit eingestickten rosa Flamingos. Und da stieß Maud plötzlich einen Schrei aus. Sie stand vor einem Glasbassin, in dem kleine rote Korallenbäume, winzige weiße Seerosen und zierliche gelbe Jaspisbrücken sich unter Wasser befanden. Und zwischen dieser submarinen Wunderlandschaft glitt ein seltsames Fischchen ruhig daher, verschwand zwischen den roten Korallenbäumchen, tauchte unter den Jaspisbrücken wieder auf und ruhte — ein goldener Fleck — neben den winzigen Seerosen. Maud war wie gebannt von dem Anblick

dieser Unterwasserwelt. Sie war entzückt und begehrte sogleich, das kleine Aquarium zu erwerben. Doch der alte Chinese erklärte, das Bassin und vor allem der Goldfisch seien unverkäuflich. Jetzt wurde auch Mr. Blackwood begierig auf das seltene Objekt; er fragte, was denn an dem kleinen Aquarium so wertvoll sei? Der alte Chinese erwiderte, daß in dem Goldfisch »The king« die Seele eines vor Tausenden Jahren verstorbenen Weisen verborgen und wiedererstanden sei. »The king« habe die Fähigkeit, seinem Besitzer Glück und langes Leben zu verleihen, zugleich mit der Gabe, die geheimen Gedanken der Menschen zu erraten.

Es ist klar, daß Mr. Blackwood und seine Gattin nunmehr unbedingt den wunderbaren Goldfisch besitzen mußten. Lange sträubte sich der alte Chinese. Schließlich willigte er zu dem enormen Preis von zehntausend Dollar ein; dabei stellte er die Bedingung, daß sein Sohn Feng als Pfleger des Goldfisches, dessen Leben solange wie das des uralten verstorbenen Weisen währen würde, bei Mr. Blackwood angestellt bleibe.

So wurde man handelseinig.

Die Blackwoods strahlten vor Glück. Auf einem großen Ozeandampfer nahmen sie ein Luxusabteil von zwei Räumen und einem Salon. In dem Raum neben dem Salon, wo »The king« in seinem Bassin lebte, schlief der junge Chinese Feng, doch so, daß er durch die offene Tür das Goldfischchen stets beobachten konnte. Mrs. Maud Blackwoods erste Frage am Morgen durch den Türspalt war: »Wie geht's ihm? Hat er gut geschlafen?« Worauf Feng erwiderte: »Splendid, Mylady! Er ist gerade aufgewacht und schaut ständig nach Ihrer Tür.«

Jetzt gab es kein Halten für Maud. In ihrem Pyjama stürzte sie in den Salon, preßte ihr Gesicht an die Glaswand des Bassins und flüsterte zärtlich: »Guten Morgen, mein Goldherz! Guten Tag, mein Sonnenäuglein, kennst du mich noch?« Und wenn dann das Goldfischchen bei seinem Hinundherschwimmen gerade bei ihr vorbeikam, so rief sie: »Wie es sich freut, daß ich da bin!« Und dann fütterte sie »The king« mit kleinen getrockneten Mehlwürmern, Ameiseneiern und gestampften Pistaziensamen. Auch Mr. Blackwood war jetzt hinzugetreten. Er hatte Mauds Bademantel mitgebracht und ihr übergelegt. Das Fischchen schwamm nun zum entgegengesetzten Ende des Bassins.

»Du hast es erschreckt! Du bist roh! Wie kann man nur solch ein Tierchen erschrecken!« fuhr sie Harry an.

»Ich wollte es nicht — entschuldige.«

»Still! Es kommt wieder!« mahnte Maud.

Sie waren wirklich die ganze Seereise bis New York sehr glücklich. Maud hatte weder Migräne, noch wünschte sie plötzlich Ski zu fahren oder die Reise im Flugzeug fortzusetzen. Sie war ganz mit »The king« beschäftigt und hatte keine Wünsche. Sie war einfach glücklich. Auch Feng, dem jungen Chinesen, ging es gut. Er hatte den ganzen Tag nichts weiter zu tun, als dem Goldfischchen sein Futter ins Wasser zu streuen, immer nur ganz wenig, und die Zufuhr von Frischwasser und Sauerstoff durch je ein Röhrchen zu regeln.

So kam man nach New York.

Dort in Blackwoods großem Hause am Zentralpark wurde für »The king« ein eigenes Zimmer hergerichtet, ganz in chinesischem Stil mit kleinen Tempelchen aus Bambusrohr, an deren geschwungenen Giebeln viele verschieden gestimmte silberne Glöckchen hingen; dort standen blühende Zwergkirschenbäume, Magnolien mit großen weißen Blütenkelchen, kleine Mangobäume mit orangegelben Früchten. Mandrilläffchen kletterten mit ihren Ringelschwänzchen, dem gelben Kinnbart und den roten Näschen auf den Bäumen und den Tempelchen umher. Dieses Chinazimmer durfte man nur in Seidenkimonos, die im Vorraum hingen, betreten. An Stelle der amerikanischen Schuhe wurden bastgewebte leichte Pantoffeln angestreift. So erst konnte man durch die seltsame Landschaft der blühenden Zwergkirschen, der Magnolien und Bambusstauden zu der Mitte des Raumes gelangen — zu einer Steingrotte aus echt chinesischem Felsgeröll und zu einem mächtigen Glasbassin mit der ganzen wunderbaren Unterwasserwelt, in der »The king« sich bewegte. Bei diesem geradezu fürstlichen Aufwand muß man bedenken: Das Glück und das lange Leben von Maud und Harry hing ja von dem Wohlbefinden von »The king« ab. Hinzu kam das Erraten der Gedanken der anderen Menschen.

Oft brachen die Besucher in Entzücken aus. »Wie wunderbar!« sagten sie. »Wie himmlisch!« Und als Maud ihrer Freundin Harriet die Geschichte des in das Goldfischchen verwandelten Weisen erzählte, da umarmte sie Harriet und meinte: »Oh, welch tiefe Wahrheit liegt doch in dieser uralten Lehre, daß die unerlösten Seelen der Menschen sich in Tiere verwandeln und nach Tausenden von Jahren wiederkehren — zauberhaft, ist es nicht so?«

»O ja!« erwiderte Maud.

Nachher jedoch erklärte Maud ihrem Gatten: »Hast du nicht gesehen, wie sie uns um ›The king‹ beneiden? Sie würden heute das Dreifache für ihn bezahlen! Still, Harry, du bist nicht auf ihn eingestellt; sonst könntest auch du die Gedanken der Menschen lesen, so wie der alte Chinese es uns sagte.«

Draußen aber meinte Mauds Freundin, als sie im Wagen davonfuhr, zu ihrer Mutter: »Was für einen Unsinn Maud geredet hat mit dem in einen Goldfisch verwandelten chinesischen Weisen!«

»Und zehntausend Dollar für solch einen Spleen!« ergänzte die Mutter. »Wenn ich Mauds Mann wäre ...«

Maud jedoch war furchtbar stolz auf ihren einzigartigen »The king«. Und da sie zudem auch furchtbar reich war, brachten die illustrierten Zeitschriften Bilder von Mrs. Blackwood und dem uralten Fischchen, dem letzten Exemplar einer ausgestorbenen Art. Der berühmte Zoologieprofessor Strawberry aber, dem Maud eine Studienreise auf fünf Jahre ins Ostchinesische Meer und zu den Riu-Kiu-Inseln nebst fünfzig Kistchen Havannazigarren zugesagt hatte, Professor Strawberry legte in der Broschüre »Zur Ahnenforschung der Goldfische« einwandfrei dar, daß eine solche Art der Carasius aureatus nur noch in versteinerten Abdrücken gewisser Schleierschwänze aus der Diluvialzeit, das heißt Zehntausende Jahre vor unserer Gegenwart, nachweisbar sei.

Jetzt wurde die Sache ernst. Mauds Stolz auf »The king« nahm zu; zu nahm das öffentliche Interesse an dieser ungeheueren Kostbarkeit; zu nahm die Sorge der Blackwoods, daß dem enorm wertvollen Goldfischchen etwas zustoßen, daß es geraubt werden könne. Tag und Nacht patrouillierten zwei Geheimpolizisten vor dem Haus. Das Wasser im Bassin wurde jetzt nicht bloß durch zwei Thermometer ständig auf seine Wärme kontrolliert; es wurde vielmehr abgekochtes und chemisch keimfreies Wasser, mit Sauerstoff gemischt, unablässig zugeleitet. Auch wurden fast alle Wasserpflanzen, die Algen und Seerosen entfernt, da das Fischchen sich oft darunter verbarg und nicht beobachtet werden konnte.

Eines Tages wollte »The king« nicht mehr fressen und blieb regungslos im Wasser stehen. Die Ärzte waren ratlos. Schließlich kam der klügste von ihnen auf den Gedanken,

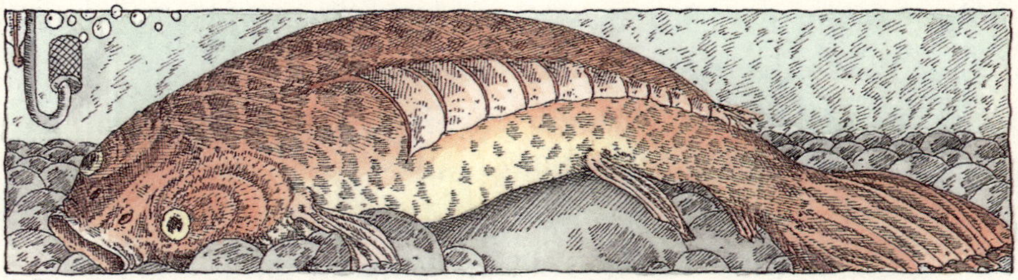

»The king« müsse auf Reisen, er brauche einen Klimawechsel; das rege allgemein den Appetit an; am besten sei ein mildes Seeklima wie das chinesische.

Schleunigst wurde mit Flugzeugen warmes Ozeanwasser aus Florida herbeigeschafft. Das bekam dem Goldfisch nicht schlecht. Dennoch befahl Mr. Blackwood, das große Bassin eiligst in die neue Luxusjacht einzubauen. In einer dunklen Nacht verließ die Jacht »Pi-Pa-Po« mit unbekanntem Ziel die amerikanische Küste.

Und nun lag sie hier in dem kleinen, azurblauen, südfranzösischen Hafen, umfächelt von der gleichmäßigen feuchten Wärme, die von dem milden Seewind genährt wurde.

Maud und Harry waren glücklich wie nie. »The king« schwamm wieder munter zwischen den Korallenbänken und Seerosen umher. Und Feng, der treue Wächter, saß entweder, in einer Detektivgeschichte schmökernd, vor der kleinen, im Wasser herumflitzenden Kostbarkeit; oder wenn die Blackwoods an Land ins Hotel »Fruits de mer« zum Essen gingen, lag er an Deck und sonnte sich. In solch einer Stunde, da Feng die Spitzen der prickelnden Sonne an seiner Haut spürte, geschah es, daß plötzlich etwas an Deck flog. Es war keines der Abenteuerheftchen, die der Händler alle zwei Tage ihm hinüberwarf. Es war eine Katze, das heißt, wie sich bald herausstellte, der große grau-weiß gestreifte Kater Pierre.

Hier müssen wir ein wenig die Geschichte von dem Goldfisch »The king« unterbrechen und von den Katzen in dem französischen Fischerdorf Sanary berichten, von jenen Katzen, die keineswegs Katzen sind wie andere Katzen. Denn diese Sanaryer Katzen sind geachtet wie Menschen, mehr noch: wie hochgestellte Persönlichkeiten. Sie ruhten tagsüber mit halbgeschlossenen Augen auf den Kaimauern, den Balkons und den Treppen in der Sonne; und niemals würde ein Bewohner von Sanary es wagen, eine Katze von der Treppe zu jagen oder nichtachtend über sie hinwegzusteigen. Wenn ein Mensch durchaus die Treppe benutzen muß, so balanciert er seitwärts an der Kante, um die schlafenden Katzenherrschaften nicht zu stören.

Da war also vor allem der große graue Tigerkater Pierre. Er lag tagsüber auf seinem angestammten Platz, auf dem gelben Briefkasten am Marktplatz neben der Mairie. Meist hing sein schwarz-grau gestreifter Schwanz gerade so herab, daß man keine Briefe einwerfen konnte. Nun, dann mußte man eben bis zum Abend warten, bis Pierre es für richtig fand, vom Briefkasten herabzuspringen und zum Hafen zum Sprottenessen zu gehen. Im übrigen machte es ja wirklich nichts aus, wenn ein Brief mit großartigen Versen, daß das Meer hier so blau sei wie die Augen von Mlle. Madeleine, oder mit Rechnungen über zweihundert Liter gelieferten roten Pinard und fünfzig Liter Olivenöl ein bis zwei Tage später in den gelben Briefkasten gelangte, weil man Pierre nicht stören konnte. Denn die Menschen in Sanary hatten immer Zeit. Das hatten sie in manchen hundert Jahren von den Katzen gelernt.

Abends aber wurden die Katzen lebendig. In ganzen Rudeln kamen sie aus der Stadt und den Weinbergen zum Hafen herab. Hauskatzen und wilde Katzen, edle langhaarige Angorakatzen, sehnige vagabundierende Landstreichertypen und behäbige fette Katzen, die tagsüber in den Läden der Lebensmittelgeschäfte ruhten. Sie alle erschienen abends am Hafen, wenn die Fischerboote einliefen und Millionen kleiner Sprotten und Sardinen auf die noch sonnenwarmen Steinplatten des Kais geschüttet wurden. Dann zuckten abertausend winzige Fischchen wie Blitze umher, und ein lebendiges Wetterleuchten schnellte zentimeterhoch über den Boden. Das Katzenheer aber stürzte sich jetzt unter ohrenbetäubendem Geheul und Miauen darüber und fraß, bis es zum Platzen gesättigt war. Keiner der Fischer und Fischerfrauen, die ihre Netze an Land warfen und von Tang reinigten, wäre auf den Gedanken gekommen, die Katzen hieran zu hindern.

Einem unkundigen Fremden, der einmal die Katzen wegscheuchen wollte, sprang der Kater Pierre auf die Schulter und verabfolgte dem Frechling eine Serie derartig krallenscharfer Ohrfeigen, daß der Fremde hilflos zu Boden fiel,

ohne deshalb Pierre sogleich loszuwerden. Die Fischer aber brachen ob dieser verdienten Bestrafung des Ausländers in ein orkanartiges Gelächter aus; die Katzen heulten vor stolzem Vergnügen.

Der Kater Pierre war der Held des Tages.

Das alles muß man wissen, um die folgenden Ereignisse zu verstehen. Denn gerade an diesem Hafenstädtchen Sanary war ja die Luxusjacht des erholungsbedürftigen Goldfisches »The king« vor Anker gegangen.

In der Tat, in dieser himmlisch leichten Luft, wo die eingeborenen Katzen, Kater und Menschen solch friedliches und glückliches Leben miteinander führten, schien auch »The king« neu aufzuleben. Sein großes Bassin wurde jede Woche einmal mit dem echten, naturwarmen Meerwasser aufgefüllt, mit allen kleinen Algen, Pflänzchen und kleinen Meertierchen. Und nun schwamm der kostbare Goldfisch wieder quickvergnügt und munter in seinem Wasserreich umher.

Aber die wunderbare Luft wirkte auch auf die menschlichen Bewohner der Jacht ungemein belebend. Die Mannschaft des großes Segelbootes hatte gute Tage; die Jacht lag ja vor Anker.

Die Matrosen gingen an Land, spielten dort »Boule« und Roulette, tranken den Pinard — den herben, roten Landwein — und tanzten mit den jungen Französinnen.

Wie gut hatten es die Matrosen!

Auch Mr. Blackwood mußte öfters an Land, um »die Schiffspapiere in Ordnung zu bringen«. Einmal kam er erst spätnachts in fröhlichster Stimmung an Bord zurück; das konnte nicht mit den Schiffspapieren zusammenhängen.

Maud sprach zwei Tage lang kein Wort mit ihm; sie schlief im Salon auf der Couch neben dem Bassin von »The king«.

Sie wollte allein sein mit der Seele des chinesischen Weisen. Sie schickte sogar Feng hinaus. Sie brauche ihn heute nicht.

So ging auch Feng an Land.

Es war ein Morgen, wie ihn nur diese Meeresküste kennt. Der Seewind strich mit leisem, hohem Giemen um die Felskanten der Vorgebirge, auf deren Höhen die Ruinen der verlassenen Sarazenenstädte liegen. In der Bucht des Hafenstädtchens schaukelten kaum merkbar die Fischerboote, die nicht ausgelaufen waren, weil man die Netze flickte oder weil die Besitzer bereits genug gefangen hatten und nun am Kai mit den Stahl- und Messingkugeln »Boule« spielten. Alte weißbärtige Männer, pensionierte Gerichtsräte in dunklen Gehröcken, Fischer in braunroten, teergefleckten Hosen, junge halbnackte, athletische Heizer nur in blauen Zwilchhosen und ärmellosen, zerschlissenen Netzhemden — sie alle spielten gemeinsam das Volksspiel, da man ein Holzklötzchen (»la cochonette« oder »das Schweinchen«) und die es belagernden feindlichen Kugeln mit den eigenen Metallkugeln oft aus dreißig Meter Entfernung treffen, wegschieben, herausschießen muß. Von morgens bis abends spielen die erwachsenen Menschen dies Spiel unter den Palmen und Agaven dieser himmlischen Landschaft. Und alles, was Zeit hat im Städtchen — und es haben viele Zeit —, steht dabei und sieht zu.

Auch Feng, der Wächter von »The king«, ist unter den Zuschauern. Auch ihn erfaßt die Leidenschaft, wenn ein guter »tireur« mit einem steilen Wurf aus zwanzig Metern die gegnerische Kugel von dem »Schweinchen« wegschießt. »Spiel mit, Chinese!« meint ein vollblütiger, dicker Fischer in braunroter Hose, den alle »Le rouge« nennen. »Versuch's! Ein neues Spiel beginnt, du bist auf unserer Seite!«

So hat Feng den ganzen Tag mit den Spielern verbracht. Wie der Abendwind aufkommt, geht man heim zum Essen.

»Le rouge« nimmt Feng zum Abendbrot mit. Sein Haus liegt in einer der Nebengassen. Vor der Tür stehen noch die Holzgestelle mit Artischocken, Salaten, Bananen, Ziegenkäse, Oliven und Feigen; dieses kleine Geschäft betreiben Madame »Le rouge« und ihre Tochter Thérèse. Wenn man durch den kühlen Laden und das halbdunkle anschließende Wohnzimmer geht, kommt man in einen winzigen Garten, wo unter einem alten Feigenbaum mit seinen breitfingerigen Blättern der Abendtisch schon gedeckt ist. Hier speist nun Feng mit der Familie des »Le rouge« — als Kompagnon des Alten im Boulespiel — ein ebenso angenehmes leichtes wie solides Mahl, bei dem in Öl gebackene Sardinen mit Oliven und der Pinard mit Früchten und Käse die Hauptrolle spielen. Nicht zu vergessen die heiteren Gespräche und die junge Thérèse, die einige provenzalische Volkslieder zum besten gibt. Nicht zu vergessen auch der große Tigerkater Pierre, von dem schon früher die Rede war. Pierre weicht nicht von Thérèses Seite; er fühlt sich verpflichtet, ab und zu in rührenden Tönen mitzusingen. Schließlich springt er Feng auf die Schulter und reibt seinen gekrümmten Rücken schnurrend an Fengs Kopf. »Das tut er nie so bei Fremden«, meint Thérèse, »es bringt Glück! Pierre ist ein Glückskater!«

Die ersten Sterne scheinen schon durch die Blätterfinger des Feigenbaumes, da entsinnt sich Feng voll Unruhe, daß er heim muß. Er berichtet vom Goldfisch »The king«. Man hält das Ganze für einen guten Witz. Zumal »Le rouge« selbst zwei Goldfische besitzt, in einer großen gläsernen Wasserglocke, die auf dem Fensterbrett hinter der Gardine steht.

Doch dann begleiten Vater »Le rouge«, Madame und Thérèse ihren Gast zum Hafen. Der Alte rudert Feng hinüber zur Jacht.

Das Leben auf der Luxusjacht von »The king« nimmt wieder seinen gewohnten Gang. Am nächsten Sonntag bittet Feng erneut um Landurlaub.

»Weshalb?« fragt ihn Mrs. Blackwood.

»Jeder Mensch muß einmal an Land!« antwortet Feng.

Mrs. Blackwood sieht ihn durchdringend an; dann sagt sie: »Oh, ich weiß, du hast eine Freundin im Hafen, in solch einer schmutzigen Kneipe. Siehst du, ›The king‹ gibt mir die Kraft, die Gedanken der Menschen zu lesen! Habe ich recht?«

»Ich will an Land!« beharrt Feng.

»Geh!« zürnt Mrs. Blackwood.

Feng rudert los. Er rennt zum Hause von »Le rouge«, wo Madame und Thérèse sich gerade zum Kirchgang fertigmachen. Feng meint, in der Kirche sei es kalt; er möchte mit Thérèse ein wenig im Garten in der Sonne sitzen oder zu den Boulespielern gehen. Schließlich willigt Madame ein. Die beiden jungen Leute schreiten die enge schattige Gasse hinab; doch plötzlich nimmt Thérèse den Freund bei der Hand und steigt mit ihm den Berg hinauf, immer höher durch die verwilderten, steinigen Weinberge und Gärten mit den uralten, knorrigen Oliven- und saftigen Feigenbäumen, bis sie in eine der ausgestorbenen Sarazenenstädte kommen, die wie Festungen hoch an der Steilküste des Meeres thronen. Thérèse führt den jungen Chinesen in ein altes Gebäude mit schwarzen Granitsäulen. Sie schreiten durch die leeren Räume über Böden mit bunten, eingelegten Steinbildern, zwischen denen Gras und Moos wuchern. Dann kommen sie in den Innenhof zu einem Brunnen, der ganz von blau- und lilablühenden Glyzinien umrankt ist. In seiner Mitte steht ein Pelikan aus Bronze; er bohrt sich den Schnabel in die Brust; und aus der Wunde strömt Wasser, das unter dem Schein der violetten Blumen wie dunkles Blut scheint.

Den ganzen Tag strolchen die beiden durch die wilden Gärten der verlassenen Stadt. Und wie sie abends zum Hafen hinabsteigen, da wissen sie mehr voneinander und ihrer Liebe — der junge Chinese Feng und Thérèse, das Mädel von Sanary.

Jetzt ist der Dienst nicht leicht bei »The king«, dem kleinen Goldfisch. Denn die Zeit von Sonntag zu Sonntag wird Feng endlos lang. Als er in einer Nacht schlaflos auf der Couch liegt, hört er ein leises Miauen. Er springt auf. Draußen hat ein Nachen längsseits festgemacht, und Thérèse legt den Finger an den Mund, während sie schon durch die Luke schlüpft wie eine Katze und Pierre, der Kater, lautlos in den Salon springt.

Dieses Glück! Sie hatten sich schon fünf Tage nicht gesehen. So viel gab es zu erzählen — ob sie ihn vermißt habe, ob er sie denn ganz vergessen habe, wie die Mutter über ihn denke, wohin sie am nächsten Sonntag gehen werden? Plötzlich hören sie ein Geräusch wie tropfendes Wasser. Feng bleibt fast das Herz stehen. Im matten Licht des blauen Notlämpchens sieht er, wie Pierre, der Glückskater, mit seiner krallenbewehrten Pfote sich gerade »The king« aus dem Bassin geangelt hat und — schwapp! — hat er das zappelnde Fischchen verschlungen. Feng stürzt sich auf den Kater.

Zu spät!

»Verfluchtes Katzenvieh!«

»Still, nicht fluchen!« flüstert Thérèse und hält ihm den Mund zu. »Pierre ist ein Glückskater!«

»Unsinn! ›The king‹ hat zehntausend Dollar gekostet! Man wird mich dafür verantwortlich machen und ins Gefängnis werfen!« klagt Feng unter Tränen.

Doch Thérèse wischt ihm die Augen mit ihrem Rockzipfel

ab, küßt ihn und sagt: »Sehr einfach, wir tun einen unserer Goldfische hinein; ich renne sofort heim, in einer Stunde bin ich wieder hier.«

»Wenn die Lady morgen früh das leere Bassin sieht ...«

Aber Thérèse geht schon zur Luke, hinauszuklettern. Da ist es Pierre, der Kater, der mauzend umherspringt und zu singen beginnt: Mehr! Mehr! – »The king« hatte ihm offenbar gut gemundet.

Plötzlich blendet ein Lichtkegel in den Raum ... Mr. Blackwood steht in seinem Pyjama mit der Taschenlampe im Salon. Feng fällt vor ihm auf die Knie. Doch Thérèse zieht ihn von hinten hoch und erklärt: *sie* sei an allem schuld!

Entgeistert blickt Mr. Blackwood auf das leere Bassin. Wortlos hört er Thérèses Plan. Wortlos und schaudernd verschwindet er wieder in seinem Schlafkabinett.

Am nächsten Morgen erscheint Mr. Blackwood bleich und übernächtig im Salon.

»Wie siehst du denn aus, Liebling?« fragt ihn Maud. »Du hast ›The king‹ ja noch gar nicht begrüßt!«

Mr. Blackwood richtet seine Blicke auf das Bassin, wo ein Goldfischchen munter zwischen den Korallenbäumen und den kleinen Seerosen schwimmt.

»Komm, füttere ihn!« befiehlt Maud.

Und Mr. Blackwood streut dem Goldfischchen Ameiseneier und getrocknete Holzwürmer hin, die das Fischchen mit ausgezeichnetem Appetit frißt. Maud ist glücklich wie je. Harry allerdings scheint die Luft in den Bootsräumen nicht mehr zu bekommen. Er geht wieder öfter an Land. Man sieht ihn in Tanzbars und im Spielsalon. Maud ist jetzt viele Stunden mit ihrem goldbeschuppten »chinesischen Weisen« allein. Denn auch Feng besteht darauf, daß er zweimal in der

Woche Landurlaub bekommt, um frisches Fischfutter zu kaufen und seine Besorgungen zu machen.

Feng hat die Freiheit geschmeckt. Er ist mit Vater »Le rouge« in dessen kleinem Kutter zum Fischfang gefahren. Er bedient abwechselnd mit dem Alten die Segel und das Ruder, spürt wieder seine jungen Muskeln und atmet den starken Seewind. Das tut besser, als den ganzen Tag im dunstigen Salon vor dem Goldfischchen zu sitzen und Wache zu halten vor »The king«, der nicht »The king« ist. Einmal ist auch Thérèse mit hinausgesegelt, weil zwei besser die Netze einholen können, während der dritte das Boot steuert. So kommt es, daß der junge Chinese, als bei der unruhigen See die Netze gefährdet waren, drei Tage und Nächte draußen blieb, um dem Vater »Le rouge« und Thérèse zu helfen.

Wie er wieder an Bord der Jacht zurückkehrt, sitzt Mrs. Blackwood vor dem Goldfischbassin. Sie fährt wie eine Tigerin hoch: »Du Pflichtvergessener! Schändlicher! So achtest du ›The king‹?! So versiehst du deinen Dienst?!«

Bei dem Worte »The king« — diesem ehrwürdigen Namen des Goldfischchens, das die Seele des uralten chinesischen Weisen in sich trug — muß Feng plötzlich lachen. Mrs. Blackwood aber ist darüber so erzürnt, daß sie sich vergißt und ihm ein paar saftige Ohrfeigen verabreicht, worüber sie selbst erschrickt. »Was war das?« fragt sie verwirrt. »Was willst du?«

»Ich will meine Freiheit«, erwidert Feng.

Nun ruft Mrs. Blackwood um Hilfe, sie ruft und ruft, bis Harry, ihr Gatte, eintritt, noch im Pyjama, in angenehmer Heiterkeit. Denn in letzter Zeit hat er sich mehr und mehr dem Alkohol ergeben.

»Er will seinen Dienst bei ›The king‹ nicht mehr versehen!« Sie zeigt auf Feng. »Aber die Strafe wird nicht ausbleiben!« klagt sie und kniet vor dem Bassin nieder, in dem das Goldfischchen, durch die Geräusche beunruhigt, sich in die Korallenriffe flüchtet. – »Schau nur, wie er sich beleidigt zurückzieht! Der Geist des Weisen wird den losen Burschen züchtigen! Ich aber verlange, daß er diese ganze Woche hierbleibt! Befiehl auch du es ihm, Harry!«

»Befehle nützen nicht viel«, erwidert Feng, »auch ich habe mein Leben.«

»Es ist, wie das unsere, ›The king‹ geweiht!« erklärt ihm Maud.

»Und wenn ›The king‹ nicht mehr lebt?« platzt Feng heraus.

Totenstille.

Maud stürzt zu dem Bassin, wo das Fischlein schwimmt; sie fährt auf gegen Feng: »Nicht mehr lebt?? Erbärmlicher!« – Und dann rasend zu Harry: »Prügle ihn für die Niedertracht, für diese Lüge!! Strafe ihn im Namen ›The kings‹!«

»Hallo, Maud, weshalb so grausam?« lächelt Mr. Blackwood heiter und nach seinem fünften morgendlichen Glas Whisky. »Ob ›The king‹ lebt oder nicht, gib dem Jungen wirklich etwas Freiheit!«

Maud steht jetzt dicht vor Harry, sie hat ihn an den Schultern gepackt, sie starrt ihm in die Augen, sie schüttelt ihn: »Ob ›The king‹ lebt oder nicht ...«

Da schlägt auch Harrys wohlerzogene Ruhe plötzlich in trotzige Empörung um: »Laß mich in Dreiteufelsnamen endlich in Frieden mit dem blöden Fisch, der gar nicht mehr ›The king‹ ist, nachdem die Katze ihn vor drei Wochen gefressen hat! Verzeihung, ein Kater war's, ein prächtiger grau-weiß gestreifter Kater, der nachts an Bord kam und deinen alten chinesischen Weisen aus dem Bassin herausangelte und verzehrte und danach vor Wonne toll mauzend herumsprang; stimmt's, boy?«

»Feng!« schreit Mrs. Blackwood auf, »Feng! Eine Katze hätte ihn …«

»Nein, Mylady, keine Katze; es war der Kater, der Kater Pierre, der ihn fischte und fraß.«

Mit einem furchtbaren Aufschrei stürzt Mrs. Blackwood besinnungslos zu Boden.

Noch am gleichen Abend lichtet die Jacht die Anker und sticht mit unbekanntem Ziel in See.

Ohne Feng.

Feng ist entlassen. Er hat sein Bündel geschnürt.

Einen Augenblick scheint Feng bestürzt. Doch dann weiß er, wohin er zu gehen hat.

Der alte »Le rouge« begrüßt den Jungen mit freudigem Hallo, da er schon lange einen kräftigen Matrosen für sein Segelboot braucht. Auch Mutter »Le rouge« ist gar nicht überrascht, daß Monsieur Feng nunmehr dauernd bei ihr essen und wohnen wird.

Am wenigsten traurig aber ist Thérèse. »Endlich! Endlich!« sagt sie und umarmt ihren Freund so stürmisch, daß Pierre mahnend zu mauzen beginnt.

Dann rennen alle drei zum Hafen, weil Feng in der Verwirrung sein Bündel an Bord gelassen hat. Aber die Jacht ist bereits auf dem Meer.

Da stehen sie nun am Kai, Thérèse, Feng und Pierre; sie schauen, wie die Masten und Rahen des großen Segelbootes hinter der dunkelroten Schneide des Horizontes verschwinden und wie die weißen Möwen ihre Flügelspitzen in den Wellen kühlen. Morgen wird Feng, der junge Chinese, mit

dem Vater »Le rouge« als sein Gehilfe in dessen Kutter auf Fischfang fahren, und Thérèse, die neben ihm steht, wird ihnen helfen. Auch der in ein Goldfischlein verwandelte uralte chinesische Weise, der nun wieder verwandelt wurde, wird gewiß kaum etwas dagegen haben.

»Stimmt's, Pierre?« fragt Feng den großen grau-weiß gestreiften Kater, der neben ihnen sitzt und zufrieden auf das warme dunkelnde Meer schaut.

Pierre schließt halb die Augen.

DAS ALTE UND DAS JUNGE PFERD

Ajax und Aki

*A*jax war eine Sonderklasse selbst unter Rassepferden. Er war ein irischer Sprunghengst, ein »hunter«, zu Jagdrennen über Gräben und Hecken geschaffen, mit breiter kräftiger Brust, einem schmalen Kopf und – was das Wichtigste ist – abwärts der festen Schenkelmuskulatur mit stählernen schlanken Fesseln an der Vorder- und Hinterhand versehen. Nicht zu vergessen sein seidiges Haar, das in der Sonne wie rötliches Gold glänzte.

Ein Goldfuchs.

Aber all diese Eigenschaften wogen nichts gegen den heißen Trieb, jenen unbändigen Ehrgeiz, stets der Erste zu sein, auf der Rennbahn oder auf freiem Feld. Und dieser feurige Trieb erhielt ihn so jung, daß er noch mit zehn Jahren eine schwere Sprungkonkurrenz gegen sechs- und achtjährige Pferde gewann. Unter diesen jüngeren Pferden befand sich auch sein Sohn Achilleus. Der alte Ajax war sehr stolz auf seinen Sohn. Achilleus – oder »Aki«, wie ihn die Stallknechte mit seinem Kosenamen nannten – zeigte all die hervorragenden Anlagen des berühmten Sprunghengstes. Er scheute vor keiner Hecke oder Barriere zurück; er nahm den mit Wasser gefüllten breiten Graben, ohne eine Sekunde zu zögern. Wenn ihn sein Trainer an die feste Mauer heranritt, versammelte er sich kurz, ohne seinen flüssigen Galopp zu stoppen, aus gutem Gefühl auf der Hinterhand, alle Kraft, Intelligenz und Kühnheit in die massiven Schenkel legend, und dann — wie ein Geschoß losschnellend, die Vorderfüße hoch zur Brust reißend — setzte er langgestreckt über die steinerne Mauer. Man merkte, es machte Aki direkt Freude zu springen. Man brauchte ihn nicht zu treiben. Er war begabt, ungewöhnlich begabt. Vater Ajax schaute voll Stolz auf seinen Sohn, wenn er auf der Bahn über Hecken, Barrieren, Gräben und die Mauer mehr flog als sprang.

Aki hatte man bis zu seinem vierten Jahr in reinem Training gehalten. Die gute Hälfte des Tages tollte er in der Koppel umher, fraß, spielte mit den anderen jungen Pferden, wälzte sich im taufeuchten Gras, absolvierte seine Übungen in den verschiedensten Gangarten an der langen Leine und wurde ab und zu von einem federleichten Jockey über die Hindernisse geritten. Sein Rückgrat sollte noch nicht zu sehr belastet werden. Auch die bandagierten Fesseln und Fußgelenke mußten sich erst langsam an die schwerere Sprungarbeit gewöhnen. Ein zu starker Druck, ein einziger Fehlsprung konnten das wertvolle junge Tier zuschanden machen. Der Rennstallbesitzer betrachtete Aki als Favoriten der nächsten Jahre. Und auch Vater Ajax beobachtete tagsüber sachkundig die Arbeit seines Sohnes, um ihm abends seine Ratschläge und Ermahnungen zu erteilen, obwohl er sah, daß sein Sprößling alle Aufgaben spielend erledigte, wozu er selbst viel Schweiß und Mühe hatte aufwenden müssen. Aki, der noch durchaus »grün« und unfertig war, schien das Zeug zu haben, seinen Vater eines Tages zu überflügeln. »Aki ist eine Superklasse«, sagte der Trainer zum Rennstallbesitzer. »Superklasse«, das bedeutete aber noch eine Stufe höher als Sonderklasse.

Vater Ajax hörte es mit Stolz. Es war ja sein Sohn.

Dann kam das erste Rennen, an dem der vierjährige Aki teilnahm. Es war ein kombinierter Hindernislauf über eine offene Rennstrecke mit Hürden, Barrieren, Gräben und der Mauer.

Die Nacht vorher konnte Aki nicht schlafen. Er stand in seiner Box, schnaubte leise, rieb den Kopf an der Seitenwand, und wenn er doch in Halbschlummer fiel, begann er auf der Hinterhand zu steigen, als wolle er über die Mauer setzen, wobei er vorn an die Krippe stieß. Es war der Ehrgeiz des Alten, der auch in ihm kochte.

Vater Ajax, der neben ihm stand, ermahnte ihn: »Ruhe, Aki! Vor dem Rennen braucht man Schlaf! Die Nerven müssen morgen so fest sein wie deine Sehnen! Denke jetzt an die grüne Weide, an die Sonne, meinetwegen auch an deine Freundin Stella! Nur denke nicht an das Rennen; dazu ist morgen noch Zeit genug. Du brauchst nicht gleich Erster zu sein.«

»Aber ich will es!« erwiderte Aki. »Was hat es sonst für einen Sinn zu rennen?«

»Du mußt die Bahn erst kennenlernen, mein Sohn, die Taktik deines Jockeys, die anderen Pferde, den wirklichen Vorrat deiner Kraft. Zehnmal, zwanzigmal muß man diese Erfahrungen erst machen, in aller Ruhe. Was lange währt, wird gut, mein Sohn.«

»Das ist Menschenweisheit, aber nicht unser Gesetz«, meinte Aki. »Hast nicht auch du in deinem ersten Rennen gesiegt?«

»Es war ein leichtes Rennen gegen schlechte Pferde«, log der Alte. Es waren damals durchaus keine schlechten Pferde; aber der junge Ajax war das beste Pferd, weitaus das beste. Er hatte ein Herz wie der Sturmwind. Muskeln und Sehnen wie glühender Stahl und Nerven so fein und schwingend wie eine Violinensaite. Er war ein Wunderpferd, eine Sonderklasse vom ersten Tag an. Doch wenn er das jetzt Aki sagte, so konnte der mit Recht entgegnen: Bin ich nicht dein Sohn? Weshalb soll auch ich nicht im ersten Lauf siegen?

Zweifellos, auch Aki war eine Sonderklasse, das hatte der Alte schon längst bemerkt. Er hatte seine – des Vaters – großartigen Anlagen vielleicht noch gesteigert. Er hatte auch diesen brennenden Ehrgeiz von ihm mitbekommen. Jetzt also sollte der Sohn gegen den Vater laufen. Die Anlagen, die dem Hengst Ajax stets den Sieg sicherten, waren auch die Anlagen, die er dem Sohn geschenkt hatte, die Anlagen, die seinen eigenen Sieg gefährdeten. Allerdings besaß er die Erfahrungen des alten Rennpferdes. Er besaß die geübteren Muskeln, die sicheren Nerven.

Dafür warf Aki das ganze Feuer des Jungen in den Kampf.

Das Rennen ergab bei aller Schärfe und dem unerhörten Endspurt keine Überraschung. Ajax gewann den Hindernislauf mit drei Längen sicher vor Aki, der Zweiter wurde. Auch das war ein großer Erfolg für das junge Tier. Aki war trotz der Zügelung des Jockeys einfach davongeprescht. Er hatte zwar in wunderbarem Stil die Hindernisse genommen, dabei aber seine besten Kräfte verausgabt, so daß Vater Ajax ihn auf der letzten Geraden überholte. Taktik, Nerven und Reserven hatten gesiegt.

Gleichwohl – Aki war ein großartiges Pferd.

Aki grollte eine Stunde lang. Er gab die Schuld seinem Jokkey, der ihn in der Schlußgeraden nicht freigegeben, sondern ab und zu die Kandare angewandt hatte. Doch seine glückli-

che Natur überwand bald den Stachel in seinem Herzen. So beglückwünschte er den Vater, und der Alte freute sich über die großartige Leistung des Sohnes. Der meinte fröhlich: »Warte, Vater, in zwei Jahren bist *du* drei Längen hinter mir!«

Wochen und Monate vergingen. Für Aki flog die Zeit dahin in hartem Training, wo er sein Talent, seine Kraft und seinen Mut üben und erproben konnte. Dazwischen lagen wunderbare Stunden auf der Weide, in der Koppel. Hier kämpfte und tollte er mit den jungen Hengsten vor den Augen der dreijährigen dunklen Stute Stella; er zeigte seine Künste, indem er auf der Hinterhand kerzengrad hochstieg und paradierte und dann plötzlich in riesigen Sprüngen über die liegenden Pferde hinwegsetzte. Vater Ajax mahnte ihn öfters, seine Laufbahn nicht mit solchen Tollheiten aufs Spiel zu setzen. Aki schlug diese Mahnung in den Wind. Er hatte bei allem ein besonderes Glück. Nie ritzte er sich bei diesen wilden Spielen und Schlägereien mit den Jungpferden auch nur die Haut; nie vertrat er sich, nie gab es im härtesten Training eine Schwellung der Fesseln; nie erkältete er sich beim hastigen Trinken wie seine Kameraden.

Bei einem Proberennen seiner Jahresklasse lag er von Anfang an an der Spitze und schoß weit voraus als Erster durchs Ziel. Dann vergaß er sogar seine Freundin, der er bei den Spielen den Vortritt ließ.

Und wieder kam eine ernste Probe. Diesmal ein Jagdrennen über freies Gelände hinter dem Fuchs. Der Stallmeister hatte den Sohn seines Herrn darauf aufmerksam gemacht, daß Aki ein wunderbarer »hunter« sei, ein ausgezeichnetes Jagdpferd, ein Springer und Läufer, nur dürfe man ihm keinesfalls die Sporen geben; auch müsse man ihn im Maul ganz locker lassen und ihm soweit wie möglich den Willen gewähren. Als nun bei dieser Jagd das Feld bald auseinanderstob und der junge Herr hinter seinen Hunden auf eine Waldecke hielt, während Aki mit seinem Vater um die Wette laufen wollte, da riß der junge Herr an der Kandare, und wie Aki dennoch seine Richtung hielt und der Herr jetzt die Sporen gab, um über eine Hecke zu setzen, stemmte Aki die Vorderbeine plötzlich gegen den Boden und bockte mit krummem Rücken, so daß der Reiter in hohem Bogen auf der Erde landete. Der junge Herr gab dem Pferd einen wütenden Schlag

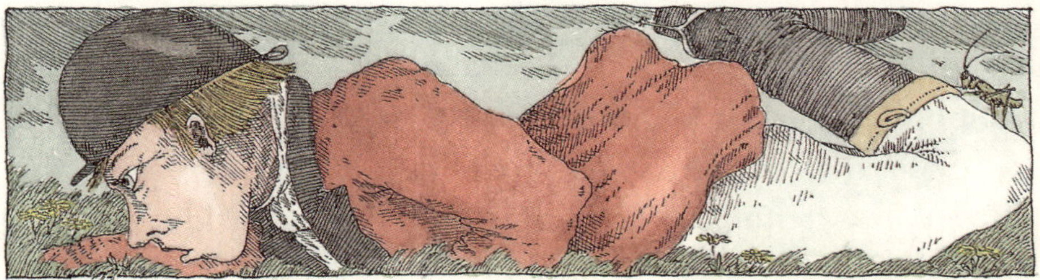

mit dem Reitstock. Aki pfefferte nach hinten aus und lief allein davon. Erst später fing man ihn ein.

Abends erteilte ihm Vater Ajax einen ernsten Verweis. Auch wurde er die nächsten Wochen vom Stallmeister stundenlang wie ein Anfänger neu zugeritten. Aber das alles konnte Akis Laune nicht trüben. Er wußte genau, seine Stunde würde kommen.

Und wieder verging ein Herbst und ein Winter. Aki hatte jetzt das sechste Jahr erreicht. Ohne Zweifel, er war das stärkste und sprungfesteste Pferd des Gestüts, sowie Stella die schönste und im Bau reinste Stute war. Und als Stellas Zeit kam, hatte man die beiden vereint.

Der Vater Ajax tat so, als billige er diese Maßnahme. Doch zum erstenmal wurde er seines Alters gewahr. Das jüngere Geschlecht rückte nach. Unmerklich schob man ihn beiseite.

Nicht beim Rennen! Da war der erfahrene, starke Hengst noch immer der Held des Tages. Bei einem großen Rennen, das er zusammen mit Aki lief, wurde der Sohn wiederum Zweiter, nur daß dieses Mal des Alten Vorsprung nicht drei Pferdelängen betrug, sondern nur die Breite eines Kopfes. Ajax hatte auf der letzten Geraden wie nie seine letzte Kraft zusammenreißen und in die Schenkel pumpen müssen; dabei lag Akis Kopf fast die ganze letzte Strecke neben dem seinen, Nase bei Nase in totem Rennen. Er spürte, wie der Schaum vom Maul des Sohnes auf sein — des Vaters — linkes Auge flockte und ihn sekundenweise ganz blind machte, so daß er die Richtung zu verlieren und zu stolpern fürchtete, da sein rechtes Auge vom beginnenden Star leicht getrübt war. Tat der Sohn dies mit Absicht? Wollte er den Vater auf diese unfaire Weise hemmen? Grimm, Bitterkeit und wilder Ehrgeiz flammten in dem alten Hengst auf. Er versammelte allen Nerv

auf den leisen Schenkeldruck seines Jockeys, den er seit Jahren kannte und der auch den jetzt wie durch einen Nebel Dahinjagenden führte und über den breiten Graben brachte. Und wieder schnaubte der Sohn neben ihm, und wieder flockte ihm dessen Schaum ins Auge. Vielleicht, daß der Wind so stand? Vielleicht, daß Aki den Schaum mit Absicht so warf? Wütend streckte sich Ajax nach vorn und sauste um Kopfesbreite als Erster durchs Ziel. Doch jetzt brach er fast zusammen. Seine Flanken zitterten. Etwas in seiner rechten Brust schmerzte. Er konnte nur mühsam atmen. Er schleppte sich gerade noch zur Tribüne, wo man seinem Reiter den Kranz umhing und sein Herr und viele schöne Damen seinen schweißtriefenden Hals klopften. Nur noch bis zum Stall gelangen! Sich zusammennehmen! Er sah noch, wie man Aki bewunderte. Er hörte, wie Akis Reiter sagte: »Das nächstemal wird Aki Sieger! Ich setze meine Kappe dafür!«

Schon auf dem Weg zum Stall begann plötzlich ein schmerzhaftes Husten. Ajax spürte etwas Süßliches im Maul; er schluckte es hinunter. Doch im Stall spie er es aus. Es war Blut, schaumiges Blut. Man rief den Arzt. Der stellte einen kleinen Lungenriß fest, da das Blutspucken nachgelassen hatte. Ajax wollte auf keinen Fall diese Schwäche zugeben. Doch er mußte ins Lazarett zur Beobachtung und Pflege. Bevor man ihn wegführte, trat Aki zu ihm. Aki war ganz beklommen. Er fragte den Vater, wie er sich fühle? Ob er ihn vielleicht während des Rennens, ohne daß er es merkte, verletzt habe? Ajax lächelte dem Sohn zu: »Verletzt? Wieso denn?« Dann rieb er seinen Kopf an dem des Sohnes, so daß ihre Nüstern sich berührten. Aki erschrak. So zärtlich war der Vater nie zu ihm gewesen.

»Ich komme bald wieder!« sagte der Vater.

Der Lungenriß verheilte. Doch Ajax sollte in diesem Jahr nicht mehr laufen. Es ging auch das Gerücht, daß man ihn jetzt nur noch als Zuchthengst verwerte. Aber das stand noch nicht fest.

Im Herbstrennen lief Aki als Sechsjähriger ohne den Vater gegen zehn der besten Pferde; er wurde sicherer Sieger. — Aki war nun das beste Pferd. Man beglückwünschte den Rennstallbesitzer, den Stallmeister, den Jockey und auch Ajax, Akis Vater. Schließlich, ohne Ajax war Aki ja undenkbar. — Ajax war stolz und traurig. Natürlich ließ er sich nichts merken.

Aber diese Trauer war da, mehr noch ein bohrender Schmerz, diesmal nicht in der Lunge, sondern im Kopf. Wieso galt Aki als bestes Pferd, da er Aki doch besiegt hatte, ohne selbst besiegt zu sein? Gewiß, er hatte mit dem kleinen Lungenriß einen leichten Unfall gehabt. Doch so was kam immer vor. Und der Riß war tadellos verheilt. Ein erstklassiges Rennpferd tritt nicht so einfach ab.

Auch nicht vor dem Sohn.

Ajax betrachtete jetzt öfter kritisch Aki. Und er entdeckte einige winzige Fehler an ihm. An der Fessel, am Gebäu, an dem leichtfertigen Zurückwerfen des Kopfes und dem selbstgefälligen Schütteln der Mähne, während ein Rennpferd keine überflüssige Bewegung sich leisten sollte. Dabei tänzelten alle Stuten um ihn herum, um ihn aufzuregen; und Aki, dieser Luftikus, stieg dann auf der Hinterhand kerzengrad hoch und schlug mit den Vorderhufen albern in der Luft umher wie ein Zirkuspferd. Einfach lächerlich!

Und die Stallknechte sagten staunend: »Donnerja, auch das kann er! Aki kann alles.«

Ajax ging betrübt abseits. Nach ihm sah keiner mehr. Einmal, als er auf der Koppel hinter den Weiden graste, hielt er plötzlich inne, und dann versuchte auch er so kerzengrad zu steigen und zu paradieren. Aber er knickte hinten ein. Er war zu schwer und ungelenk. Sollte er sich wegen solchem Schnickschnack noch das Genick brechen oder zum Gelächter der Junghengste und Stuten werden? Alles hat seine Zeit. Er mußte sich damit vertraut machen, bald zum alten Eisen geworfen zu werden.

Ja, der Sohn war an seine Stelle getreten. Er war sogar besser als er. War er das wirklich? Das wäre erst noch zu beweisen, da er im letzten Jahr vor Aki als Erster durchs Ziel gegangen war. Und im Jagdrennen auf offenem Feld entschied nicht die Schnelligkeit allein, sondern die Erfahrung.

Hier wäre eine Probe notwendig.

Aber Aki hatte stets ein unwahrscheinliches Glück. Glück

ist nicht Tüchtigkeit! Glück kann einen verlassen. Dennoch beneidete Ajax den Sohn um dieses Glück. Ja, Ajax beneidete den Sohn. Und das war neu.

Als es ihm zum Bewußtsein kam, schämte er sich; doch er konnte nicht dagegen an. Der Sohn war es schließlich, der ihn im Rennen nach der Trübung seines Auges zu jener übermäßigen Anstrengung gehetzt und ihm so den Lungenriß verursacht hatte. Der Sohn war es, der ihm den Rang als erstes Pferd abgelaufen hatte, so daß man ihn zum alten Eisen warf. Sollte er sich darüber freuen? Nein, er konnte nicht an gegen jenes Gefühl der Kränkung und des Zurückgesetztseins, wenn er sah, wie alles im Gestüt sich jetzt um Aki drehte und wie man ihn, das alte Pferd, kaum mehr beachtete. Wozu war er überhaupt noch da? Zur Zucht? Um weitere solcher undankbaren Söhne zu zeugen?

So ist die Welt. Er hatte dem Gestüt und den Farben seines Herrn zum Ruhm und zu großen Preisen verholfen, und jetzt warf man ihn weg wie ein verbrauchtes Hufeisen.

Ja, »altes Eisen« war er. Das war er.

Am besten wäre es schon, einfach abzutreten, irgendwie geräuschlos zu verschwinden. Es gab da hinter der Koppel ein Gelände, auf dem die fetten goldgelben Sumpfdotterblumen standen. Wenn er dort zufällig hineingeriet, so konnte ihn nichts mehr retten, dann war er von allem befreit — auch von diesem nutzlosen Leben, von diesen bitteren Gedanken, die ihm täglich das Dasein vergällten und deren er sich selbst schämte. Denn im tiefsten Grunde seines Herzens liebte er Aki; er war stolz auf diesen Sohn, und doch tat ihm der Sohn solch bitteres Leid an, gerade durch seine Überlegenheit, durch seine Vortrefflichkeit, durch sein Glück. Denn alles konnte Ajax in sich überwinden, aber nicht den Ehrgeiz, der Erste sein zu wollen; das gehörte zu ihm, dem Rennpferd, wie die Sprungsehne zu seinen Fesseln, wie sein Atem, wie sein Herz.

Und er atmete ja noch, sein Herz schlug heftig an seine Rippen, wenn er die jungen Pferde — voran Aki — zum Training reiten sah. Wenn man ihn, den Alten, auch kaum mehr für das Rennen vormerkte, beim Jagdreiten querfeldein konnte man auf ihn, den erfahrenen Hengst, kaum verzichten. Da würde er noch einmal zeigen, was in ihm war.

Ajax hatte sich nicht getäuscht.

An einem späten Sommertag wurde auch er mit den anderen Jagdpferden zum Frühritt sorgfältig gesattelt. Der Stallmeister trat zu ihm, klopfte ihm wie in seinen besten Zeiten den Hals und meinte: »Na, Alterchen, jetzt heißt's noch einmal, ran an die Hürde! Werden wir's schaffen?« Ajax stieß mit dem Kopf freundschaftlich den Chef gegen die Brust und wieherte leise.

Dann bestieg der Stallmeister selbst den Hengst, um ihn zu erproben. Er ritt mit ihm ins Gelände. Ajax war glücklich. Er brannte darauf, dem Stallmeister zu zeigen, daß noch Pulver in ihm steckte, daß man sich seiner nicht zu schämen hatte, daß seine lange Erfahrung, genau die Härte und Absprungfestigkeit des Wiesen- oder Heide- oder Ackerbodens abzuschätzen, mehr wert war als die Tollheit der Junghengste, einfach davonzupreschen, so, als ob man sich auf dem gleichmäßig gewalzten Boden der Rennbahn befände. In flüssigem Galopp ging er alle Hindernisse an und nahm sie mit alter Gewohnheit. Nichts von einer Unsicherheit oder einem Zögern. Wo die gelben fetten Dotterblumen standen und das Sumpfgelände begann, machte er von selbst einen Bogen. Er brauchte keine Hilfen. Sein linkes Auge sah alles weit voraus. Die Brust zog in starken Zügen den Galoppwind und die

Weite des Feldes in sich ein. Keine Atemnot, kein Stich in den Flanken. Die Lunge war heil. Die alte Freude am Jagen war da wie einst.

»Großartig, Alterchen!« lobte ihn nachher der Stallmeister, tätschelte wieder seinen Hals und entwirrte die dunkelgoldene Mähne.

Dann kam der Jagdtag. Der Besitzer des Gestüts bestieg Ajax als das geländesicherste Pferd. Der junge Herr hatte sich dem ersten Erlebnis zum Trotz Aki — das schnellste Pferd — gewählt. Es war ein früher Herbstmorgen. Die Äcker waren gemäht, aber noch nicht umgebrochen. Über den Wiesen lag leichter Nebel. Die Bäume ließen ihr rotes Laub geduldig zur Erde fallen. Ein mattblauer Himmel schien durch den leichten Dunst.

Jetzt, auf einen Hornstoß setzten die vor Erregung zitternden Pferde hinter der Meute her. Es ging sehr bald querfeldein, über Äcker und Wiesen, über Hecken und Gräben und kleine Bachläufe, auf Waldwegen und wieder hinaus ins offene Gelände. Ajax ließ Aki nicht aus den Augen. Das war nicht schwer, da auch der alte Herr sich an seinen Sohn hielt. Aki hatte den Ehrgeiz, den schnellsten Hunden auf den Fersen zu bleiben, ganz gleich ob es durch dichtes Unterholz ging oder über sumpfige Wiesen. Mehrmals lief er sich so in seinem Leichtsinn fest und verlor an Zeit, während Ajax mit dem alten Herrn durch Umgehung der unpassierbaren Stellen ihn überholte. Jetzt trieb der junge Herr sein Pferd an; das war kaum nötig. Denn Aki setzte nun alles dran, Ajax hinter sich zu bringen. Beide Hengste lagen weit an der Spitze. Unzweifelhaft, auch beim Jagdrennen waren die beiden die besten Pferde. So gab es eigentlich wieder ein reines Rennen zwischen den beiden Hengsten, zwischen dem Alten und dem Jungen, und dieser Kampf schien unerbittlich. Das Tempo war mörderisch. Das Schnaufen des Alten kam stoßweise, wurde kürzer. Jetzt tauchte ein kilometerweiter Acker auf. Aki setzte in gewaltigen Sprüngen darüber hin. Ajax lag im Galopp dicht neben ihm. Wenn bloß der Wald käme! Aber hinter dem Acker leuchtete ein schier endloses grünes Wiesengelände. Der alte Ajax spürte, diesmal hatte seine Stunde geschlagen, diesmal würde der Sohn ihn besiegen, oder es mußte ein Wunder geschehen. Beide jagten Kopf an Kopf dahin, den flüchtigen Hunden nach. Da war eine Hecke, sie flogen darüber hinweg. Und wieder Acker. Ajax spürte, wie ihm die Luft knapper wurde. Aber er konnte sein Tempo nicht herabsetzen. Vielleicht riß die Lunge. Dann war es gut. Vielleicht mußte er zurückbleiben. Auch das war ein Ende.

Altes Eisen! Altes Eisen! hämmerte es in ihm.

Da war das Grüne, die Wiese. Aki legte in riesigen Sprüngen aus, den Hals weit vorgestreckt. Er rannte auf einen gelben Fleck los. Ajax sah es. In seinem Hirn blitzte es auf: Dotterblumen! Sumpfdotterblumen! Er wollte einen Bogen schlagen, der gefährlichen Stelle ausweichen, dann — wenn der unerfahrene Aki in den Sumpf hineinlief, hatte er, der Alte, gewonnen. Der junge Hengst sah noch immer nichts. Es war für Ajax jetzt höchste Zeit, abzubiegen. Aber was geschah dann mit Aki, dem Sohn? Wenn der Sumpf tief war und Aki mit seiner ganzen Schwere hineinsprang? Wie konnte er den renntollen Aki warnen?

Unmöglich? Nichts ist unmöglich! Es ist mein Sohn, mein Sohn!

Ein Schrei, wie ihn nur Pferde schreien, dann wirft sich Ajax mit rasender Kraft nach vorn, er überholt Aki, schneidet ihm den Weg ab und springt mit einem riesigen Satz mitten in die gelben Blumen. Der Boden weicht unter ihm weg. Der

Reiter schreit auf. Immer tiefer sinkt das schwere Pferd in den Sumpf. In plötzlicher wilder Angst will es hoch; es fühlt, daß es keinen Halt mehr hat, daß seine Beine, seine Fesseln sich biegen, daß die Brust kalt wird von dem dunklen Schlamm.

Jetzt hört der versinkende Ajax ein rufendes Wiehern. Er hebt den Kopf und sieht, daß Aki, der Sohn, mit seinem Reiter zurückgaloppiert, die anderen Pferde heranzuholen. Doch er spürt, daß er schnell tiefer sinkt. Er wendet noch einmal den Kopf und schaut ganz flach über die Gräser und gelben Dotterblumen hinweg, wie Aki, sein Sohn, in fliegendem Sprung über die Hecke setzt, die sie noch vor wenigen Minuten gemeinsam nahmen. Ja, Aki ist ein erstklassiges Pferd, ein glückhaftes Pferd! Stolz auf seinen Sohn ist der alte Ajax; es ist sein Leben, das dort über die Hecken dahinstürmt in dem Sohn, kräftiger und feuriger — in dem Sohn, der gerettet ist.

Und ruhig legt der alte Ajax seinen Kopf, an den sich das Moorwasser wie dunkle Perlen hängt, auf die nachgiebige schwarze Erde.

DIE WEIHNACHTSGANS AUGUSTE

Der Opernsänger Luitpold Löwenhaupt hatte bereits im November vorsorglich eine fünf Kilo schwere Gans gekauft – eine Weihnachtsgans. Dieser respektable Vogel sollte den Festtisch verschönen. Gewiß, es waren schwere Zeiten. »Aber etwas muß man doch fürs Herze tun!«

Bei diesem Satz, den Löwenhaupt mit seiner tiefen Baßstimme mehrmals vor sich hin sprach, so daß es wie ein Donnerrollen sich anhörte, mit diesem Satz meinte der Sänger im Grunde etwas anderes. Während er mit seinen kräftigen Händen die Gans an sich drückte, verspürte er zugleich den Geruch von Rotkraut und Äpfeln in der Nase. Und immer wieder murmelte sein schwerer Baß den Satz durch den nebligen Novembertag: »Aber etwas muß man doch fürs Herze tun.«

Ein Hausvater, der eigenmächtig etwas für den Haushalt eingekauft hat, verliert, sobald er seiner Wohnung sich nähert, mehr und mehr den Mut. Er ist zu Haus schutzlos den Vorwürfen und dem Hohn seiner Hausgenossen preisgegeben, da er bestimmt unrichtig und zu teuer eingekauft hat. Doch in diesem Falle erntete Vater Löwenhaupt überraschend hohes Lob. Mutter Löwenhaupt fand die Gans fett, gewichtig und preiswert. Das Hausmädchen Theres lobte das schöne weiße

Gefieder; sie stellte jedoch die Frage, wo das Tier bis Weihnachten sich aufhalten solle?

Die zwölfjährige Elli, die zehnjährige Gerda und das kleine Peterle — Löwenhaupts Kinder — sahen aber hier überhaupt kein Problem, da es ja noch das Bad und das Kinderzimmer gäbe und das Gänschen unbedingt Wasser brauche, sich zu reinigen. Die Eltern entschieden jedoch, daß die neue Hausgenossin im allgemeinen in einer Kiste in dem kleinen warmen Kartoffelkeller ihr Quartier beziehen solle und daß die Kinder sie bei Tag eine Stunde lang draußen im Garten hüten dürften.

So war das Glück allgemein.

Anfangs befolgten die Kinder genau diese Anordnung der Eltern. Eines Abends aber begann das siebenjährige Peterle in seinem Bettchen zu klagen, daß »Gustje« — man hatte die Gans aus einem nicht erfindbaren Grunde Auguste genannt — bestimmt unten im Keller friere. Seine Schwester Elli, der man im Schlafzimmer die Aufsicht über die beiden jüngeren Geschwister übertragen hatte, suchte das Brüderchen zu beruhigen, daß Auguste ja ein dickes Daunengefieder habe, das sie aufplustern könne wie eine Decke.

»Warum plustert sie es auf?« fragte das Peterle.

»Ich sagte doch, daß es dann wie eine Decke ist.«

»Warum braucht Gustje denn eine Decke?«

»Mein Gott, weil sie dann nicht friert, du Dummerjan!«

»Also ist es doch kalt im Keller!« sagte jetzt Gerda.

»Es ist kalt im Keller!« echote Peterle und begann gleich zu heulen. »Gustje friert! Ich will nicht, daß Gustje friert. Ich hole Gustje herauf zu mir!«

Damit war er schon aus dem Bett und tapste zur Tür. Die große Schwester Elli fing ihn ab und suchte ihn wieder ins Bett zu tragen. Aber die jüngere Gerda kam Peterle zu Hilfe.

Peterle heulte: »Ich will zu Gustje!« Elli schimpfte. Gerda entriß ihr den kleinen Bruder.

Mitten in dem Tumult erschien die Mutter. Peterle wurde im Elternzimmer in das Bett der Mutter gelegt und den Schwestern sofortige Ruhe anbefohlen.

Diese Nacht ging ohne weiteren Zwischenfall vorüber.

Doch am übernächsten Tage hatten sich Gerda und Peter, der wieder im Kinderzimmer schlief, verständigt. Abwechselnd blieb immer einer der beiden wach und weckte den andern. Als nun die ältere Schwester Elli schlief und im Haus alles stille schien, schlichen die zwei auf den nackten Zehenspitzen in den Keller, holten die Gans Auguste aus ihrer Kiste, in der sie auf Lappen und Sägespänen lag, und trugen sie leise hinauf in ihr Zimmer. Bisher war Auguste recht verschlafen gewesen und hatte bloß etwas geschnattert wie: »Lat mi in Ruh, lat mi in Ruh!«

Aber plötzlich fing sie laut an zu schreien: »Ick will in min Truh, ick will in min Truh!«

Schon gingen überall die Türen auf.

Die Mutter kam hervorgestürzt. Theres, das Hausmädchen, rannte von ihrer Kammer her die Stiegen hinunter. Auch die zwölfjährige Elli war aufgewacht, aus ihrem Bett gesprungen und schaute durch den Türspalt. Die kleine Gerda aber hatte in ihrem Schreck die Gans losgelassen, und jetzt flatterte und schnatterte Auguste im Treppenhaus umher. Ein Glück, daß der Vater noch nicht zu Hause war! Bei der nun einsetzenden Jagd durch das Treppenhaus und die Korridore verlor Auguste, bis man sie eingefangen hatte, eine Anzahl Federn. Die atemlose Theres schlug sie in eine Decke, woraus sie nunmehr ununterbrochen schimpfte:

»Lat mi in Ruh, lat mi in Ruh!
Ick will in min Truh!«

Und da begann auch noch das Peterle zu heulen: »Ich will Gustje haben! Gustje soll mit mir schlafen!«

Die Mutter, die ihn ins Bett legte, suchte ihm zu erklären, daß die Gans jetzt wieder in ihre Kiste in den Keller müsse.

»Warum muß sie denn in den Keller?« fragte Peterle.

»Weil eine Gans nicht im Bett schlafen kann.«

»Warum kann denn Gustje nicht im Bett schlafen?«

»Im Bett schlafen nur Menschen; und jetzt sei still und mach die Augen zu!«

Die Mutter war schon an der Tür, da heulte Peterle wieder los: »Warum schlafen nur Menschen im Bett? Gustje friert unten; Gustje soll oben schlafen.«

Als die Mutter sah, wie aufgeregt Peterle war und daß man ihn nicht beruhigen konnte, erlaubte sie, daß man die Kiste aus dem Keller heraufholte und neben Peterles Bett stellte. Und siehe da, während Auguste droben in der Kiste noch vor sich hin schnatterte:

»Lat man gut sin, lat man gut sin,
Hauptsach, dat ick in min Truh bin!«

schliefen auch das Peterle und seine Geschwister ein.

Natürlich konnte man jetzt Auguste nicht wieder in den Keller bringen, zumal die Nächte immer kälter wurden, weil es schon mächtig auf Weihnachten ging. Auch benahm sich die Gans außerordentlich manierlich. Bei Tag ging sie mit Peterle spazieren und hielt sich getreulich an seiner Seite wie ein guter Kamerad, wobei sie ihren Kopf stolz hochtrug und ihren kleinen Freund mit ihrem Geplapper aufs beste unterhielt. Sie erzählte dem Peterle, wie man die verschiedenen

schmackhaften oder bitteren Gräser und Kräuter unterscheiden könne, wie ihre Geschwister – die Wildgänse – im Herbst nach Süden in wärmere Länder zögen und wie umgekehrt die Schneegänse sich am wohlsten in Eisgegenden fühlten. Soviel konnte Auguste dem Peterle erzählen; und auf all sein »Warum« und »Weshalb« antwortete sie gern und geduldig. Auch die anderen Kinder gewöhnten sich immer mehr an Auguste. Peterle aber liebte seine Gustje so, daß beide schier unzertrennlich wurden. So kam es, daß eines Abends, als Peterle vom Bett aus noch ein paar Fragen an Gustje richtete, diese zu ihrem Freund einfach ins Bett schlüpfte, um sich leiser und ungestörter mit ihm unterhalten zu können. Elli und Gerda gönnten dem Brüderchen die Freude.

Am frühen Morgen aber, als die Kinder noch schliefen,

hopste Auguste wieder in ihre Kiste am Boden, steckte ihren Kopf unter die weißen Flügel und tat, als sei nichts geschehen.

Doch das Weihnachtsfest rückte näher und näher. Eines Mittags meinte der Sänger Löwenhaupt plötzlich zu seiner Frau, daß es nun mit Auguste »soweit wäre«. Mutter Löwenhaupt machte ihrem Mann erschrocken ein Zeichen, in Gegenwart der Kinder zu schweigen.

Nach Tisch, als der Sänger Luitpold Löwenhaupt mit seiner Frau allein war, fragte er sie, was das seltsame Gebaren zu bedeuten habe? Und nun erzählte Mutter Löwenhaupt, wie sehr sich die Kinder — vor allem Peterle — an Auguste, die Gans, gewöhnt hätten und daß es ganz unmöglich sei ...

»Was ist unmöglich?« fragte Vater Löwenhaupt.

Die Mutter schwieg und sah ihn nur an.

»Ach so!« grollte Vater Löwenhaupt. »Ihr glaubt, ich habe die Gans als Spielzeug für die Kinder gekauft? Ein nettes Spielzeug! Und ich? Was wird aus mir?!«

»Aber Luitpold, verstehe doch!« suchte die Mutter ihn zu beschwichtigen.

»Natürlich, ich verstehe ja schon!« zürnte der Vater. »Ich muß wie stets hintenanstehn!« Und als habe diese furchtbare Feststellung seine sämtlichen Energien entfesselt, donnerte er jetzt los: »Die Gans kommt auf den Weihnachtstisch mit Rotkraut und gedünsteten Äpfeln! Dazu wurde sie gekauft! Und basta!«

Eine Tür knallte zu.

Die Mutter wußte, daß in diesem Stadium mit einem Mann und dazu noch einem Opernsänger nichts anzufangen war. Sie setzte sich in ihr Zimmer über eine Näharbeit und vergoß ein paar Tränen. Dann beriet sie mit ihrer Hausgehilfin Theres, was zu tun sei, da bis Weihnachten nur noch eine Woche war. Sollte man eine andere, schon gerupfte und ausgenommene Gans kaufen? Doch dazu reichte das Haushaltungsgeld nicht. Aber was würde man, wenn die Gans Auguste nicht mehr da wäre, den Kindern sagen? Durfte man sie überhaupt belügen? Und wer im Hause würde es fertigbringen, Auguste ins Jenseits zu senden?

»Soll der Herr es selbst tun!« schlug Theres vor.

Die Mutter fand diesen Rat nicht schlecht, zumal ihr Mann zu der Gans nur geringe persönliche Beziehungen hatte.

Als nun der Sänger Luitpold Löwenhaupt abends aus der Oper heimkam, wo er eine Heldenpartie gesungen hatte, und die Mutter ihm jenen Vorschlag machte, erwiderte er: »Oh, ihr Weibervolk! Wo ist der Vogel?«

Theres sollte leise die Gans herunterholen. Natürlich wachte Auguste auf und schrie sofort aus vollem Hals:

»Ick will min Ruh, min Ruh!
Lat mi in min Truh!«

Peterle und die Schwestern erwachten, es gab einen Höllenspektakel. Die Mutter weinte, Theres ließ die Gans flattern; diese segelte hinunter in den Hausflur. Vater Löwenhaupt, der jetzt zeigen wollte, was ein echter Mann und Hausherr ist, rannte hinter Auguste her, trieb sie in die Ecke, griff mutig zu und holte aus der Küche einen Gegenstand. Während die Mutter die Kinder oben im Schlafzimmer hielt, ging der Vater mit der Gans in die entfernteste, dunkelste Gartenecke, um sein Werk zu vollbringen. Die Gans Auguste aber schrie Zeter und Mordio, indessen die Mutter und Theres lauschten, wann sie endgültig verstummen werde. Aber Auguste verstummte nicht, sondern schimpfte auch im Garten immerzu. Schließlich trat doch Stille ein. Der Mutter liefen die Tränen

über die Wangen, und auch Peterle jammerte: »Wo ist meine Gustje? Wo ist Gustje?«

Jetzt knarrte drunten die Haustür. Die Mutter eilte hinunter. Vater Löwenhaupt stand mit schweißbedecktem Gesicht und wirrem Haar da ... doch ohne Auguste.

»Wo ist sie?« fragte die Mutter.

Draußen im Garten hörte man jetzt wieder ein schnatterndes Schimpfen:

»Ick will min Ruh, ick will min Ruh!
Lat mi in min Truh!«

»Ich habe es nicht vermocht. Oh, dieser Schwanengesang!« erklärte Vater Löwenhaupt.

Man brachte also die unbeschädigte Auguste wieder hinauf zum Peterle, das ganz glücklich seine »Gustje« zu sich nahm und, sie streichelnd, einschlief.

Inzwischen brütete Vater Löwenhaupt, wie er dennoch seinen Willen durchsetzen könne, wenn auch auf möglichst schmerzlose Art. Er dachte und dachte nach, während er sich in bläulichgraue Wolken dichten Zigarrenrauches hüllte. Plötzlich kam ihm die Erleuchtung. Am nächsten Tag mischte er der Gans Auguste in ihren Kartoffelbrei zehn aufgelöste Tabletten Veronal, eine Dosis, die ausreicht, einen erwachsenen Menschen in einen tödlichen Schlaf zu versetzen. Damit mußte sich auch die Mutter einverstanden erklären.

Tatsächlich begann am folgenden Nachmittag die Gans Auguste nach ihrer Mahlzeit seltsam umherzutorkeln, wie eine Traumtänzerin von einem Bein auf das andere zu treten, mit den Flügeln dazu zu fächeln und schließlich nach einigen langsamen Kreiselbewegungen sich mitten auf dem Küchenboden hinzulegen und zu schlafen.

Vergebens versuchten die Kinder sie zu wecken.

Auguste bewegte etwas die Flügel und rührte sich nicht mehr.

»Was tut Gustje?« fragte das Peterle.

»Sie hält ihren Winterschlaf«, erklärte ihm Vater Löwenhaupt und wollte sich aus dem Staube machen. Aber Peterle hielt den Vater fest. »Weshalb hält Gustje jetzt den Winterschlaf?«

»Sie muß sich ausruhen für den Frühling.« Doch Vater Löwenhaupt war es nicht wohl bei dem Examen. Er konnte seinem Söhnchen Peterle nicht in die Augen sehen. Auch die Mutter und das Hausmädchen Theres gingen den Kindern soviel wie möglich aus dem Wege.

Peterle trug seine bewegungslose Freundin Gustje zu sich hinauf in die kleine Kiste. Als die Kinder nun schliefen, holte Theres die Gans hinunter und begann sie — da Vater Löwenhaupt versicherte, die zehn Veronaltabletten würden einen Schwergewichtsboxer unweigerlich ins Jenseits befördert haben —, Theres begann, wobei ihr die Tränen über die Wangen rollten, die Gans zu rupfen und sie dann in die Speisekammer zu legen. Als Vater Löwenhaupt seiner Frau »Gute Nacht« sagen wollte, stellte sie sich schlafend und antwortete nicht. Bei Nacht wachte er auf, weil er neben sich ein leises Schluchzen vernahm. Auch Theres schlief nicht; sie überlegte, was man den Kindern sagen werde. Zudem wußte sie nicht, hatte sie im Traum Auguste schnattern gehört:

»Lat mi in Ruh, lat mi in Ruh!
Ick will in min Truh!«

So kam der Morgen. Theres war als erste in der Küche. Draußen fiel in dicken Flocken der Schnee.

Was war das? Träumte sie noch?

Aus der Speisekammer drang ein deutliches Geschnatter. Unmöglich! Wie Theres die Tür zur Kammer öffnete, tapste ihr schnatternd und schimpfend die gerupfte Auguste entgegen. Theres stieß einen Schrei aus; ihr zitterten die Knie. Auguste aber schimpfte:

»Ick frier, als ob ick keen Federn nich hätt'
Man trag mich gleich wieder in Peterles Bett!«

Jetzt waren auch die Mutter und Vater Löwenhaupt erschienen. Der Vater bedeckte mit seinen Händen die Augen, als stünde da ein Gespenst.

Die Mutter aber sagte zu ihm: »Was nun?«

»Einen Kognak! Einen starken Kaffee!« stöhnte der Vater und sank auf einen Stuhl.

»Jetzt werde ich die Sache in die Hand nehmen!« erklärte die Mutter energisch. Sie ordnete an, daß Theres den Wäschekorb bringe und eine Wolldecke. Dann umhüllte sie die nackte, frierende Gans mit der Decke, legte sie in den Korb und tat noch zwei Krüge mit heißem Wasser an beide Seiten.

Vater Löwenhaupt, der inzwischen zwei Kognaks hinuntergekippt hatte, erhob sich leise vom Stuhl, um aus der Küche zu verschwinden.

Doch die Mutter hielt ihn fest; sie befahl: »Gehe sofort in die Breite Straße und kaufe fünfhundert Gramm gute weiße Wolle!«

»Wieso Wolle?«

»Geh, und frage nicht!

Vater Löwenhaupt war noch so erschüttert, daß er nicht widersprach, seinen Hut und Überzieher nahm und eiligst das Haus verließ.

Schon nach einer Stunde saßen die Mutter und Theres im Wohnzimmer und begannen für Auguste aus weißer Wolle einen Pullover zu stricken. Am Nachmittag nach Schulschluß halfen ihnen die Töchter Elli und Gerda. Peterle aber durfte seine Gustje auf dem Schoß halten und ihr immer den neu entstehenden Pullover, in den für die Flügel, den Hals, die Beine und den kleinen Sterz Öffnungen bleiben mußten, anprobieren helfen. Bereits am Abend war das Kunstwerk beendet.

Schnatternd und schimpfend, aber doch nicht mehr frierend stolzierte nun Auguste in ihrem wunderschönen weißen Wollkleid durchs Zimmer. Peterle sprang um sie herum und freute sich, daß Gustjes Winterschlaf so schnell zu Ende war, daß er wieder mit ihr spielen und sich unterhalten konnte.

Auguste aber schimpfte:

»Winterschlaf ist schnacke-schnick;
Hätt ick min Federn bloß zurück!«

Als Vater Löwenhaupt zum Abendessen kam und Auguste in ihrem schicken Pullover mit Rollkragen um den langen Gänsehals dahertapsen sah, meinte er: »Sie ist schöner als je! So ein Exemplar gibt es auf der ganzen Welt nicht mehr!«

Die Mutter aber erwiderte hierauf nichts, sondern sah ihn bloß an.

Natürlich mußte man für Auguste noch einen zweiten Pullover stricken, diesmal einen graublauen, zum Wechseln, wenn der weiße gewaschen wurde. Natürlich nahm Auguste als wesentliches Mitglied der Familie groß am Weihnachtsfest teil. Natürlich war Auguste auch das am meisten bewunderte Lebewesen des ganzen Stadtteils, wenn Peterle mit der Weihnachtsgans in ihrem schmucken Sweater spazierenging.

Und als der Frühling kam, war der Auguste bereits wieder ein warmer Federflaum gewachsen. So konnte man den Pullover mit den anderen Wintersachen einmotten. Gustje aber durfte jetzt sogar beim Mittagstisch auf dem Schoß von Peterle sitzen, wo sie ihr kleiner Freund mit Kartoffelstückchen fütterte.

Sie war der Liebling der ganzen Familie. Und Vater Löwenhaupt bemerkte immer wieder stolz: »Na, wer hat euch denn Auguste mitgebracht? Wer?«

Die Mutter sah ihn an und lächelte. Peterle jedoch echote: »Ja, wer hat Gustje uns mitgebracht«; und dabei sprang er gerührt auf und umarmte den Vater. Dann hob er seine Gustje

empor und ließ sie dem Vater »einen Kuß« geben, was bedeutete, daß Auguste den Vater Löwenhaupt schnatternd mit ihrem Schnabel an der Nase zwickte.

Spätabends im Bett aber fragt Peterle seine Gustje, indem er sie fest an sich drückt: »Warum hast du denn vor Weihnachten den Winterschlaf gehalten?«

Und Gustje antwortet schläfrig: »Weil man mir die Federn rupfen wollte.«

»Und warum wollte man dir die Federn rupfen?«

»Weil man mir dann einen Pullover stricken konnte«, gähnt Gustje, halb schon im Schlaf.

»Und warum wollte man dir denn einen Pullover ...« Aber da geht es auch bei Peterle nicht mehr weiter. Mit seiner Gustje im Arm ist er glücklich eingeschlafen.

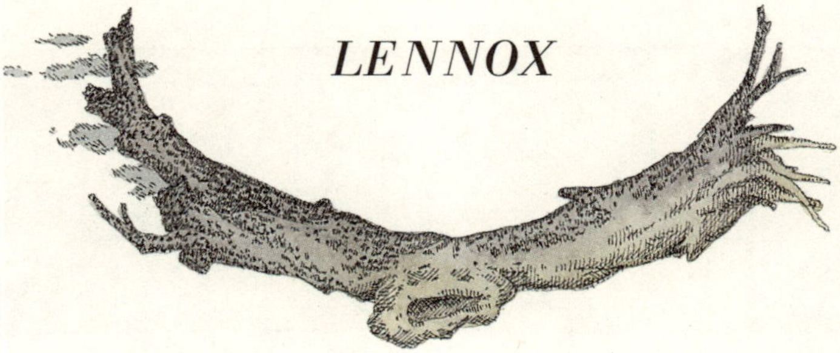

LENNOX

»*E*s ist ein Kreuz mit Lennox; er kann nicht vergessen«, sagen die alten Sergeanten, da der dunkelgraue drahthaarige Airedaleterrier wieder einmal vor der schottischen Pionierkaserne erscheint. »Es ist doch längst Frieden. Wir müssen Lennox zu Mr. Fitzgerald bringen.«

»Well, bringen wir ihn; das gibt ein gutes Trinkgeld«, meint Sergeant Swallow.

»Zumal er ja doch zu uns zurückkommt«, schmunzelt Jacky Tush, der dicke Furier. »Weiß Gott, Lennox kann nicht vergessen.«

Damit hatte es nun eine solche Bewandtnis.

Lennox war, wie gesagt, ein kräftiger grauhaariger Airedaleterrier; er war als Polizeihund auf den Mann dressiert, ebenso mutig wie intelligent und gehorsam. Der Holzhändler Fitzgerald hatte ihn als Wachhund seines großen Holzlagers benutzt. Lennox gehörte nun nicht zu jenen Hunden, die nachts bei jedem Geräusch aus Angst oder Wichtigtuerei kläffen. Er verhielt sich vielmehr völlig still bei späten Straßengängern; er schlug auch nicht an, wenn ein Dieb begann, über die Mauer zu steigen; erst wenn der Einbrecher in seinem Bereich war, stellte er ihn genau nach Dressur und verbellte ihn.

Im Krieg hatte Fitzgerald den Hund dem in der Stadt gelegenen Pionierbataillon übergeben. Lennox kam in einen besonderen Lehrgang für Militärhunde. Und stark, mutig und intelligent wie er war, wurde er als Meldehund zum Überbringen von Nachrichten ausgebildet, ferner als Transporthund zur Beförderung von Munition, Arznei, Wasser und Funkgerät. Bei der Belagerung von Tobruk in Nordafrika hatte man ihn sogar zum Legen von Telefonleitungen verwendet, indem man ihm eine Drahtrolle um den Leib wickelte, die sich beim Hinüberlaufen von einer Stellung zur andern abspulte. Auf seinem Nickelhalsband waren die Worte: Tobruk, Monte Cassino und Arnheim eingraviert. Lennox hatte an manchem Kampf teilgenommen. Zwei tiefe Narben an seinem rechten Vorderlauf und sein hinkender Gang machten ihn eigentlich zum Invaliden. Aber er hatte sich an die Pioniere des I. Batail-

lons und an seinen Freund, den Sergeanten Bob Swallow, derart gewöhnt, daß es nicht möglich schien, ihn einfach zu pensionieren.

Es gab übrigens bei den Pionieren noch andere Hunde, mit denen Lennox Bekanntschaft gemacht hatte. Es befand sich dort eine glatthaarige, sehr elegante Hundedame, eine Dobermännin, mit Namen Dina. Sie galt als sehr vornehm, aber auch als sehr tapfer. Sie brachte große Mengen Verbandstoff und Medikamente zugleich mit Meldungen nach vorn. Sie war bei dem Minenlegerkommando; sie mußte vor allem Nachtarbeit leisten.

Der struppige Lennox schien in die glatthaarige, rotbraune Dina direkt verschossen. Natürlich war er viel zu stolz, der schönen Dame seine Zuneigung zu zeigen. Einem Diensthund, der mit ernster operativer Arbeit betraut ist, steht das nicht an. Und Lennox zeichnete sich ja gerade dadurch aus, daß er außer seinem ebenso gefährlichen wie verantwortungsvollen Dienst nichts anderes kannte. Deshalb schätzten ihn die Menschen so. Sie hatten ihm dafür das Nickelhalsband mit den Namen der Orte seiner Ruhmestaten umgelegt.

Allerdings wie es bei jeder Regel eine Ausnahme gibt, ja wie gerade diese Ausnahme der Regel erst ihren Sinn verleiht, so auch bei Lennox. Es ging um Dina. Lennox war dieser rotbraunen, tapferen jungen Dame oft am gemeinsamen Übungswerk begegnet. Sie hatten dort Mutproben, Gehorsamsleistungen und Intelligenzprüfungen abzulegen. Sie mußten ihren Herren durch Drahtverhaue und markierte Minenfelder unter furchtbarem Krachen detonierender Übungsmunition folgen. Sie mußten sich totstellen und an den Mann gehen. All das war für die beiden ein Kinderspiel. Während die anderen Militärhunde erst »feuerfest« gemacht wurden, hatten Lennox und Dina — in Ruhe auf dem Bauch liegend — viel Zeit, sich zu unterhalten und ihre Meinung auszutauschen. Lennox erzählte von seinem Sergeanten Swallow, den er als einen ungemein klugen und gütigen Herren pries. Er, Lennox, sei jederzeit bereit, diesem seinem Chef in den Tod zu folgen. Ja, es verlange ihn direkt danach, seinem Gebieter in einer besonders gefahrvollen Situation seine Treue zu beweisen und für ihn zu sterben; das wäre die Krönung seines Lebens.

Dina beobachtete den Freund aus schrägen, halbgeschlossenen Augen. Dann meinte sie leicht spöttisch: »Weshalb möchtest du eigentlich für die Menschen sterben? Ich möchte viel lieber leben, über die freie Heide jagen, und wenn ich dann heiß geschwitzt bin, meine Schnauze so lange ins klare Wasser des Baches tauchen, bis ich ganz voll bin von flüssiger Freude.«

Lennox erwiderte nachdenklich: »Freude ist schön. Aber bei solch flüssiger Freude fließt du selbst hinweg, löst du dich auf und spürst nachher auch die Freude nicht mehr. Man muß einen Punkt haben, woran man sich hält. Da ist der kluge und tapfere Mensch für uns der festeste Punkt. Was sind wir ohne den Menschen?«

»Glaubst du wirklich, die Menschen sind so fest?« fragte Dina. »Können sie etwa einen Ochsenknochen zerbeißen, daß es kracht? Siehst du. Können sie so furchtbar knurren, daß der Dieb oder der Feind zittert? Weshalb benutzen sie denn uns, dem Gegner an die Kehle zu springen und als erste durch die Minenfelder zu gehen, wenn sie selbst so stark und mutig sind?«

»Das ist ein Gesetz«, erwiderte Lennox.

Dina wollte hierauf etwas sagen; aber da ertönte ein Pfiff aus der Trillerpfeife des Hundelehrers, und alle in Reserve lagernden Hunde sprangen wie von Wespen gestochen auf und stellten sich neben ihre Herren.

Einmal in einer halbdunklen Nacht, da der Mond zwischen den Wolkenbergen sich immer wieder verbarg, trafen sich Lennox und Dina in einem Minenfeld im Vorgelände der Stellung. Lennox' Herz schlug schneller vor Freude. Doch er beherrschte sich, er warnte die Dobermännin nur: »Sei vorsichtig! Hier flogen in der letzten Woche schon zwei Minensuchhunde hoch!«

»Gut«, flüsterte Dina, »bleiben wir also liegen und erzählen uns ein wenig.«

»Das geht nicht«, erklärte ihr Lennox. »Nachher will Sergeant Bob selbst hier vorgehn; und wenn er in die Luft fliegt ...«

»Und wenn *du* in die Luft fliegst?« meinte Dina und legte sich nieder.

Lennox wollte etwas erwidern. Aber er spürte, wenn er sich jetzt mit der Freundin in ein Gespräch einließe oder gar sich hinlegte neben ihrem glatten wohlriechenden Fell, dann kam er so schnell nicht wieder hoch und versäumte seinen Dienst. Er nahm sich zusammen und ging mit dem Minensuchgerät vorsichtig weiter. Er mühte sich tapfer, den Gedanken an die rotbraune Freundin loszuwerden.

Lennox war infolge seiner Intelligenz so dressiert, daß er den leisesten Ausschlag der Gabel seines für ihn konstruierten Suchgeräts sofort spürte und leise verbellte, so daß der in der Sappe wartende Sergeant dann die Mine entschärfen konnte, während die meisten andern Minensuchhunde auf die Minen traten und in Fetzen hochgingen ... was wegen der Beseitigung der Mine auch als ein Erfolg anzusehen war.

An einem stillen Sommertag suchte Lennox die Freundin im Nebenabschnitt des Grabens auf. Er hatte seine Beobachtungen gemacht. Die Mannschaft erhielt die eisernen Rationen wie vor einem Angriff. Sergeant Swallow gab ihm selbst eine ganze Speckschwarte und meinte: »Na also, Lennox, alter Freund, die Nacht bleibst du bei mir mit dem Funkgerät; da heißt es: Nacken steif!«

Das war so einer der unverständlichen menschlichen Befehle. Denn er mußte ja gerade seinen Nacken recht locker halten, um die Schnauze beweglich nach vorn spielen zu lassen. Aber das berührte Lennox jetzt nicht. Er dachte vielmehr an seine Freundin, die Dobermännin. Es war klar, sie mußte mit der ersten Welle durch das Minenfeld nach vorn. Lennox strolchte durch die Gräben, bis er den herben und doch zarten Duft der Freundin witterte. Er traf sie in einer etwas eingesunkenen, rückwärtigen Ausfallsappe, ausgestreckt auf der sommerlichen Erde zwischen Gras, rötlichem Wiesenschaumkraut und blauer Natterzunge. Er tat so, als habe er sie zufällig bei einer Streife durch das Grabengewirr getroffen. »Oh, du ruhst dich aus?« sagte er.

Dina lächelte. »Wie du siehst. Übrigens habe ich dich erwartet.«

Lennox war sehr verlegen. »Natürlich ... es soll die Nacht etwas geben ... wenigstens deutet vieles darauf hin«, holperte er los.

»Richtig; und deshalb willst du mich darauf vorbereiten«,

half ihm Dina. »Ich danke dir, mein Freund. Du bist stets so liebenswürdig, du hast direkt Kultur; ich empfinde das so angenehm in diesem scheußlichen Krieg. Komm, lege dich ein wenig neben mich!«

Lennox war es, als streichle ihm eine wunderbare Hand über den Rücken; ach, es war noch wohltuender, einfach mit nichts zu vergleichen. Doch selbst nicht um einen echten Markknochen hätte er sich das merken lassen. Vielmehr versuchte er, sich ein strenges Aussehen zu geben; er blieb trotz Dinas Aufforderung stocksteif stehen und meinte: »Ja, der Krieg ist hart; aber darüber steht uns Hunden kein Urteil zu, da die Menschen den Krieg machen und wir den Menschen gehören. Ich möchte dich nur bitten, heute nacht keine Sprünge auszuführen, da dies den Kontakt der Minen auslöst, sondern ganz langsam vorzuschleichen und nach den Schlingen zu wittern, die ja inmitten des Grasduftes noch den Geruch von Menschenhänden an sich haben; du weißt, die Schlingen entsichern den Reißzünder der Minen ...«

»Ach, mein Freund«, lachte Dina, »du sprichst ja gerade, als sei ich ein blutiger Anfänger. So besorgt bist du um mich?«

Lennox spürte, daß er in seiner Sorge zu weit gegangen war; deshalb sagte er streng: »Es gehört zu meiner Pflicht, unnütze Verluste vermeiden zu helfen.«

»Dank, vielen Dank, du Lieber! Du bist wirklich ein pflichtgetreuer Kollege.« Und nun streckte sich Dina in der Sonne wohlig aus, so daß ihr rotbraunes Fell wie poliertes Gold glänzte. »Weißt du, Lennox«, fuhr sie fort, »ich habe das Leben hier in den Gräben und bei den schießenden Menschen so satt, daß ich am liebsten auf so eine Mine springen und mit dem ganzen Spuk ein Ende machen möchte.«

»Bist du toll?!« platzte Lennox los. »Das ist Wahnsinn! Wenn ein jeder so denken würde!«

Hier lächelte die Dobermännin wieder ihr seltsames Lächeln und sprach: »Erstens bin ich nicht: ein jeder, und zweitens — nun lege dich einmal ruhig neben mich ins Gras; es ist unhöflich, vor seiner Freundin wie ein Klotz dazustehen.«

Unhöflich aber wollte der drahthaarige rauhe Lennox bei allem Diensteifer keinesfalls erscheinen, vor allem nicht vor Dina. So streckte er sich lang hin und legte die Schnauze nachdenklich auf seine starken Pfoten. Die Dobermännin rutschte jetzt zu ihm, ganz dicht an seine Seite, bis ihre Köpfe sich berührten. Lennox schloß die Augen und atmete den Duft ihres goldbraunen Felles, den warmen Hauch des Grases, der Blumen und der sommerlichen Erde. Ihm war, als müsse er sterben vor Glück.

So lagen sie still und träumten an dem duftenden Boden. Lennox schien es, als wittere er Dinas Gedanken: Komm, mein Freund, laß uns weg von hier über die Wiesen rennen, nachts über die Straßen, weit weg, dorthin, wo es keine krachenden Minen und tobenden Menschen gibt ... auf die Heide, wo der Mond und die Sonne die einzigen Herren sind und der Wind und die sanften Gerüche der Erde die Diener ... wo wir jagen und rennen können, ohne uns am Stacheldraht zu reißen oder auf den Pfiff des Menschen zu stehen ... nein, ruhen so, Seite an Seite ...

»Verflucht, jetzt wäre ich fast auf das Hundebiest getreten!« schimpfte ein Soldat, der neben einem andern mit klapperndem Eßbehälter in den Graben stieg.

Lennox war aufgesprungen. Seine Rückenhaare sträubten sich drohend.

»Vorsicht! Mit dem ist nicht zu spaßen!« meinte der andere Pionier.

»Das ist doch der Meldehund unseres Sergeanten«, beruhigte ihn der erste. »Bei Fuß, Lennox!«

Und Lennox folgte den Soldaten.

Bei dem nächtlichen Angriff ging Lennox mit dem Sergeanten Swallow vor; er trug das Telefongerät mit dem Kabel, das sich selbsttätig nach rückwärts abspulte. Es war ein Höllenlärm inmitten der krepierenden Geschosse und detonierenden Minen. Lennox mußte seine ganze Kraft und Aufmerksamkeit anspannen, um mit dem Sergeanten Fühlung zu halten. Nur wenn er den dumpfen Krach einer Erdmine hörte, dachte er eine Sekunde an seine Freundin.

Am Morgen war der Angriff beendet.

Man setzte jetzt Lennox zur Suche der im hohen Grase verlorenen Verwundeten ein. Doch Lennox streifte nicht wie gewohnt im Pendelgang die Nase am Winde über das unübersichtliche Gelände; er lief von seinem Instinkt getrieben stracks auf die frühere Stellung zurück, dorthin, wo im alten Niemandsland zwischen Granatlöchern und verbrannten Gräsern sich das Minenfeld befunden hatte.

Er war nicht fehlgelaufen.

Neben einem riesigen Minentrichter lag die Dobermännin. Ihre Flanke klaffte; das rotbraune glatte Haar klebte von verkrustetem Blut, das nun selbst wie ein Teil ihres Felles erschien. Ihr Kopf ruhte tief auf der Erde verborgen zwischen den Pfoten, als schäme sie sich, so zerfetzt gestorben zu sein — sie, die das Leben in Freude und Schönheit geliebt hatte.

Lennox trat zu der toten Freundin. Einen Augenblick streckte er die Schnauze in die Höhe, seine Kehle spannte sich, das uralte Klagegeheul der Steppenwölfe auszustoßen. Aber wen wollte er damit rufen? Wen mit seinem Geheul anklagen? Die Sonne, den Mond, die Erdmine, die seine Freundin zerrissen hatte, oder die Menschen? Es war sinnlos.

Zudem ist er kein Steppenwolf mehr, sondern ein gebildeter und ausgebildeter Militärhund, der seine Pflicht zu erfüllen hat. Doch eines ist erlaubt: mit seinen starken Pfoten wühlt er in der aufgewirbelten Trichtererde ein noch tieferes Loch; dann trägt er die tote Dobermännin hinein und scharrt mit seinen Hinterläufen den Trichter zu. Einen Augenblick legt Lennox sich platt auf den Erdhaufen – einen Augenblick, die Schnauze fest am warmen Boden.

Dann eilte er zu seinem Sergeanten zurück.

Es vergingen noch zwei Jahre Krieg. Lennox tat weiter seine Pflicht. Er zeigte auch weiterhin außerordentliche Proben von Mut und Umsicht. Er schien unersetzlich im Bataillon und wurde oft belobigt.

»Lennox ist soviel wert wie zehn Mann!« hatte Sergeant Swallow einmal gesagt.

Dann kam der Friede.

Lennox brauchte keine zehn Mann mehr zu ersetzen. Zudem gehörte er ja dem Holzgroßhändler Fitzgerald, dem er mit behördlichem Dank, einer Ehrenurkunde und dem Nikkelhalsband, auf dem die Schlachten eingraviert waren, nunmehr zurückgegeben wurde. Mr. Fitzgerald war nicht wenig stolz auf Lennox. Schließlich ist es *sein* Hund. Doch zugleich ist Mr. Fitzgerald ein praktischer Mann. Und so hat er Lennox wie einst als Wächter in seinem ummauerten Holzlager eingeschlossen.

Lennox nimmt also seine frühere Tätigkeit als Wachhund wieder auf. Aber er ist nicht mehr der alte. Lennox hat Erinnerungen. Lennox kann nicht vergessen. Oft, wenn er nachts über den einsamen Lagerplatz geht, hebt er die Nase zu dem dunklen Himmel und senkt sie wieder zur Erde, als könne er etwas wittern, einen Geruch von fernen Gräsern und Blumen, von einer fernen verbrannten Bodenkruste, von Schwefeldampf und auch ... ja, es ist Blutgeruch, aber nicht Menschenblut, sondern das Blut eines Tieres, das Blut — er entsinnt sich genau —, das Blut seiner gefallenen Freundin, der rotbraunen Dina.

Und Lennox ist wie gelähmt. Es kommt ihm plötzlich sinnlos vor, hier totes Holz zu bewachen, da er nicht einmal seine wunderbare lebende Freundin behüten konnte. Er denkt darüber nach. Wie man bloß all den großen Schmerz auch nur einen Tag lang vergessen kann? Ob die Menschen es können? Die können ja soviel. Wahrscheinlich können sie auch das. Lennox findet sich nicht mehr zurecht. Er möchte gern mit jemandem darüber sprechen. Mit den Kötern der Nachbarschaft, die nie diesen plötzlichen furchtbaren Tod erlebten, zu reden, ist zwecklos. Die einzigen, die hierüber Bescheid wissen, sind seine alten Freunde, die Sergeanten in der Pionierkaserne.

So erklettert Lennox eines Nachts einen Holzstapel, um mit einem kühnen Sprung über die Mauer zu setzen, den Weg zur Stadt zurückzulegen und am Morgen in der Kaserne zu erscheinen.

»Jesus Christ, was willst du bloß bei uns, mein Alter?« fragt ihn der Sergeant Bob Swallow lachend.

»Gewohnheit!« belehrt ihn der Küchenfurier Tush. »Lennox kann uns nicht vergessen. Wir sind doch alte Kameraden.« Er tätschelt ihn mit seinen dicken Händen und gibt ihm einen Markknochen. Dann sagt er zu dem Hund: »Hör mal zu, Lennox, es ist Frieden. Versteh das! Der Krieg ist aus. Geh wieder schön heim zu Mr. Fitzgerald!«

Auch seine alten Freunde, die Pioniere, verstehen Lennox nicht.

Einmal verlor Mr. Fitzgerald die Geduld. Er ließ Lennox vom Aufseher des Lagers prügeln und an eine lange Kette legen. In Lennox begann neben dem Zweifel jetzt noch ein böser Grimm zu bohren. Eines Nachts riß das starke Tier sich los, sprang über die Mauer, rannte aus der Stadt hinaus und suchte die dunkle Landstraße zu erreichen.

Es war sehr finster. Er wußte nicht wohin. Aber eine seltsame Witterung kitzelte seine Nase. Die öde staubige Straße schien voll unsichtbaren Lebens.

Plötzlich hörte er aus der Dunkelheit ein drohendes Knurren. Er stockte. Er war auf zwei andere ehemalige Kriegshunde gestoßen, die ebenfalls ihre früheren Herren verlassen hatten und den Weg zu ihren früheren Truppenteilen suchten. Mit ihnen konnte Lennox sprechen.

Der eine der beiden, ein deutscher Schäferhund, erklärte im Laufe des Gespräches, er habe unterwegs eine Dobermännin getroffen; allerdings sei es Nacht gewesen und er könne die Farbe des Fells nicht genau bezeichnen.

Lennox hielt den Atem an. Ob es ein früherer Pionierhund gewesen sei?

Möglich.

Ja, so etwas habe sie gesagt, meinte der zweite Hund; ihm

scheine auch, als habe die Dobermännin den Weg zur Stadt eingeschlagen, von wo er komme.

Lennox verabschiedete sich schnell.

Er rennt zur Stadt zurück. Die Gedanken, die ihn seit Monaten quälen, flammen jetzt auf wie Fackeln. Er hat Dina, seine Freundin, so oft während der letzten Nächte klar vor Augen gesehn, er hat den Duft ihres rotbraunen Fells so deutlich gewittert, daß er zweifelt, ob sie wirklich tot ist? Vielleicht war das Ganze vor Jahren nur ein Traum und hat er einen ganz andern Hund verscharrt, zumal das Pionierbataillon am gleichen Tag auseinandergerissen wurde? Jetzt aber sahen die beiden Kriegshunde eine rotbraune Dobermännin auf dem Weg zur Stadt, zur Pionierkaserne?

Ja, es ist Dina, seine Freundin!

Als gehe es um Tod und Leben, so rennt Lennox zur Kaserne. Es ist Nacht. Er heult so furchtbar, daß die Leute überall die Fenster aufreißen.

Was ist los?

Auch Sergeant Swallow öffnet das Fenster. Er sieht Lennox. Er läßt ihn ein. Lennox springt an ihm hoch und heult ihm ins Ohr: »Dina ist wieder da! Wo ist sie?«

»Schon gut, schon gut, freust dich so, wieder bei Herrchen zu sein, Lennox?« meint der Sergeant. »Aber es ist Frieden, Lennox, versteh das endlich!«

Doch Lennox springt ihn immer wieder an, daß er schließlich zu Boden fällt. Lennox heult ihm ins Ohr: »Wo ist Dina? Wo ist Dina?«

Die ganze Kaserne kommt durch das furchtbare wütende Geheul in Aufruhr. Die Soldaten glauben, der Hund sei tollwütig. Sie gehen mit Hacken, Äxten und Gewehrkolben gegen ihn los. Der Sergeant Swallow schreit: »Lennox leg dich!

Bei Fuß, Lennox!« Er greift dem Hund wie früher in das dichte Nackenfell, ihn zu halten. Aber Lennox immer heulend: »Wo ist Dina? Wo ist Dina?« erkennt ihn nicht mehr und beißt ihn in die Hand, so daß nun auch der Sergeant zum Gewehr greift, fest überzeugt, der Hund sei tollwütig.

Lennox ist mit einem mächtigen Satz schon durchs Fenster gesprungen und an den erschrockenen Posten vorbei durchs Tor auf die nächtliche Straße gerannt. Mehrere Schüsse, die man hinter ihm herjagt, verfehlen offenbar ihr Ziel, da das Geheul des Hundes noch lange anhält, bis es schließlich in der Ferne verhallt.

In jenem Jahr aber las man in den Zeitungen: »Die demobilisierten Kriegshunde, die während des Krieges zu Tausenden für den Militärdienst zur Verfügung gestellt wurden, sind ihrer alten Herren entwöhnt. Diese Hunde, die Wasser, Munition, Medikamente oder Funkgerät zu isolierten Einheiten schleppten und nach Kriegsende ihren einstigen Besitzern zurückgegeben wurden, verlassen diese immer wieder. Hungrig, beschmutzt, ermüdet traben sie manchmal Hunderte Kilometer die Landstraßen entlang, bis sie endlich das Tor der Kaserne ihres alten Truppenteils finden.«

Ja, truppweise wandern die ehemaligen Kriegshunde wie ein Gespensterzug vor allem nachts über die Straßen des Landes. Hinter diesen Rudeln aber treibt sich noch ein einzelner größerer Hund auf den nächtlichen Wegen umher. Man erkennt ihn immer wieder an seinem furchtbaren Geheul.

Die Leute, die aus dem Schlaf hochfahren, sagen: »Der Krieg ist doch längst vorbei. Komisch, daß die Hunde ihn nicht vergessen können.«

WIE DIE BIENEN DIE MORDWESPEN ABSCHLUGEN

Eine stachlige Geschichte

Natürlich weiß jeder Leser dieser Geschichte, daß es in der großen Familie der Bienen zwei Hauptgattungen gibt – die »Beinsammler« und die »Bauchsammler«. Ist es doch die wichtigste Arbeit der Biene, daheim ihre in die Tausende gehende Brut mit dem aufgesammelten Blütenstaub, der durch Zutat von Honig vervollständigt wird, und mit einem in ihrem Körper erzeugten Futterbrei zu versorgen. Den Honig saugt die Biene mit ihrer als Saugrüssel verlängerten Zunge oder Unterlippe aus den tiefen Blütenkelchen.

Nun begnügt sich aber die junge Bienenbrut nicht mit dem flüssigen Nektar des Honigs, sondern sie bedarf noch einer kräftigeren Zukost, eben jenes Blütenstaubes, den die Bienen von den Blumen sammeln, oft über weite Strecken zu ihrem Bau schleppen und dort wieder abstreifen. Hierzu brauchen die Bienen bestimmte Sammelvorrichtungen, die für die beiden Hauptgattungen sehr verschieden sind. Es gibt da – wie bereits erwähnt – die »Beinsammler« und die »Bauchsammler«. Die Beinsammler haben die langen, oft lockenartigen Haare, an denen der Blütenstaub hängenbleibt, an ihren Hinterbeinen, die Bauchsammler dagegen an der hinteren Bauchfläche. Man wird zugeben, daß dies ein beachtlicher Unterschied ist, zumal, wenn man einmal eine Beinsammlerbiene oder eine Bauchsammlerin gleich nach dem Besuch der gelben Haselnußkätzchen oder Primelblüten beobachtet. Die Beinsammler verlassen dann ihr Blütenparadies mit dicken gelben »Höschen« an den Schenkeln, die Bauchsammler mit einer Art »Röckchen« am Hinterleib.

Nicht genug damit! Die Beinsammler gliedern sich noch je nach dem Spezialsitz ihrer Beinbehaarung an der Außenseite der Hinterschiene oder des Oberschenkels wieder in »Schienensammler« oder »Schenkelsammler«.

Wir würden diese bekannten Tatsachen hier nicht nochmals erwähnen, wenn sie nicht besonders wichtig wären für unsere Geschichte. Denn offenbar sind die einzelnen Bienengattungen und Arten sich ebenfalls dieser ihrer bedeutenden Merkmale bewußt, was — wie wir nachher sehen werden — weittragende Folgen hat. Hinzu kommt noch, daß in unserer Geschichte als Beinsammler die »Sandbienen« auf den Plan treten, die ihre Nester einfach röhrenartig im lockeren, sandigen Erdreich anlegen, während andrerseits als Vertreter der Bauchsammler die an Felswänden und Mauern bauenden »Mauerbienen« erscheinen. Beide Gattungen leben als »wilde Bienen«. Sie lieben und verteidigen ihre Freiheit. Sie haben ihre Feinde und sind gezwungen, in Augenblicken plötzlicher Gefahr besondere Entschlüsse zu fassen, die ihren Gewohnheiten zuwiderlaufen.

Schließlich müssen wir ganz kurz noch unsre wohlbekannte »Honigbiene« vorstellen, die zwar ähnlich den Schenkelsammlern an der Hinterseite ihrer Schenkel dichte Haarbüschel und »Körbchen« zum Einsammeln des Blütenstaubs besitzt, aber im Gegensatz zu den wilden »Sand- und Mauerbienen« in großer staatenbildender Gemeinschaft — im Schwarm — auftritt.

Diese bekannten und gewöhnlichen Dinge gehören zu unserer ungewöhnlichen Geschichte.

Denn als an jenem Frühlingstag drei Sandbienen von der Kolonie Stachelbeersruh von den blühenden Beerensträuchern, den Haselnuß- und Weidenkätzchen den Pollenstaub an den langen Haarbüscheln ihrer Hinterschenkel gesammelt hatten und zu ihren in der lockeren Erde neben der Gartenmauer gelegenen Nestern zurückkehrten, da versperrten zehn große Mauerbienen ihnen den Weg und beschuldigten die Sandbienen, sie seien in den Mauerbienenbereich der Lindenallee und der ferneren Klee- und Lupinenfelder eingebrochen.

»Weshalb sollen wir nicht den Lindenblütenhonig sammeln dürfen?« fragte Siggi, die kleine Sandbiene. »Es ist auch für euch noch genug da.«

Doch die Mauerbiene Pschit entgegnete: »Wir brauchen all diesen Honig für unsern Speichel und Mörtel; und basta!«

Damit nahmen die großen Mauerbienen den kleinen Sandbienen den Blütenstaub samt dem Honig, der überhaupt nicht von den Lindenblüten stammte, einfach weg. Wobei noch die dicke Mauerbiene Pschut höhnte: »Ihr Schenkelhaarigen verliert ja sowieso unterwegs die halbe Last, während wir in unserm dichten Sammetbauchpelz doppelt soviel tragen können.«

Traurig kehrten die kleinen Sandbienen heim, krochen mit ihren fuchsroten Köpfchen und weißen Bäuchlein in ihre röhrenartigen Erdnester und bürsteten die noch verbliebenen Pollenkörner in die rundlichen Nestzellen zu den hinzugelegten Eiern.

Die Mauerbienen aber, die nicht bloß höher wohnten – sie hatten ganz oben an der hohen Gartenmauer aus feinem Sand und ihrem Speichel als Mörtel sich ein großes Nest mit Dutzenden geräumigen Zellen gebaut –, die Mauerbienen dünkten sich auch sonst über die Sandbienen erhaben; sie begannen, diese zu unterdrücken und ihnen einen engen Bezirk vorzuschreiben, der durch die Gartenmauer begrenzt wurde; hier im Garten gebe es genug Bohnenblüten und Blumen für ein so kleines Volk.

In den Garten aber fliegt eines Morgens ein drohend summendes Etwas, eine große Wespe. Dieses Geschöpf mit knallgelb umrandeten riesigen Augen und einem gelben Kopfschild, auf dem sich drei schwarze Punkte befinden, gehört mit seinen furchtbaren Beißzangen und seinem mörderischen Giftstachel zu den wildesten Räubern und Feinden der Käfer, Fliegen, Schmetterlinge und Bienen. Dieser Räuber zieht es vor, statt der mühsamen Arbeit des Pollensammelns lieber saftige Pfirsiche und Mirabellen anzustechen, in Restaurants an Kuchen und Kompott herumzunaschen oder auch Käfer, Fliegen und Bienen zu überfallen, die er mit seinem Giftstachel tötet und dann mit seinen Beißzangen zerstückelt. Einen

Teil der Beute verzehrt er sofort, den Rest schleppt er als Fleischkost in das Nest zu den Larven. Ein ganz besonders gefährlicher Bandit, der seine Höhle oft an sandigen Hängen in der Nähe von Bienenwohnungen baut und wie ein Stößer mit Vorliebe über die Sandbienen und Honigbienen herfällt, ist die an den Leibesringen schwarzgelb gefärbte große Mordwespe, auch der »Bienenwolf« genannt.

Als nun — wie gesagt — eines Morgens die Sandbiene Siggi mit ihrer Schwester Tilli gerade ihren mühsam gesammelten Honig in ihr Nest nahe der Gartenmauer einbringen will, da stößt schwirrend ein großes Etwas von oben auf sie herab und trifft, während sie selbst zur Seite springt, die kleine Tilli. Blitzschnell wirft Tschoch, die Mordwespe, die Sandbiene zu Boden, lähmt sie mit einem Stich ihres Giftstachels und beginnt sie fortzuschleppen. Die kleine mutige Siggi sucht Tilli dem Räuber zu entreißen. Die Mordwespe sticht jetzt auch nach ihr, ohne sie zu treffen. Doch immer weiter zerrt der starke Bandit die ohnmächtige Tilli. In dieser Not erblickt die kleine kämpfende Sandbiene Siggi oben am Rand der Gartenmauer die große Mauerbiene Pschit.

»Zu Hilfe, liebe Pschit!« schreit Siggi. »Hilfe! Tilli ist sonst verloren!«

Doch die Mauerbiene von ihrem sichern Hochsitz erwidert: »Bedaure außerordentlich; aber du siehst, ich bin mit dem Bau unsres Nestes total beschäftigt; zudem mische ich mich nicht gern in fremde Angelegenheiten.«

Auch die Honigbienen, zu deren ansehnlichem, im Garten stehenden Korb die kleine verzweifelte Siggi fliegt, mögen nicht helfen, da ihre Königin, die sie »die große Mutter« nennen, vor dem Hochzeitsflug stehe und man hierzu die dicken Drohnen noch besonders herausfüttern müsse.

Wie Siggi zur Mauerwand zurückkommt, ist die Mordwespe mit der kleinen Tilli verschwunden.

Offenbar hatte sich dieser leichte Erfolg der Wespe Tschoch bei den andern Mordwespen schnell herumgesprochen. Denn sie tauchten jetzt zu fünfen und sechsen über den Erdlöchern der Sandbienen auf und fingen die Heimkehrenden ab. Die Sandbienen deckelten jetzt eiligst die kleinen Eihöhlen ihrer Nester zu, verließen diesen Ort und verzogen sich unter eine dichte Himbeerhecke.

Als nun Tschoch mit seiner Räuberbande am nächsten Tag wieder erschien und den guten Jagdplatz verlassen fand, da spähten die mordlüsternen Wespen nach einer anderen Beute. Und schau – gleich oben an der Gartenmauerkante flogen ähnliche Bienen umher, bloß daß sie keine goldgelben »Höschen« um ihre Beine hatten, sondern gelbe »Röckchen« um ihren Bauch. Aber Röckchen oder Höschen, Bein- oder

Bauchsammler, was war das schon für ein Unterschied für Tschoch und seine Bande! Auch fragten die Mordwespen nicht erst lange, ob die Mauerbienen ihren Bau beendet hatten. Die Räuber stürzten los, packten zu, stachen, bissen und schleppten, bevor die anderen Mauerbienen im Nest Alarm schlagen konnten, fünf der betäubten Opfer im Fluge mit sich fort.

Nun herrschte große Bestürzung bei den Mauerbienen. Sie traten sofort zu einer außerordentlichen Beratung zusammen. Einige erklärten, man müsse diese Mauer augenblicklich verlassen. Aber Pschit fragte, was dann mit der Brut geschehen solle? Und weiter: Ob man jetzt mitten im Sommer eine neue Wohnung zu bauen gedenke? Die dicke Pschut lehnte ein solches Ansinnen entschieden ab.

Also Wachen ausstellen?

Denn man wußte, die Mordwespen würden wiederkommen, und zwar verstärkt.

Was dann? Konnte man den Kampf aufnehmen?

»Man muß sich an die Honigbienen wenden«, erklärte Pschit. »Sie müssen uns helfen und mit uns gemeinsam eine Verteidigungsgruppe bilden; es ist in ihrem eigensten Interesse!«

Pschit wurde also mit noch zwei Unterhändlern zu dem im Garten stehenden großen Schwarm der Honigbienen entsandt. Es muß hier erwähnt werden, daß die Honigbienen mit den Mauerbienen — ähnlich wie diese mit den Sandbienen — einen Streit hatten, weil die Mauerbienen die neutrale Hundertmetergrenze ihres Sammelbereichs der Lindenblütenallee dauernd überflogen und von den Lupinen- und Kleefeldern, dem Bezirk der Honigbienen, den Blütenstaub und Honig eintrugen.

Wie nun Pschit mit seinen Begleitern in den Bienenstock

kam und im Namen aller Mauerbienen ihr Anliegen vorbrachte, da erklärten die Honigbienen: »Jetzt kommt ihr und wollt unsere Hilfe? Aber die Hundertmeter-Honiggrenze wolltet ihr nicht anerkennen.«

»Es geht hier nicht um eine Hundert- oder Fünfhundertmetergrenze«, sagte Pschit, »wenn wir heute nicht die Räuberbande der Mordwespen gemeinsam abwehren, dann brauchen morgen weder wir noch ihr über eine Grenze mehr zu reden.«

Die Arbeiterinnen der Honigbienen erwiderten: »Wir haben jetzt überhaupt keine Zeit zu langem Gerede. Gebt das Flugloch frei! Draußen warten Dutzende Kolleginnen mit ihrer Honiglast. Denn übermorgen wird der Hochzeitsflug unsrer Königin sein.«

»Und dazu müssen wir uns noch mächtig stärken und Honig schlucken, damit wir Madame in hundert Meter Höhe erreichen«, brummte Dagobert, ein dickes Drohnenmännchen, das in seinem dunkelbraunen Pelz herangewackelt kam.

»Geh in deine Zelle, Dicksack!« schimpfte eine Arbeitsbiene.

Doch Dagobert fuhr vornehm fort: »Man muß klug sein, mit den Wespen verhandeln und ihnen Konzessionen machen, da sie die Stärkeren sind; man muß ihnen täglich eine Schale mit Honig liefern ...«

»Die du Faulenzer und Herumsteher wohl heranschleppst?« Und damit stießen die Arbeitsbienen den dicken Dagobert in den Bau zurück und Pschit mit den Mauerbienen vom Flugloch weg. »Wir haben jetzt keine Zeit!« riefen sie ihnen nach.

Wie nun Pschit und seine Begleiter unverrichtetersache heimkamen, entstand eine noch größere Verwirrung als zuvor. Auch die Mutigsten mußten zugeben, daß sie einem neuen Angriff der starken Mordwespen nicht gewachsen waren.

So kam man nach einigem Hin und Her zu dem Entschluß – ähnlich wie die Sandbienen –, an einen anderen geschützteren Ort umzusiedeln. Nach kurzen Erkundungsflügen wählte man als neuen Wohnplatz die rissige Mörtelwand direkt unter dem Spitzgiebel des Hauses. Auf diesen schmalen dreieckigen Punkt, der von dem Dach überdeckt wurde, konnten Tschoch und seine Bande nicht von oben niederstoßen. Bei einem frontalen Angriff aber ließ sich die schmale Ritze des Flugloches leicht verteidigen. Denn die Mauerbienen hatten hart unter dem Giebel einen nur durch eine enge Mauerfuge zugänglichen Hohlraum als Nest gewählt und den ganzen Abend bis spät in die Nacht ihre Brut mitsamt dem Honig in den Neubau geschleppt.

Als nun am nächsten Morgen die Mordwespen an der Gartenmauer plötzlich auftauchten, fanden sie auch diesen Jagdplatz leer. »Ein feiges Gesindel, das sich nicht einmal von uns fressen lassen will!« fluchte Tschoch. Und Tschuch, ein andrer älterer Räuber, der mit seinen langen Fühlern herumwitterte, sprach: »Still und keinen Wind gemacht! Ich pnüßle in nächster Nähe süßen Honig!«

Die Bande folgte ihm über die Hopfen- und Bohnenstangen, bis sie vor einen Holzstand kamen, auf dem ein großer Bienenkorb sich befand. Hm, wie es da duftete! Wie unbekümmert die Honigbienen geschäftig ein- und ausflogen!

Im Nu stießen die wilden Räuber auf die ahnungslosen Honigträgerinnen nieder und senkten ihre Giftstachel in deren Leib. Doch diese Arbeitsbienen – bei ihrem Werk gestört – stießen wütend zurück und verletzten mit ihren Stacheln Tschoch und vier weitere Mordwespen. Zugleich blies der

»Trompeter«, der am Flugloch des Korbes postiert war, Alarm. In wenigen Sekunden schwirrten Hunderte kampfbereite, zornige Arbeitsbienen um das Flugloch, nahmen Tschoch und die vier anderen verwundeten Banditen gefangen und schleppten sie in den Bienenkorb.

Da die Königin sich auf den Hochzeitsflug vorbereitete, so leiteten die ältesten Arbeitsbienen Zisch und Zesch das Verhör: Weshalb Tschoch und die andern Wespen über die friedlichen Bienen hergefallen seien?

Die Mordwespe Tschoch erwiderte, sie habe den Honigbienen bloß ins Ohr flüstern wollen, wie man sich gegen die Mauerbienen, die dauernd in ihr Gebiet einflögen, gemeinsam wehren könne.

«Und dazu mußtest du mit deinem Stachel unsre Arbeiterinnen stechen?« fragte Zisch.

»Verzeih«, entgegnete Tschoch, »aber eure Bienen stachen zuerst!«

»Eine Lüge!«

»Wespenschwindel!«

»Führt sie zur Königin zur Aburteilung!«

Die Arbeitsbienen forderten eine strenge Bestrafung der fünf Banditen.

Doch hier trat Dagobert, das dicke Drohnenmännchen, wieder vor: »Welch mangelnde Rücksicht auf Madame, sie jetzt mit solchen Bagatellen zu belästigen!« brummte er. »Zudem stimmt es vielleicht nicht, daß jene Mauerbienen dauernd auch in unser Gehege kommen? Weshalb sollen wir den Wespen also nicht glauben, ihnen, die eine so schlanke Taille haben wie nur adlige Geschöpfe. Auch ihr Arbeitsbienen solltet euch daran gewöhnen, nobler zu denken!«

»Und was soll geschehn?« fragte Zesch, die zweite Vorsitzende des Gerichts.

»Was geschehen soll?« wiederholte Dagobert überlegen. »Die Wespen sollen auf Kavaliersehrenwort schwören, nie wieder ihren Stachel gegen unsre Arbeitsbienen zu erheben.«

»Was ist das ... Kavaliersehrenwort?« fragte die Biene Zisch.

»Ihr wißt das nicht?« brüstete sich Dagobert.

Die meisten Bienen, da sie ihre Unkenntnis nicht zugeben wollten, riefen jetzt: »Jawohl, die Wespen sollen schwören!«

Also schwörten die Wespen und wurden frei.

Doch die Mordwespen sannen auf Rache. Sie umlauerten den Bienenstock.

Als am nächsten Tag bereits der ganze Korb brummte und wie eine Orgel brauste, erschien plötzlich eine große Biene vorn am Flugloch und erhob sich senkrecht in die Lüfte — die Königin. Sie flog so hoch, bis man sie nicht mehr sah. Und hinter ihr flogen die dicken Drohnenmännchen mit ihren braunsamtenen Bäuchen. Die meisten dieser Dicksäcke kamen kaum über Baumeshöhe und plumpsten dann zur Erde, wo sie liegenblieben. Wenige von ihnen sahen noch die Königin hoch über sich; sie schien fast in den Wolken. Nur ein einziges junges Drohnenmännchen, das im Gegensatz zu den Dickwänsten nur ganz wenig Honig genossen hatte, erreichte bei einer weißen Wolke die Königin und umarmte sie stürmisch mit Fühlern und Füßen. Die Wolke — halb Sonne, halb Sommerwind — umhüllte sie beide. Dann stürzte das Drohnenmännchen tot zur Erde hinab.

Die Königin aber kehrte zum Bienenstock zurück. Und nach sechzehn Tagen entschlüpfte einer großen rundlichen Zelle die neue junge Königin.

Wieder braust und orgelt es im Bienenkorb.

Doch im Blattwerk der Linde neben dem Haus und in den Ritzen der Gartenmauer lauert Tschoch mit seiner Bande.

Und wieder umrauscht eine mächtige flügelschlagende Schar Honigbienen das Flugloch, an dem andere wie ein dichter »Bart« herabhängen. Da erscheint die alte Königin umringt von Tausenden ihrer Getreuen, die einen hellen Schwarmton ausstoßen. Jetzt verläßt der Hauptschwarm für immer das alte Heim, um sich irgendwo im Umkreis in einem hohlen Baumstamm, auf einem Dachboden oder ganz oben im Wipfel eines Waldbaumes anzusiedeln.

Das ist der Augenblick, auf den Tschoch und die anderen Mordwespen lange gewartet haben. Denn jetzt, da die Hauptschar der Bienen abgewandert ist, befindet sich nur noch ein schwacher, unerfahrener Schwarm mit der jungen Königin im Korb. Diese jungen Bienen werden eine leichte Beute sein!

So denken Tschoch und seine Bande.

Woran aber Tschoch nicht denkt oder vielleicht nicht denken kann, das ist die Tatsache, daß die älteren Arbeitsbienen Zisch und Zesch, denen Tschoch den Schwur geleistet hat, diesen gerissenen Räuber bereits lange beobachten und nicht mit dem Hauptschwarm abgerückt sind. Vielmehr ist am letzten Abend Zisch hinauf zum Hausgiebel, dem Nest der Mauerbienen, geflogen, während Zesch unter den Himbeersträuchern zu den Sandbienen gekrochen ist; und beide haben in langen Gesprächen mit diesen verschiedenen Bienenvölkern eine geheime Abrede getroffen.

Wie nun der Hauptstrom der Honigbienen abgezogen ist, da stößt Tschoch, der Räuber, einen lauten scharfen Ton aus; und schon stürzt er sich mit den andren Mordwespen auf die jungen Honigbienen, die am Flugloch ein- und ausfliegen. Das alles hat er mit seinen Raubgesellen in den Tagen vorher genau abgemacht.

Was er aber nicht abgemacht hat, das ist dieses: Im gleichen Augenblick, da die Honigbienen vor ihrem Flugloch gegen den Angriff der Mordwespen sich zur Wehr setzen, brechen plötzlich unten vom Boden her die Sandbienen hervor und brausen gleichzeitig oben vom Hausgiebel die Mauerbienen herab. Jetzt nützen den Mordwespen weder ihre großen Giftstachel noch ihre furchtbaren Beißzangen. In dem von den Sand-, Mauer- und Honigbienen gemeinsam geführten Kampf bleiben die Banditen allesamt auf der Strecke.

Noch am gleichen Abend feiern die Honigbienen in ihrem Bienenkorb ein richtiges Fest. Hierzu erscheinen vom Hausgiebel sämtliche Mauerbienen und unten aus den kleinen Erdhöhlen unter den Himbeersträuchern die rotköpfigen Sandbienen. Und die Sandbienen trinken aus den Wachsschälchen, die von den Honigbienen immer wieder gefüllt werden, mit den Mauerbienen auf deren Wohl. Und die Mauerbienen, die als Bauchsammler bisher so stolz waren auf ihren Bauchpelz, sie bewundern jetzt »die entzückenden Sammethöschen« der Sandbienen, die als Beinsammler bisher stets etwas in der Ecke standen.

Pschit, die Mauerbiene, aber hat mit ihren Vorderfüßen die kleine Sandbiene Siggi an sich gedrückt; und beide stimmen jetzt dieses Lied an:

»Pschit, pschot, pschit,
Auf, trinket mit uns mit!
Herbei, Sand-, Mauer-, Honigbienen,
Wollt euch mit Honig selbst bedienen
Von Linden oder von Lupinen;

Genug gibt's davon weit und breit,
Trink, Siggi, trink – vorbei der Streit!

Zisch, zesch, zisch,
Kommt all an unsern Tisch,
Trinkt alle hier mit vollen Zügen!
Doch wer mit Krieg uns will bekriegen,
Der wird bald selbst am Boden liegen
So wie der Mordwespenhalunk –
Auf, Zisch und Zesch, noch einen Trunk!«

Während nun Zisch und Zesch den jubilierenden Freundinnen Pschit und Siggi nochmals die Schalen mit dem süßen Nektar füllen, braust der ganze Bienenstock in allen seinen tausend und aber tausend Zellen – und diesmal nicht vor Un-

ruhe wegen des Königinnenfluges oder vom Tumult wegen des Schwärmens oder gar vom Alarm wegen des Mordwespenüberfalls — sondern einfach von überschäumender Lebenslust und von dem vielstimmigen gemeinsamen Gesang der drei Bienenvölker.

CORA BUNTAUGE

Pit und Menne, zwei zwölfjährige rheinische Jungens, hatten wie alle richtigen Jungens je nach der Jahreszeit ihre besonderen Spiele und Beschäftigungen.

Im Frühjahr, wenn der hochgehende Rhein losgerissene Baumstämme und seltene Pflanzenteile von weit her mit sich führte, »ländeten« sie von einem Floß mit einer langen steinbeschwerten Leine »Schweizerwurzel« und Kalmus, die sie als Mittel gegen Zahnschmerzen in der Apotheke verkauften. Im Sommer bestand die Haupteinnahme der Schuljungen zwischen Düsseldorf und Mainz im »Radschlagen«. Die rheinischen Radschläger waren geradezu weltberühmt. Der Baedeker vermerkte sie unmittelbar neben dem Beethovenhaus in Bonn und der Lorelei bei St. Goar mit einem Stern. Wenn ein Personendampfer an der Landungsbrücke anlegte, standen wir Jungens schon startbereit am Ufer; und sowie die Vergnügungsreisenden das Land betraten, begannen wir im

rasenden Wirbel loszulegen, indem ein jeder von uns »seinen« Kunden radschlagend bis zur »Flotte« oder zum Hotel »Wilder Mann« begleitete, wofür man von den belustigten Fremden bisweilen einen Groschen erhielt. Hierbei herrschte unter den Radschlägern ein strenger Standeskodex; es gab keine Schmutzkonkurrenz. Der Erlös wurde meist gemeinsam in Murmeln, Lakritzstangen, Zuckerzeug oder Feuerwerkskörpern umgesetzt.

Im Herbst ging man — natürlich bevor die Traubenernte freigegeben und die Strohpuppen abgebrannt waren — verbotenerweise in die Weinberge und im frühen Winter auf die Raben- und Hasenjagd.

Selbstverständlich hatte jeder richtige Junge »seinen« Jagdhund, dessen Besitzer allerdings einer der wohlhabenden Kaufleute, Sandsteinfabrikanten oder oberen Beamten war.

So hatte auch Pit eine Jagdhündin — Cora —, einen englischen, glatthaarigen Pointer. Coras Besitzer war der Sandsteinfabrikant Dönges. Aber Cora hörte im Entscheidungsfalle auf Pit. Wenn Herr Dönges mit seiner Trillerpfeife Cora rief und Pit von irgendwo unsichtbar auf zwei Fingern seinen kurzen Gegenpfiff ertönen ließ, so entschied sich die Hündin nach kurzem Seelenkampf unfehlbar für Pit. Damit hatte es folgende Bewandtnis. Aus Indianergeschichten wußte Pit, wie man Jagdhunde an sich fesseln kann, indem man ihnen öfters eine Mischung von Spucke, zerriebenem Kopfhaar und Schweiß unter die Nase streicht, wobei man zu sagen hat: »Sohn (Tochter) einer Hündin, nichts wird uns fürder mehr trennen! Wir werden dereinst gemeinsam in die ewigen Jagdgründe des großen Manitu eingehen!«

Dies alles hatte Pit gewissenhaft ausgeführt. Zudem stahl er für seine weißhaarige, rotgefleckte Freundin sich jeden Bissen vom Munde ab. Hier sei noch ein besonderes Merkmal Coras

verzeichnet; sie hatte verschiedenfarbige Augen — ein hellblaues und ein braunes. Menne, der Sohn des Bäckermeisters Schmitz und Pits Freund, nannte sie spöttischerweise deshalb Cora Buntauge.

Es war nun im Dezember, in den Weihnachtsferien, da Menne mit seiner neuen Büchse zu Pit kam, um ihn zur Jagd auf der »Rabeninsel« einzuladen. Pit aber entschied, daß sie — wenn schon — Hasen und Rebhühner jagen müßten; er wollte hierbei natürlich Coras Fähigkeiten auf offenem Feldgelände in hellem Lichte erstrahlen lassen.

So zogen sie los, Cora »bei Fuß«, Menne die geladene Büchse unter dem Arm, Pit seine Schleuder in der Hand, den Stein auf dem Leder. Sie wählten das von Jägern wenig besuchte Hochplateau bei Windhausen. Es war ein später Dezembertag. Der Rhein lag unter ihnen wie ein blaugrünes metallenes Band. Im Westen standen die dunklen Basaltkegel des Plaidter Hummerich und der anderen Eifelkrater gegen den rostbraunen Himmel. Den Jungens fröstelte es.

Cora folgte noch immer bei Fuß.

Plötzlich reißt Menne den Flobert hoch; aber das Blei verfehlt den flüchtigen Hasen, und Cora muß zurückgepfiffen werden. Der nächste Schuß gehört also Pit.

»Wir hätten auf die Rabeninsel rudern sollen!« knurrt Menne.

Doch in diesem Moment hat Pit seine Schleuder gespannt und den Stein abgeschnellt. Eine Rebhuhnkette ist hochgegangen. Cora saust los. Ein Huhn scheint krank zu sein, es verzieht sich mit den anderen hinter einer Zwergtannengruppe an dem steinernen Wegkreuz. Schon meldet Cora.

Menne und Pit rennen hinzu, die Beute zu sichern.

Aber Cora verbellt nicht das Huhn, sondern ein seltsames, sich bewegendes Etwas, ein winselndes, zuckendes Bündel, ein strampelndes, in braune Decken gewickeltes Kindchen. Cora steht vor dem unheimlichen Wild mit gestreckter Rute. Auch die beiden Jungens stehen ratlos da.

»Von 'ner Dienstmagd«, erklärt endlich Menne.

»Unsinn! Von Zigeunern geraubt und hier ausgesetzt«, belehrt ihn der belesene Pit.

Cora beschnüffelt jetzt neugierig und unsicher das winzige Lebewesen.

»Bei Fuß, Cora!« befiehlt Pit.

»Lassen wir es liegen?« fragt Menne.

»Soll wohl hier kaputtgehen? Man muß es mitnehmen und auf jeden Fall bei der Polizei melden!« entscheidet Pit. »Ausgesetzte Kinder sind bei der Polizei abzuliefern!«

Aus ist's an diesem Tag mit der Jagd. Die drei trotten den

Berg hinab zur Stadt. Abwechselnd tragen Pit und Menne das kleine Bündel, während Cora immer wieder an ihnen neugierig emporspringt, die Beute zu betrachten.

Plötzlich sagt Menne: «Guck her, Pit, der Teufel hol's, es hat ja verschiedene Augen, ein helles und ein dunkles ...«

»Komisch!« meint Pit.

»Cora Buntauge!« lacht Menne.

»Und wenn's gar kein Mädchen ist?«

Es war ein Mädchen, das der Bäckermeister Schmitz auf Drängen seines einzigen Jungen annahm und auf den Namen Maria einschreiben ließ. Aber bald hieß es Cora, oder — wenn Pit den Menne aufziehen wollte — Cora Buntauge.

Und dieser Name blieb ihr, auch als sie zu einem großen Mädchen mit langen kastanienbraunen Zöpfen herangewachsen war und die kaufmännische Fortbildungsschule beendet hatte; auch als die Hündin Cora längst in die ewigen Jagdgründe des großen Manitu eingegangen war, ohne daß Pit sie dorthin begleitet hätte.

Die Jahre eilten dahin.

Und bald waren die drei Freunde — Menne, Cora Maria und Pit — im Sturm der Zeit wie Blätter im Herbst hierhin und dorthin geweht worden. Menne wollte nach seinem Maturum neue Sprachen studieren; doch in Paris verfiel er auf die Malerei. Cora fuhr bald zu ihm. Da seien die beiden »verkommen«, wie die alte Mutter Schmitz dem auf Urlaub sie besuchenden Pit, der in Berlin als Architekt lebte, eines Tages hilflos klagte.

Und wieder verflogen die Jahre.

Menne hatte auf die ewig vorwurfsvollen Briefe der Mutter nicht mehr geantwortet. Ob er überhaupt noch lebte?

Auch Pit war seinen eigenen Weg gegangen. Ihn hatte die Politik gepackt. In jenem Jahr, als das spanische Volk um seine junge Freiheit auf Tod und Leben rang, war er über die Grenzen hinweg zu den Fahnen der Interbrigaden geeilt. Dann aber nach dem ungleichen, unglücklichen Kampf hatte man ihn mit Tausenden seiner Kameraden in einem Lager Frankreichs interniert. Sie kamen hinter Stacheldraht und wieder hinter Stacheldraht, von Lager zu Lager, zuletzt in ein KZ bei Marseille.

Hier gelang es nun Pit, mit seinem jugoslawischen Freund Dragotin zu entfliehen, gerade in dem Augenblick, da Hitler ganz Frankreich besetzte. Es war kein glücklicher Moment. Die Anhänger des Verräters Pétain demonstrierten in einem Marsch durch Marseille. Die französischen Patrioten aber hatten die Parole ausgegeben: Die Läden herab. Alles bleibt in den Wohnungen! Leere Straßen!

So kam es, daß die Agenten Pétains und die Nazipatrouillen auf die wenigen unwissenden Passanten Jagd machten, um deren Papiere zu durchstöbern. Pit und Dragotin suchten nach dem »Vieux-Port« auszuweichen. Bald jedoch hatten sie wieder zwei »Flics« an den Fersen. Es begann eine wilde Flucht durch die Gäßchen des alten Marseille.

»Da hinein!« flüstert Pit dem Freund zu, wie er die angelehnte Tür eines schmalen, hochstöckigen Gebäudes bemerkt. Sie springen ins Haus, drücken schnell die Tür ins Schloß und eilen die Stiegen empor, sich auf dem Speicher zu verbergen. Aber die knarrende Treppe hat sie verraten. Türspalten öffnen sich. Überall forschende Blicke.

Wer ist hier Freund? Wer Feind?

Heftig pocht man drunten an die Türe eines Nachbarhauses. Die Bewohner horchen; sie mustern die Flüchtlinge.

Wer ist wer?

In Pit schießen die Gedanken durcheinander: Soll er mit offenen Karten spielen? Schnell sich erklären? Wer von den Dutzend spähenden Köpfen wird es wagen, Freund zu sein? Nein, weiter hinauf, ganz gleich! Und wenn not, nach irgendeinem Mr. Dupont oder Meunier fragen! Zeit gewinnen und dann ... doch wenn die Agenten die Häuser durchkämmen, dann wieder KZ, Stacheldraht, Bunker – und das Ende?

»Nach oben!« haucht Pit dem Jugoslawen zu und will die Treppe hinauf.

»Mon Dieu, Pierre?« hört er eine Stimme, schrill, jauchzend und voller Angst. »Viens ici! Hierher, Pit! Viens, mon ami!«

In Pit rauschen – woher die Stimme? – die Gedanken wie in einem Stromwehr. Und da steht unter den anderen Bewohnern der Etage eine Frau mit einem bunten Schultertuch und kastanienbraunem Haar, durch das sich dicke graue Strähnen ziehen, und – ist es ein Traum, ein Wunder, ein Märchen – diese Frau hat ein blaues und ein braunes Auge. »Oh, Pit!« sagt sie leise und reicht ihm beide Hände, ihn an ihre Brust reißend. Und zu den anderen: »C'est un vieux ami, un très bon ami, messieurs, dames! Que je suis heureuse!«

Sie zieht die beiden in ihre Wohnung.

»Pit, mein Bester, ist's denn wahr, Pit?« fragt sie drinnen den alten Freund, da sie ihn immer wieder unter Tränen küßt und umarmt und von sich hält und ihn betrachtet und küßt. »Setzt euch doch, Freunde, ihr habt Hunger, habt Durst!« Und wie sie die nach draußen lauschenden Augen Dragotins bemerkt, meint sie: »Richtig, ich muß es den Nachbarn erklären! Setzt euch, seid ganz ruhig, ich bin gleich zurück!«

Sie eilt hinaus.

»Was war das?« fragt Dragotin den deutschen Freund.

Pit ist aufgestanden, als habe er die Frage nicht gehört. Er geht leise zur Wand, wo viele farbige Kartons angeheftet sind wie im Atelier eines Malers. Auf einem Karton erkennt er das Bildnis eines Mannes, das Selbstbildnis seines Freundes Menne, ein schmales, ausgezehrtes Gesicht mit ernsten, aber gar nicht unglücklichen Augen; und dieses Bild umarmt von unten ein angenagelter, gewiß schon jahrealter, aber in der Blätterform noch wohlerhaltener Oleanderzweig.

Daneben aber ist ein anderer Karton befestigt, ein Karton mit dem Kopf eines Hundes, eines Pointers mit weißem Haar, rötlichen Flecken auf den Ohren und einem hellblauen und einem dunkelbraunen Auge … Cora Buntauge.

KIKI

Kiki war ein kleiner schwarzhaariger englischer Hühnerhund. Er hatte wunderbare, kluge, hellbraune Augen. Seine langen weichen Ohren pendelten bei jeder Bewegung wie Fliegenklappen um seinen Kopf. Das wichtigste an Kiki aber war, daß er lachen konnte. Wenn man ihn streichelte oder gut mit ihm redete, dann zog er seine Oberlippe hoch, zeigte seine weißen Zähne und lachte, die Falten um seine Schnauze verzogen sich freundlich.

Niemand konnte zweifeln, daß Kiki einen anlachte.

Wie Kiki in unser teuflisches Straflager am Rande der Pyrenäen gekommen war, wußte niemand. Eines Tages war er da und machte »Dienst« wie wir. Wenn die Sektionen unserer Baracke früh zur Corvée – zum Arbeitsdienst – antraten, dann stand Kiki neben einem der Sektionsführer, die ebenfalls Gefangene waren, und sobald wir in Dreierreihen losmarschierten, setzte sich auch Kiki in Trab, sprang vor der ersten Gruppe her und bellte vor Vergnügen. Er begleitete uns zum Straßenbau, zur Feldarbeit, zum Bau unseres Friedhofes; er kehrte abends mit uns heim.

Wir hielten ihn in unserer Baracke der spanischen Interbrigaden. Die zweihundert kräftigen Männer mußten an einem

Wesen ihre Liebe auslassen. Es gab keine Frauen. Kiki war unser Liebling. Wir teilten mit ihm das wenige Fleisch unseres Essens, wir bürsteten sein langes weiches Haar. Jede Gruppe in der Baracke hatte für Kiki einen besonderen Gastplatz, da Kiki es liebte, ab und zu sein Quartier zu wechseln. Am liebsten lag er bei dem jungen Berthel, einem einundzwanzigjährigen Wiener Arbeiter, der im Tschapajew-Bataillon an der Cordovafront und bei Madrid gekämpft hatte. Berthel unterhielt sich abends stundenlang in seinem Wiener Dialekt mit Kiki; Kiki schaute ihn mit seinen klugen Augen an, lachte und heulte vor Vergnügen. Bemerkenswert war auch, daß Kiki nur von der Belegschaft unserer Baracke Fressen annahm, von niemandem sonst. Er kannte jeden einzelnen Mann der Baracke. Unserer Wachmannschaft – der Garde mobile und den Sergeantchefs – ging er möglichst aus dem Wege.

Kiki hatte zweifellos »Charakter«.

Eines Mittags kommt Berthel, der Wiener Junge, ganz verstört mit seiner Gruppe heim. Die Gardisten hatten versucht, draußen mit ihm »Fußball zu spielen«, weil er nicht schnell genug die schweren Bruchsteine für den Straßenbau schleppte. »Fußballspielen« – das hieß, dreißig-, ja fünfzigmal einen schweren Bruchstein in schärfstem Tempo von einem Posten zum andern und wieder zurück zu schleppen. Der eine Mobilgardist kommandiert: »Eckball!« – der Gefangene muß den Stein hinlegen; der andere kommandiert: »Tor!« – der Gefangene muß den Stein nun wieder hochnehmen und damit zu dem ersten Garde mobile rennen; das geht so lange, bis der atemlose Häftling völlig erschöpft ist.

Berthel hatte sich einfach geweigert, diesen sinnlosen Sadismus zu ertragen. Einer der Gardisten hatte ihm mit dem kurzen Bambusknüppel über den Kopf geschlagen. Da sprang Kiki bellend gegen den Posten, riß ihm ein Stück aus der Hose und verschwand.

Seither haßt Kiki die Mobilgarde, er geht den Posten in weitem Bogen aus dem Wege; sie werfen mit Steinen nach ihm.

Er darf nicht mehr in die Baracke.

Außer den vier Hundertschaften schwerbewaffneter Garde mobile liegen noch zwei Kompanien eines Infanteriebataillons draußen zu unserer Bewachung. Diese Infanteristen sind im Gegensatz zu den aus den Kolonien herangezogenen alten Gardisten frisch mobilisierte Arbeiter und Bauern aus Südfrankreich, gute, lustige Kerle. Kiki war nicht dumm, als er zu ihnen übersiedelte.

Eines Morgens früh um sechs Uhr hat unsere Sektion »Au drapeau!« Unsere Gefangenensektion muß gemeinsam mit einem Zug des Infanteriebataillons der am Lagereingang zu hissenden Trikolore die Ehrenbezeigung erweisen. Wir marschieren — unser Sektionsführer an der Spitze — zum Lagerausgang, schwenken ein und nehmen Aufstellung. Jetzt kommt auch das Infanteriedetachement, der Hornist mit dem Clairon und der Offizier an der Spitze. Die Infanteristen stehen uns gegenüber in Front. Der Korporal tritt zum Lagerposten, der unten die Fahne entfaltet und die Leine zum Hissen ordnet. Die Soldaten uns gegenüber zwinkern uns hinter dem Rücken des Offiziers zu; ein dicker Kerl mit rotem Kopf schneidet Grimassen, ein anderer streckt das Bein etwas vor, und Kiki beginnt seine Morgengymnastik, indem er über das vorgestreckte Bein des Soldaten hin und her springt. Wir können uns nur mühsam das Lachen verkneifen. In diesem Augenblick kommandiert der Offizier: »Garde à vous! Présentez les armes! Au drapeau!« Das Clairon des Hornisten schmettert, die Infanteristen präsentieren das Gewehr, unsere Gefangenensektion reißt die Köpfe nach rechts herum, wo langsam die Trikolore am Fahnenmast hochsteigt. Und wieder schmettert der Hornist. Diesmal beginnt Kiki, der sich am rechten Flügel neben dem Bläser postiert hat, zu »singen«, er singt wie eine Operndiva in den höchsten Tönen. Die feierliche Stimmung ist zum Teufel. Wütend schaut der Offizier, die Hand am Stahlhelm, bis die Fahne die Mastspitze erreicht hat, auf den singenden Kiki. Nach dem »Repos!« befiehlt er, den Hund zu erschießen, falls er sich noch einmal im Lager sehen ließe.

Der Posten rennt mit dem Gewehrkolben hinter Kiki her und jagt ihn durch die Fahnenpforte hinaus ins Freie.

Natürlich ist Kiki schon mittags wieder im Lager. Sein

Hundeverstand sagt ihm jedoch ganz klar, daß jetzt auf der Kasernenseite für ihn die größte Gefahr droht; also taucht er wieder zwischen unsern Baracken und dem Drahtverhau auf. Er wird mit allen Ehren von uns empfangen. Jeder bringt ihm ein Stückchen Brot mit Käse, einen Fleischrest.

Berthel ist ganz glücklich. Er nimmt Kiki sofort hinauf zu sich in seine hochgelegene Box und beginnt ein langes Gespräch mit ihm, in dem Lob und Tadel sich die Waage halten. Da ist auch »der Amerikaner«, ein alter Seemann, der – wie er behauptet – in Los Angeles in einer Woche eintausend Dollar verdient hatte.

Der Amerikaner wendet sich zu Kiki: »Du kleiner Wahnsinniger, kannst aus dem Stacheldraht heraus und bleibst doch freiwillig bei uns, du kleiner Irrer!« Aber jetzt verteidigt Berthel den Kiki: »Er gehört eben zu uns, er ist hier ein Freiwilliger, so wie wir es in Spanien waren!« Auf jeden Fall aber wird Kiki in der oberen Etage neben Berthels Strohsack angebunden. Er soll sich vorerst nicht draußen zeigen. Bei jedem Pfiff der Garden, bei jedem Signal des Clairons, bei jedem Kommando heult er leise vor sich hin; er möchte zu gern dabeisein, wenn die Kameraden der Baracke antreten oder abmarschieren.

Und eines Mittags ist er wirklich dabei. Wir sind gerade in Sektionen zur Corvée angetreten, da – wir trauen unsern Augen nicht – steht Kiki wie einst am rechten Flügel der Sektion, ein Stück der abgerissenen Leine noch um den Hals. Einer von uns nimmt ihn schnell in den Arm ins hintere Glied. Doch wie wir abmarschieren, ist zum Unglück der Offizier am Tor, der damals, als Kiki »sang«, Fahnendienst hatte. Er befiehlt, den Hund abseits zu führen und zu erschießen. Wir setzen natürlich Kiki so auf die Erde, daß er entspringen kann. Und nun beginnt eine wilde Jagd sämtlicher im Quartier anwesenden Mobilgardisten nach dem Hund. Man hetzt Kiki wie einen schweren politischen Verbrecher durch den Stacheldraht hin und her und wirft mit Steinen nach ihm.

Aber Kiki ist schneller. Schließlich haben ihn die Posten zwischen dem achtfachen Drahtverhau neben der Kantine unseres Quartiers gestellt. Doch sie kommen nicht an ihn heran. Das ganze Quartier — fast fünfzehnhundert Mann — hat sich am Drahtverhau versammelt. Es fliegen böse Worte gegen die Garden. Denn Kiki ist einer der Unsern.

Auch wir können eines Tages so im Stacheldraht hängen.

Jetzt tritt der Sergeantchef hinzu. Er befiehlt der Mannschaft, das Bajonett aufzupflanzen, als ginge es zum Sturm gegen eine feindliche Stellung. Kiki sitzt schweigend im Stacheldraht und schaut mit seinen klugen Augen fragend zu uns herüber. Wir wenden uns zu dem Sergeantchef: »Chef, lassen Sie uns machen! Wir locken den Hund heraus und werfen ihn auf die Straße!« Der Kolonialsergeant sieht böse auf uns, als wolle er sagen: Ihr und der Hund, das ist das gleiche Kaliber! Er nimmt jetzt selbst einen Karabiner und beginnt, mit dem Bajonett nach Kiki zu stechen. Kiki weicht nach der anderen Seite aus. Auch von dort stechen die Garden jetzt nach dem Tier.

Kiki heult.

Auch wir beginnen zu heulen und ein tausendfaches »Huhuhuhu!« mit Pfeifen und Drohrufen anzustimmen. Es ist ein

Höllenkonzert. Die Wachposten wenden sich jetzt mit Kolben und Bajonett gegen uns. Der Sergeantchef hat seine Trillerpfeife hervorgezogen, um das Alarmsignal zu geben. Auch die Kantinenverwalterin, »la bonne mère« oder »die Wuchertante«, mit ihren beiden Töchtern, der schönen, üppigen zwanzigjährigen Mimi und der fünfzehnjährigen Peppa, sind zu diesem aufregenden Schauspiel aus der Kantine an den Stacheldraht getreten. La bonne mère verschwindet sofort wieder schreiend, wie sie die auf uns gerichteten Bajonette sieht; auch Mimi zieht sich zurück und streckt nur noch den Kopf zur Tür hinaus.

Doch die kleine Peppa rennt gegen den Sergeantchef und reißt ihm die Signalpfeife vom Mund. Das alles geschieht blitzschnell.

Mit vorgehaltenem Bajonett treiben die Garden uns in die Baracken.

Aber wo ist Kiki?

In dem Tumult hat er sich gerettet.

Der Sergeantchef kommt wütend in unsere Baracke; wir müssen antreten; die Gardisten kriechen oben und unten durch unsere Plätze, sie stellen alles auf den Kopf.

Kiki ist nicht zu finden.

In unserer Baracke liegt ein Spitzel, »das Rattenmäxle«; wir hatten ihm einmal zur Belohnung für seine Schweinereien eine tote Ratte in den Rockärmel eingenäht. Er muß den Berthel verpfiffen haben. Der Chef läßt den Berthel festnehmen und abführen.

Mitten in der Nacht kommt einer unserer Köche. Er sucht den Berthel. Als er hört, daß der Berthel im Arrest ist, verlangt er einen Kameraden, der Arzt sei.

Was ist los?

Er führt mich hinter die Küche, in den Verschlag für Holz und Kohlen. Dort, hinter einem Berg von Kohlen, liegt Kiki auf zwei Säcken. Er hat einen Verband aus zusammengebundenen Taschentüchern um die rechte Hinterpfote und um die Rippen. Er atmet schwer. Er ist in dem Tumult durch das Drahtverhau gekrochen. Kameraden haben ihn schnell hochgenommen und nach hinten zu der Küche gebracht. Kiki wedelt mit dem Schwanz, wie er mich – den Insassen *seiner* Baracke – erkennt. Er zieht sogar die Lippen nach oben und versucht zu lachen. Aber es gelingt ihm nicht. Die Verletzung ist zu schwer, nicht an der Hinterpfote, wohl aber an der Brust. Ein Stich ist in die Lunge gegangen. Zwischen der fünften und sechsten Rippe klebt eine dicke Blutkruste. Er atmet sehr flach, um die Lunge möglichst wenig zu bewegen. Ich

ordne Ruhe an, aufgelöste Büchsenmilch als Diät und – hundert Prozent Schweigen!

In der gleichen Nacht geschieht noch etwas anderes. Die obere Box, in der »das Rattenmäxle« liegt, bricht mitten in der Dunkelheit mit großem Getöse zusammen. Einige werfen sich auf den Spitzel, weil er sie im Fall verletzt habe. Mäxchen schreit, man wolle ihn töten. Er wird erst am Morgen mit gebrochenem Fuß ins Hospital gebracht. Er schwört, er wolle lieber barfuß durch die Hölle gehen, als noch ein einziges Mal unser Quartier betreten.

Diesen Spitzel sind wir los. Aber um welchen Preis?

Natürlich weiß am nächsten Morgen doch unsere ganze Baracke, wo Kiki sich befindet. Aber sonst erfährt es niemand. Kikis Zustand wechselt stark. Er trinkt nur die Milchsuppe.

Nach fünf Tagen kommt Berthel endlich aus dem Cachot. Er hat einen Klebeverband um den Kopf, sein rechtes Auge ist blau und grün, auch hat er zwei Vorderzähne verloren. Wir bereiten ihm einen festlichen Empfang. Unsere Köche haben »Nockerln« und Eierkuchen gebacken.

Erst spätabends verraten wir ihm, wo Kiki liegt.

Wie der Berthel den Verschlag betritt, heult Kiki vor Freude, er springt auf, er leckt Berthels Hände und Gesicht, er lacht jetzt richtig, indem er die Lippen hochzieht und die oberen Zähne sehen läßt. Aber der Freudensprung ist teuer bezahlt.

Kiki beginnt Blut zu spucken.

Als am nächsten Mittag Berthel eine Dose Büchsenmilch in der Kantine kaufen will, steht Peppa hinter ihrer großen Schwester Mimi. Sie schaut aufmerksam auf Berthels zerschlagenes Gesicht; natürlich weiß sie, weshalb Berthel verhaftet worden war; und der Berthel entsinnt sich genau, wie das junge Mädel mit einem wilden »hijo de puta!« gegen den Sergeantchef sprang und ihm die Signalpfeife aus der Hand riß. Er hatte sich gewundert, daß sie spanisch verstand; aber auch diesseits der Pyrenäen ist katalanische und spanische Urbevölkerung. Er schaut auf Peppa, und Peppa schaut ernst auf ihn; plötzlich kneift sie das eine Auge zu wie bei einem alten Kameraden.

Nachdenklich geht der Berthel mit seiner Dose Büchsenmilch über den staubigen, schwarzgrauen Hof des Lagers zu seiner Baracke. Da faßt ihn eine Hand an der Schulter. »Du hast deine Dose Milch vergessen!« sagt Peppa; und wie der Berthel zögert, meint sie leise: »Sie ist von mir für dich! Salud!«

Sie rennt zur Kantine zurück.

Kikis Befinden hat sich seit dem Freudensprung zu Berthels Ehren erheblich verschlechtert. Er nimmt nichts mehr zu sich. Man müßte frische Milch haben. Man müßte ihn hinausschaffen zu einem Veterinär. Der Bluterguß beginnt zu vereitern!

Berthel erhält von der Baracke die Erlaubnis, Peppa zu Rate zu ziehen. Da Peppa sowieso Waren an die Küche liefert, ist das nicht schwierig. Peppa bringt jetzt täglich mit der Margarine und den Nudelpaketen einen halben Liter frische Milch. Sie hockt vor Kiki und hebt ihm das Schälchen hin, während Berthel ihm den Kopf hält. Kiki schlappert gehorsam ein paar Schlücke. Doch schon ist er zu müde. Er trinkt auch mehr seinen beiden jungen Freunden zuliebe. Die beiden sitzen oft eine ganze Stunde lang in dem Schuppen an Kikis Lager. Erst sprechen sie nur zu Kiki, dann über Kiki, dann über das Lager, die Sergeanten; Peppa spricht über die größere Schwester Mimi, die auf Wunsch der Mutter abends zu den Offizieren gehen muß, damit die Mutter die Kantine behält; auch daß die Sergeanten sie – die Peppa – einmal nachmittags in der Wachstube hoch nehmen wollten; aber daß sie dem Sergeantchef ins Gesicht geschlagen und einen andern in den Daumen gebissen hatte, bis dieses Biest vor Schmerz brüllte.

Der Berthel muß ihr von Spanien erzählen, Peppa hat noch Verwandte jenseits der Pyrenäen. Es ist ihr Volk, dessen Sprache sie spricht, für das der junge Berthel gekämpft hat, dessen Sprache auch er versteht. Weshalb er eigentlich für Spanien kämpfte? Und der Berthel muß erzählen, wie er – vor drei Jahren – nachts heimlich aus dem Haus seiner Mutter schleichen wollte – sein Vater war im ersten Weltkrieg verschollen, und die Mutter hatte nur noch ihn, ihren Sohn –; aber die Mutter hörte es, sie sprang zur Tür, sie warf sich vor ihm nieder, sie umschlang seine Knie, er fiel mit ihr zu Boden, sie flehte ihn an, bei der Mutter Gottes flehte sie ihn an, sie ohrfeigte ihn, sie küßte ihn, doch es gelang ihm, sich loszureißen ... er mußte über viele Grenzen, er wollte mit dem spanischen Volk für dessen Freiheit kämpfen ... und dann kam er nach der Niederlage, schon im Januar 1939, in St-Cyprien hinter Stacheldraht und wieder nach einem anderen Lager hinter Stacheldraht und dann hier hinter Stacheldraht.

»Und was schreibt deine Mutter?«

Der Berthel schweigt.

»Hast du ihr nicht geschrieben?«

»Doch.«

»Und sie hat dir nicht geantwortet?«

»Vielleicht hat sie meine Briefe nicht bekommen.«

Peppa hat seine Hand gefaßt. Wie der Berthel sie anschaut,

rinnen dicke Tränen aus ihren großen dunklen Augen. »Pequeño!« sagt sie, obwohl sie selbst kleiner ist als Berthel.

Berthel sucht verlegen sein Taschentuch und wischt ihr damit über das Gesicht.

Kiki ist herangerutscht. Er stößt den Berthel leise mit seiner Schnauze. Vielleicht hält er die Handlung Berthels für zu weitgehend; vielleicht ist er eifersüchtig.

Seitdem treffen sich die beiden jungen Menschen regelmäßig bei Kiki. Es ist übrigens kein Veterinär aufzutreiben; sie befinden sich alle an der Front.

Einmal fragt Peppa den Berthel: »Möchtest du nicht frei sein? Ich könnte dir helfen. Ich kenne einen Posten, er läßt dich nachts durch, wenn ich gut zu ihm bin.«

Der Berthel erklärt ihr, daß er nicht allein sich befreien wolle, daß er allein darüber nicht zu entscheiden habe und daß er lieber dem Gardisten die Nase einschlüge, als dulde, daß Peppa »gut zu ihm sei«.

»Die Nase schlägst du ihm ein, Pequeño?« lacht Peppa; und dann küßt sie den Berthel auf den Mund, immer wieder, weil ihr das gut tut und weil Berthel stillehält, während Kiki leise dazu heult, diesmal scheint es vor Vergnügen. Aber Kiki setzt gleich wieder ab, denn sogar dies bißchen Heulen tut ihm weh; und doch hat er einst bei dem Signal des Hornisten »Au drapeau!« mühelos in den höchsten Tönen gesungen.

»Übrigens«, fragt Peppa den Berthel, »weshalb darfst du nicht frei sein, auch wenn du selbst möchtest?«

Und der Berthel erklärt seiner kleinen Freundin, was Kameradschaft ist, was Solidarität ist, was Disziplin und freiwilliger Gehorsam ist.

Peppa soll nachschaun, ob in der Stadt nicht doch ein Veterinär zu finden sei, der für Kiki eine Schwitzmedizin oder etwas gegen den Brusteiter verschreiben könne. Da sie nun einmal in die Stadt muß, geben wir ihr Briefe mit. Man hätte die Briefe einfach so zum Herausschmuggeln geben können, wie das oft geschah. Aber der Berthel hält es für richtig, der Peppa klar zu sagen, daß Kriegszustand herrscht, daß sie etwas riskiert. Peppa antwortet, sie würde noch mehr riskieren, wenn es nötig wäre. Auf die Briefe erhalten wir schon nach zwei Tagen Antwort und wieder direkt durch Peppa.

Peppa ist ein mutiges, kluges und zuverlässiges Mädel. Sie ist unsere Freundin.

Sie wird es noch mehr, wie Kiki stirbt.

Wir stehen – acht Mann – nachts in dem engen Kohlenverschlag. Berthel hält Kiki in seinem Schoß. Er feuchtet ihm die Schnauze mit kühlem Tee. Kiki leckt ein bißchen. Er schaut uns der Reihe nach an. Er sucht etwas.

Da sagt Alek zu Berthel: »Gib ihn mir; er will dich sehen!«

Vorsichtig gibt Berthel dem Alek den sterbenden Kiki; er stellt sich vor ihn, er spricht leise zu ihm in seinem Wiener Dialekt: »Wo ist denn unser Kiki? Wo ist denn unser Hund? Wo ist denn mein bester Freund?«

Und Kiki erkennt den Freund, er kann nicht mehr mit dem Schwanz wedeln, aber er zieht ganz deutlich die Oberlippe ein wenig hinauf, daß die weißen oberen Zähne blinken. Kiki lacht zum letztenmal. Dann schließt er seine klugen, schönen hellbraunen Augen.

»Kiki, das verspreche ich dir, dein Tod kommt mit auf die große Abrechnungsliste!« sagt der Alek.

Die ganze Nacht nimmt die Baracke Abschied von Kiki. Immer fünf bis zehn Mann schleichen über den nächtigen Hof. Viele denken wie Alek. Die ganze Nacht liegt die Baracke wach und spricht von Kiki, dem toten Kameraden.

Peppa erfährt Kikis Tod erst am folgenden Mittag. In der Nacht ist sie am Stacheldraht. Wir werfen ihr einen kleinen Sack hinüber. Sie hat Kiki draußen in der Freiheit begraben. Sie hat uns versprochen, eines Tages wird sie uns sein Grab zeigen.

INHALT

Märchen

Bummi

Tiergeschichten

ISBN 3-351-00896-1

2. Auflage 1993

Einbandgestaltung Johannes Karl G. Niedlich / Ute Henkel
Typographie Kristina Niklaus
Satz und Reproduktion Graphischer Großbetrieb Pößneck
Druck und Binden Schauenburg Graphische Betriebe GmbH, Schwanau
Printed in Germany